平野秩夫 著

法哲学史綱要

信山社

目次

目　次

一　序言　最古代（〜1188）

I 序言 始元

「法哲学史」は「法哲学」の一限定である。此処に約説が必要な限りでは——

(1)(i) 「法哲学」の自己呈示を媒介するのは「法哲学」としての自覚である。「自覚」(自己の「意識」乃至「認識」)では「自己を」と「自己が」とは「統一」されており、自己を認識「する」「主体」は自己であるが(この同一性は「古代」では当然視されていた——Aristoteles に於てすら)、自覚「される」(「客体」である)自己は、自覚「する」「主体」そのものではなく、自己として「定立」されている(すなわち「限定」的に客体化されている)自己である。此処で「限定」とは、「規定されている」こと、すなわち、「有るがまま」の(「無媒介的」)直接性(「ある」そのものであることとしては抽象的「普遍」)が其の否定によって其自身を其として媒介され「揚棄」されておらねばならぬ(其故、抽象的「普遍」が「特殊」であらねばならぬ)とされていることであるが、「主体」は自己を「客体」としてのみ有ち得、思惟する者は自己を思惟される自己としてのみ思惟し得、従って、かの自己限定は「主体」の自覚に必然的な「媒介契機」として、自己は「揚棄されている自己限定」として、自覚されねばならぬ。成程、限定性は「具体性」或いは「具体的主体性」ではなく、「学的」・「専門」的限定も「具体的存在」の「抽象的」一契機にすぎぬから、このことが屢〻、「学者」や「教員」である者の自己免罪的理由として利用されるけれども、「揚棄されている自己限定」である者は自己限定を通じてのみ自己を「媒介」し自己であり得る。かかる自己限定に於て現在までに「定立」されている「平野・法哲学」は、正に其故に、定立されると共に限定・「揚棄」されており、現に自己を定立する其を媒介する契機となっている。其は発展の所産として発展し、発展するものとして自己を限定する。この限定が媒介されているところの抽象的普遍の言表が、「法哲学」という言葉である。此は、既に予め史的に成立していたものとして現に在り、「概念的反省」以前の「抽象的直接性」に於て、「言語」的存在としてその言葉を用いている我々の相互了解を媒介している。しかし単なる「直接的了解」は、「個人的」「体験」乃至「経験」に留まる「動物的・小児的」知と同類の抽象的な「概念以前」であり、「直接的了解」が言語での「普遍的思想」で限定され揚棄され「普遍的思想」として「具体的」（単に「実在的に形体を具有する」ではなく「緊密に合体（concrete-）」という含蓄を有つ統体性の意味で）になることによって、単なる「知」は「学」である。この「学」は、況や「学」を述べることは、我々の従って其の限りで何らかの仕方・程度で普遍的に事柄を表現する言語によって媒介されねばならぬが、言葉が学の「創造」した「術語」として「概念」的に既に限定されていない限り、我々はその言葉の「学的意義」の普遍的限定の既存を前提し得ぬ。「法哲学」も「哲学」の一限定と解され得るにすぎぬ。

「哲学」という言葉は、其の周知の意義変遷に於て或る共通志向を看取させ得、「狭義」に於ては、「認識の体系」としての「学」に対して「哲学」は、浅深広狭は有るにせよ「全体的・究極的な原理の学」という形式的規定を与えられ得るに至った。この規定を抽象的に満足させる「哲学」は「学」の意義を前提し、「学」の精確な意義は其自身が「哲学」的に規定される。かの規定に従えば哲学は、認識の直接的対象の全体と、この対象を自己の内に存在させている全体に於けるその対象の特殊的限定とを、すなわち、全体に於ける対象の全体を、従って又、「客観」を認識する「主観」乃至「哲学している自己自身」をも、原理的に認識せねばならぬ。而も学は、このような哲学にならねば対象をその対象として認識した学として自己を学的に定立し得ぬ。従って、学が学として有ることは哲学を前提し、此によって媒介され、学が学として自覚的に有るためには学は哲学にならねばならぬ。すなわち、学が有るということは、哲学が有らねばならぬということである。この、哲学が有ることは、学が、認識が、従って思惟が、有ることを前提する。然るに後者は、Augustinus, Ibn Sina や Descartes によって周知のように、其を否認すること自身によって確証されることである。従って、哲学が存在し得ねばならぬ。

然るに、「自己を知らぬ人間は何ら人間でない」(Sco[t]tus Eriugena) けれども、自己「そのもの」は謂わば Kant 的「物自体〔其自体での物〕」であって、自覚「される」ものは自覚「する」主体ではなく、「対象」としての主観は主観「そのもの」ではない。後者も主体も、「前」提され得る「基体」として定立されると其自身ではなく、自ら思惟「する」限りでのみ存在する主観の・「客体」でない・「主体性」が「絶対的否定性」であることは、『法哲学史としての法哲学』（加藤新平教授退官記念『法理学の諸問題』〔1976〕所収）でも約説されている。この絶対的否定性に於て媒介が揚棄されていることが「絶対性」である。「絶対」は、「揚棄されている相対」として「其自身で」存在すること、「揚棄されている媒介」であらねばならぬ。此は、抽象的に其自身だけでは定立され得ぬ（故に、自己の否定の否定として或いは媒介されてのみ存在する）自己（従って抽象的に其自身として定立されると其自身の否定である自己）の否定が揚棄されていること、自己の否定が揚棄されているところの否定性、すなわち、否定性が自己の否定の否定を通じて自己を媒介すること（絶対否定性）、に他ならぬ。絶対は絶対的否定的な「主体」性であり、かかるものとして絶対性は「全体性」乃至「自由」である。

学的自覚の絶対性が絶対性の学的自覚であるところの、語の当然の用法に於て自己を「哲学」として定立し得る主体は、学的自覚として自己揚棄を通じて自己を媒介する絶対性であり、「哲学者〔たち〕の自滅」(al-Ghazali)「の自滅」(Ibn Rushd) は、限定的自覚を此としての絶対性に於て揚棄し・従って諸「契機」の最も「具体的」な「統体」として自覚する・自由の自己定立過程である。この統体を形成する諸契機の連関は其自身が学的に必然的、其故に諸契機の自由な発展の連関であらねばならぬ。諸契機が捨象されており其自身は何らの契機を有たぬ故に最も抽象的な契機（体系の「始元」）からの内在的に必然的な自由な進展が、諸契機を揚棄している具体的な全体（「終局」）への到達の必然であらねばならぬ。——自覚は自己の否定によって自己を媒介する。自覚に於て自己は自己を自己として定立し限定するから、自己を、この定立された自己を媒介しているものとして、限定されている自己に否定的として、自覚せねばならぬ。従って自覚は、自己を揚棄し自己の限定によって自己を媒介する。すなわち自覚は、揚棄されている限定的自覚として自覚せねばならぬが、この自覚も自己を揚棄する。この自己揚棄（自覚の「発展」）は、限定が、揚棄されている諸限定として具体的に絶対的になるまで、すなわち、具体的哲学自身として絶対的否定的になるまで、止まり得ぬ。学は、自己を学として具体化するべき学的主体性そのもの（諸契機の未定立な抽象の直接性に於て定立されている普遍性）が自己揚棄を通じて特殊性を揚棄することによって「具体的普遍」としての自己の絶対的否定性＝個別性を媒介することである。かくて哲学は、自己の抽象から具体への自由の体系として自己を定立する学的主体性であり、学的自覚として自由な自己揚棄が媒介の揚棄を通じて学的・必然的に自己の具体化に至るところの全過程こそ、具体的な哲学自身に他ならぬ。Kant 的「物自体」的主体の自己認識の自己揚棄の発展がHegel的「概念の自己発展」であるところの哲学は、「形而上学」的自覚の「弁証法的・思弁的」発展の体系として、全・体系的展開を自己の具体化として自覚する。つまり哲学は、自覚的主体性が自己そのものを媒介して具体的になるところの、或いは、自由に自己そのものを限定して特殊的になることを通じて自己の具体性を媒介するところの、絶対的否定性として、自覚的に自己を揚棄する自覚である。其の一限定が「法」哲学である。

(ii)　夙に私の『法哲学原理』（1964. 以下では『原理』）に於ても述べたように、多義的な「法」も「大ざっぱ」には「律[する]法」・「〔必然的〕法則」・「方法」の三に「類別」され得る。この一語多義（「オリエント」乃至西洋諸国語では多少異るが、「律法」乃至「法則」の二義語は恐らく総てに通有である）は、故なく成立し得たのではないし、而も我々は「法」を、其の特殊的諸用法を媒介する「根拠」として「本来的」である意味（之については、"Recht"〔ゲルマン←インドゲルマン語源 rehta←reg-は「直立させる」・「正す」〕等との差別を強調しすぎている『原理』の所説は訂正されねばならぬ）に於ても理解しており、此を哲学は、特殊的「法」を有つ特殊的主体性を媒介する具体的主体としての自覚を通じて定立し得る。――確かに「律法」は、其の定立主体の史的限定が捨象されて一般化されれば、定立された「当為（然あるべきである）」として「規範」であり、「法則」は、定立された「必然（然あらねばならぬ）」（「確率」的「蓋然」であっても）であって、両者は区別されねばならぬが、其々を定立する主体自身に即しては両者は統一される。蓋し主体を主体として有らしめる（或いは、主体を媒介する）「ある」は、その主体には、「あるべきである」あり方として自覚されねばならぬから。すなわち、主体が此として有るためには必然的にそう有らねばならぬ有り方としての「有る」は、主体にとっては、其が其として有るためには、自己が絶対的否定的である故に、そう有るべき有り方としての「有る」として自覚されねばならぬ。主体は、「法則」を介して「予測」する「先慮」に於て自覚的に自己を実現し、従って、自己を媒介する「法則」を自己の「律法」として定立せねばならぬ。かかる「法則」に「合致」せぬ「律法」は主体を媒介し得ぬ。すなわち、主体にとって「正しい法」でない。「法則」を定立する主体としての限定に於ても同様である。而も、「法」の原義の基盤である存在の全体性の普遍性は当然に、自覚的主体的な自己実現のための「手段・方法」一般への「法」の意義拡張を伴う。この最後の意義は、「法」が、此を定立する主体を媒介する必然的な「法則」である故に、その主体にとって当為的「律法」である、ということに基いており、「律法」と「法則」との「法」的（「法則」的且つ「律法」的）統一の連関を表す。従って、「律法」・「法則」・「方法」は、其々を有つ主体の絶対性を媒介する絶対性に於て統一されており、この統一は正に、此を有つ主体性が自己の絶対性の「法」として自覚する法、哲学的に自覚される法であって、諸々の特殊な「法」に即しては、其々が其々として「正しい法」であり此として有り得る所以の（すなわち、「法」としての其等を媒介する）其である。

この法は、主体がその主体として存在するためには「必然」的に然有らねばならぬ（さもなければ、その主体として有り得ぬ）と思惟される故に、主体にとって、直接性に於ける自己を媒介するべき有り方として・「当為」的に然有るべき有り方として・自覚される。「諸〻の法的言明の方式化を以て人間の行為自由は否認されぬ」（Acham）のみならず、かの「必然」性は、定立されている自由の限定であって、必然的に然々であり然有らねばならぬという限定に於て自己を定立し自覚する主体そのものは、自覚され定立されている限定的主体乃至主体的限定ではない。主体が「実際に」後者であるのは「偶然」であり、「実際に」後者でないことが有り得るという「可能」性は「必然」的である。しかし主体は、かの限定が自己に必然的として、自己の必然的限定として自覚せねばならず、主体が主体であり主体として有るためにはその限定によって媒介されねばならぬと自覚せねばならぬ。すなわち主体は、自己そのものがかの限定であるのではないが、主体として有るためには然有らねばならぬと自覚せねばならず、従ってかの限定を主体が然有るべきところの「当為」として定立せねばならぬ。かの法が「権利」及び「義務」を媒介するのである。このことは主体一般にも、あらゆる限定的・特殊的主体性にも妥当する。法は、定立されたものとして客体的・客観的であるから、法を有ち法を定立する主体的・主観的なものの法であり、法を有ち法の在るところの（或いは、法を「制約」する）主体に応じて特殊な有り方をする。法は、此を有つ主体性として自己を定立する主体性の法として自覚されねばならず、哲学は、自覚的に定立される法を・而も自覚的に法を定立することの法との統一に於て・自覚せねばならぬ。この意味で主体的に統一されている法の自覚（法的自覚）の具体化が、法哲学である。

(iii)　従って、「実践の」且つ「実践的な」哲学である法哲学は、具体的主体によって揚棄され特殊的存在の法として定立されている「実定法（乃至実定法学）」と此を定立している存在との批判の絶対的基準であるのみならず、自己批判の其であり、かかる法哲学的法は法哲学的体系内容の悉くについて、各契機についても統体についても妥当し、法哲学的自覚は、その都度その主体としての絶対性の法的自覚であり、かかる主体性を契機として揚棄する絶対的主体の内に契機的法として揚棄され、このように揚棄する絶対者の法は絶対的法であり、この「抽象から具体へ」の進展も其自身法的であって、法的に契機として定立されぬことは、法哲学的には「どうでもよい」として限定されるし、契機として定立されることは否。「学」として重宝される「解釈法学」乃至「実用法学」が「運用便覧」乃至「便覧運用」であるのと異り、「（実定」法や習律乃至習俗では然々であるから」ということは、其だけでは、「法哲学的にどうでもよい」事柄に於てのみ「正当化」の「理由」とされ得るにすぎぬ。法哲学には「事大主義」（其の如何なる亜種であれ）の余地は無く、例えば「〔相対〕多数〔を法と等置する〕原理」の如きものも、限定的にでなければ反語的にのみ妥当し得るにすぎぬ。つまり、法の特殊化は法哲学的主体の自己揚棄の統体の契機として定立・揚棄されて法哲学体系に属し、法哲学は、抽象的主体性の統体として具体的である主体自身の統体的法の学的自覚の自覚的に法的な学的体系である。

「和辻・倫理学」が、「人間存在」の理法を「解釈学」的に理解し、其の体系的具体化が「人間存在」の其に即して行われたのに対して、「平野・法哲学」は、寧ろHegel的に「自覚」の理法の具体化として、「理解する自分」（本質的に人間存在的であり絶対的否定的である）が理法を理解することの自覚的・法的な具体化として、「自覚的法の法的自覚の体系化」である。「自覚」の理法抜きでは「哲学」の名に値せぬのみならず、「自覚」は自覚として絶対的否定的である故に、その都度揚棄されている自己を揚棄することに於て自己を発展的に具体化する。かくて法哲学は「論理」から「事理」を介して「法哲学史」になる。抽象的な法哲学から具体的其への発展は、自己の法哲学的契機が未だ法哲学的に定立されていないところの法哲学「そのもの」からの自己揚棄の発展であり、従って法哲学体系の第一部は、抽象的普遍性に於ける法哲学「そのもの」の法的自覚、論理、第二部は、法哲学「そのもの」が限定されているところの主体性つまり「存在」の其、事理、最後に第三部が、論理と事理とが「統一」されているところの「具体的絶対性」に於て、法哲学史としての法哲学である。

(2)(i)　法哲学的具体性が未定立であるところの「無媒介的」直接性に於ける法哲学的主体性自身の法的自

覚が論理である。自己を具体化するべき法哲学の特殊的諸契機が未だ定立されていないところの・従って法哲学としては抽象的普遍性に於ける・法哲学「一般」は、凡そ法哲学に通用する抽象的・普遍的な有り方（「形式」）に於ける法的自覚である。この「形式」を言い表す言葉（「記号論理」的「記号」は、揚棄されている「記号論理」的主体である具体的主体性の「記号」ではない。法哲学が自己を定立するのは、「記号論理」的に自己を定立・展開する主体性をも媒介する具体的主体性が直接的に定立されているところの有り方の「社会的記号」としての言葉に於てである）は、「範疇」と言われてよく、論理の内容は法哲学的範疇の法的自覚的発展であり、此が「哲学」的其の法的根底でもある。

論理は抽象的・形式的であり、抽象に於ける・抽象としての・全体系（法哲学的絶対者）、論理的諸規定も絶対者の抽象的・「形而上学」的「定義」の法的自覚であって、かかる抽象的・形式的なものとして具体的・内容的になる論理の発展は、法哲学的「有り方」乃至「立場」の論理的発展、この意味で学的主体性の抽象的「方法論」の其でもある。而も、論理に於ける範疇発展（論理的発展）は法的自覚の自由な発展であるから、抽象的には、あらゆる法哲学的発展に合致せねばならぬ。「現実的発展」が法哲学的自覚である限り、此は論理的発展と抽象的・法的に「対応」する。「事実過程」が発展として法的に自覚されている場合には、この存在発展は常に論理的発展と抽象的に同じ有り方をする。この故に論理的発展に現実的・具体的な史的発展は対応し、世界史に対応する法哲学史の発展と論理的発展とは抽象的に同じであらねばならぬ。

範疇のこの発展は範疇自身の「内的必然性」（其が自己自身の内に有つ否定性）に基づき、「必然的な方法で自己を自己自身に於て区別して自己の諸区別から自己自身へ復帰する『生ける自由』」（Hegel）の其である。其は屢〻、「正反合（These-Antithese-Synthese）」（此はKant的ではあるがHegel的用語法ではない。後者に於ては“Synthese”すら、未だ概念的に「具体的」でない有り方に即してのみ用いられる）という「弁証法的図式」に方式化されているが、其の意味は「図式」的には次の如くであらねばならぬ。——法哲学的自覚「そのもの」（「A」）は自己を先ず、無「契機」な抽象の直接性に於て「A」として定立せねばならぬ。すなわち「A」そのものは「限定されているA」（「A」としての「A」を媒介している否定性）であらねばならぬ。後者（単なる「否定的無限」としては「非A」）は、限定される「A」を媒介する否定としての限定の直接性に於て、「A」の対立「B」である。この「B」の法哲学的自覚も同様に自己を揚棄せねばならぬ。揚棄されている「B」は、直接的には「A」として自己を定立し・「A」が限定されるところの「B」を否定的契機として自覚する・「C」であり、此が絶対的＝絶対的否定的として自覚されねばならぬ。かようにして論理は、「即自的・抽象的」、「否定的・相対的」、「具体的・絶対的」の三に「区分」される。

約言すれば、第一、抽象的論理としての無媒介的直接性は、定立されている直接性としては、揚棄されている直接性である。この、直接性が其の限定に於て媒介されるところの範疇が、第二の相対的論理の内容である。然るに媒介も其自身では直接性であるから、媒介は自己を揚棄して直接性との統一であらねばならぬ。この、媒介が揚棄されているところの絶対性として自由な主体性の論理が、第三の絶対的其である。此は自己の抽象から具体へ自由に具体化する体系的主体性としての論理の法的自覚に至る。かかるものとして論理を論理の自己発展となしている絶対的論理の・論理としての自己を揚棄して自己を媒介する・絶対的否定性の法的自覚によって、論理は揚棄されている論理として自覚し、論理としての法哲学は、限定されている・特殊性に於ける・法哲学、事理へ、移行する。

論理を自己の発展として自覚する絶対的論理は、論理としての自己を揚棄して自己を媒介する絶対的否定性であり、論理としての法哲学は論理の揚棄（揚棄されている論理）として自覚せねばならぬ。之が、自己の抽象的普遍性の直接性が揚棄されているところの・限定的特殊性に於ける・法哲学、すなわち「事理」である。法哲学は、特殊化の媒介を自由に自覚的に自己の契機として定立し、この意味で「事理」的「存在」を「産出」する。

(ii)　論理としての法哲学「そのもの」が揚棄されているところの否定性は、限定されている法哲学として自覚する主体性であり、此の法乃至法哲学が「事理」である。論理的には「事物」は「現実的なもの」、其の法哲学的限定が「事柄」であるが、「事」の原義は、限定的に定立する乃至されている「存在」であり、限定されるべきものとしての「物」は、有たれる客体として主体に属し、「存在」は、或るものを存せしめる主体が在ることを本義としている故に、客体的「物」の「有る」ことにも転用され得る。然るに、限定的な法哲学として自覚する主体そのものは、法哲学そのものが限定的な法哲学として揚棄されているところの否定性、法哲学的・直接的には非・法哲学であり、論理的に直接には其の体系の第三区分（「絶対的論理」）の第二、（「概念」に対する）「客観」としての「世界」の「存在」であって、其故、かの主体性は「存在」の絶対的否定性（或いは「主体的存在」）なのである。此の抽象の直接性が「主観的精神」である。

事理の第一は「心理」である。屢〻言及される如く、ギリシャ語“hypokeimenon”（「下に在る」「基体」）に当てられたラテン語“subjectum”（「下に在る」「客観的」な「もの」乃至「実体」）と「対置されている」「主観的」な「対象」乃至「表象」“objectum”とが「主観」乃至「主体」と「客観」乃至「客体」とに転義したところの用語法は、Locke に萌芽し「ドイツ啓蒙」乃至 Kant で確立したが、この「主観」は Hegel に至って其自身が具体的になった。「思惟」乃至「認識」する主体性としての「主観」は「単に主観的」ではなく「同時に客観的」である。「主観」に「対立」する「客観」を有ち・「客観」に於て「法」を有つ・のは主観であるのみならず、主観としての主観は同時に主観自身の客観であり、揚棄されている客観としての主観自身が、揚棄されている其自身として自覚する主体性である。法哲学を限定し限定的法哲学を媒介する主体的存在そのものは、かかる主観性に於ける「精神」（「精神」に於て「主観」性に否定的に定立される「客観」的契機が本来的意味での「自然」）、「精神」の法的自覚の体系が「心理」である。「精神」として最も具体的である「絶対的精神」は絶対的否定的であり、之の自己揚棄的具体化が「心理」の体系、此の内容は心理の自己限定である。心理自身も、揚棄されている心理によって自己を媒介せねばならぬ。心理は、心理的体系としての絶対否定性の法的自覚に究極する。精神としての精神の法を自覚する主体性は、精神を媒介する否定性であり、精神としての絶対性は「客観」的主体性によって自己を媒介せねばならぬ。後者は、Hegel流に言えば、精神自身によって作り出されるべき且つ作り出された世界としての「実在性」の形態に在る「客観的精神」であり、客観的・自然的として主観的・精神的な自覚的・限定的存在である。すなわち、自己そのものが揚棄され限定されているところの主体的存在が自己限定によって自己を媒介しているところの絶対否定性が「人間存在」、其の法及び法哲学が事理の第二、「倫理」である。

　和辻哲郎以来周知の「人間存在」とは、限定されている主観的精神として客観的であり客観的存在として其自身主観的である・従って「客観的精神」である・主体的存在であって、主観を限定し特殊化する否定であり・其故に客観である・限定的な主体的存在である。「人間」と「人」とが同化し得るのは、両者共、否定性が自己の否定の否定として（従って自己の限定に於て）存在するところの絶対否定性の限定（従って自己限定）であるからであり、正に其故に「人間」が客観的主体性としての存在、其の法的自覚が「倫理」なのである。此は第一に、抽象的な「人間存在そのもの」としての・従って「人格」性に於ける・「社会」の、第二に、社会的存在が揚棄されているところの、限定されている人間存在、「家族」の、第三に、社会と家族との統一としての統体的絶対性に於て「公共体」の、其である。

　第一の「社会」の全体性は、人間存在の、特殊性によって媒介される普遍性の抽象であって、具体的普遍性として統体的な主体ではない。すなわち、①「人間性」一般の抽象に於ける「人（限定されている人の、或いは人が限定されている所以の否定の、抽象的直接性が「物」、此の揚棄が「占有」乃至「所有」である）・人間（従って又限定されて「契約」乃至「不法の揚棄」）・人倫（限定されている人倫が「道徳性」、具体的人倫は絶対的否定的）」、②人間存在が限定（限定に於て定立）されているところの・故に精神的な・「文化（言語、技芸・教育・教養、宗教）」、③文化的存在が揚棄されているところの絶対否定性に於て自己限定の揚棄を揚棄する（故に又自己を「物化」する）絶対否定的な社会、すなわち「経済（生産・流通・景気）」。統体としての「景気変動」にも拘らず其自身として存する経済は、其自身の揚棄によって媒介され、従って揚棄されている社会である。

　第二に、社会的存在が揚棄されているところの限定されている故に倫理的には「私的」な人間存在は、存在としての直接性に於て事理的に精神的で、此に社会は自然として揚棄されており、従って、この・人間存在としては自然的である・精神的人倫の本質的媒介は、自然的乃至自然的に精神的なもの」である。すなわち、①「男女〔二人〕共同」乃至「夫婦」、②「父母子〔三人〕共同」或いは「親子」、③「兄弟姉妹」乃至「血縁共同」或いは「親族」。「私的」統体としての此等三「段階」の連関は倫理的に「一方向的」で、「社会」的三段階に於けると異り、後の段階として有る統体的存在が前の其でもあることは倫理的に不可能であって、事実的に「単に可能」（故に、存在として偶然）であるにすぎず、この意味で「倒逆は乱倫」である。固より、誰しも父母の子であり・人は親族としては同時に夫婦親子兄弟姉妹等の限定を有ち得・血縁連関は「無限」に辿られ得るけれども、このことは家族が親族としては自己を揚棄せねばならぬことを意味し、「人類皆同胞」観は、「社会」及び「公共体」と「家族」との限定を抹消して具体的倫理を不可能にする抽象的倫理の比喩的・欺瞞的教義にすぎぬ。

第三の「公共体」は、「家族」の「私的」統体性が揚棄されているところの「普遍的・公的統体」として、社会を媒介している絶対否定的存在である。すなわち、①「国家（政治・法律・憲政）」、②「世界（国際社会・人類・国民的存在（地理・歴史・国民的存在乃至国際法及び国際私法））」、③「世界公共体（国際聯盟・国際連合・世界連邦（世界共和国））」。――念の為に附言すれば、最後の三者も「固有名詞」的存在としてではない。かかる、揚棄されている国民的存在としての世界公共体の究極である世界連邦は、限定されている自己すなわち諸〻の特殊的な世界連邦の世界連邦としてのみ倫理的に絶対的（絶対否定的！）であり、倫理も其の究極に於て、揚棄されている人倫的絶対者として自己を揚棄する。

倫理が揚棄されているところの具体的存在、倫理的存在と其の法とを其の相対的特殊性に於て「個性」的に存在させている絶対的・具体的存在が、事理の第三、「世界史」である。之は主観的存在性と客観的其との具体的統一の法哲学であって、単なる［歴］史や社会史・文化史・経済史等とは区別される具体的事理である。論理的には、普遍と特殊との・或いは抽象的普遍と特殊的普遍との・統一である、媒介を揚棄した絶対的否定的主体性（「具体的普遍」）が、絶対性としての個別性であり、絶対的存在は、個別性に於ける具体的存在の絶対性である。而も特殊性に於ける個別性が「個性」であるから、存在は具体的には個性の揚棄であり、個性の揚棄によって媒介された絶対的個性が固有名詞的個性である。後者は、法哲学に於ては此処で初めて法哲学的契機として定立される存在であって、世界史は、固有名詞的・個性的存在性に於て具体的である絶対的否定的存在として自己揚棄的なのである。かかる自己揚棄的な具体的世界の・具体的世界としての限定を規定する・絶対的否定的な存在の、存在としての抽象的直接性は「精神」的であり、之が「世界精神」、従って、抽象的な「世界精神」の具体化が世界史なのであり、自己の抽象から具体へ自己揚棄的に自己を実現することに於て世界史を構成する自覚的な世界精神としての法的自覚が、世界史的理念に他ならない。之によって、具体的世界を理解する手段概念としての「理念型」の体系的具体化も媒介されねばならぬ。世界史の「諸段階」は、抽象的乃至特殊的な諸〻の世界史的理念自身であり、之によって「世界史の始」（成立した「人類」が、風土的に特殊化されて、個性的な「国民的存在」の「場」として初めて存在するに至るところの）現在に即した自己揚棄に於て不断に自覚し直される事理を媒介するのは、世界史的理念としての自己揚棄、世界史的理念史である。かかるものとしては、絶対的事理としての後者も、揚棄されるものとして（限定されて）存在せねばならぬ。然るに、事理が揚棄されるところの否定的主体性は、論理が限定されているところの事理の揚棄として、論理の揚棄の揚棄であり、自己の抽象的直接性に於て論理であり、之と事理的限定との統一として具体的である。之が、法哲学として自覚的に自己を定立する主体性の正に其故に自己限定を揚棄する法哲学、法哲学の第三部、「法哲学史」なのである。

(iii)　法哲学史は抽象的には、自己を法哲学として相対化する絶対的法哲学である。——法哲学としての絶対性は、法哲学としての限定が揚棄されるところの否定性が法哲学として限定されるところの絶対的否定性であり、絶対的法哲学は、法哲学としての限定を（不断に）媒介する否定性に於て（不断に）法哲学となることによって、法哲学が法哲学的に揚棄されるところの法哲学である。法哲学としての法哲学的自覚は、法哲学として自覚される法哲学ではない法哲学としての自覚であらねばならず、其故、法哲学としての法哲学そのものでない他の法哲学であらねばならず、後者は、他の其としては他の其の他の其、従って其自身としての其であって、従って法哲学は、一の法哲学であると共に、正に其故に之は之としては諸多の其等なのであり、後者は、其等自身、抽象的乃至特殊的な法哲学として、すなわち、その都度の世界史的現在に即する・事理乃至世界史的理念と論理的自覚との・具体的統一として、当代に即した法哲学として自己を限定した法哲学史的法哲学自身であると同時に、諸他の法哲学として揚棄される特殊的に具体的な法哲学であり、揚棄する法哲学史は、一の法哲学の・自己の抽象態から具体態への・自己発展として具体的に個性的な法哲学であると共に、諸多の特殊的に具体的な個性的法哲学の発展連関である。従って、後者の発展連関として自己発展である法哲学史の「段階」乃至「区分」は、世界史と対応するが、対応する世界史は、揚棄されている其として、法哲学により限定されているのみならず、かの「段階」・「区分」は論理の其と抽象的に同一でなければならない。すなわち、論理に於て各範疇が有つ「意義」・「地位」を、法哲学史の諸段階に於て対応する各法哲学が法哲学史的に有ち、各範疇は、対応する各法哲学の法哲学的絶対性の抽象的規定である（各範疇が、その特殊的範疇として・且つかかるものとして原理として・定立されているのではない）。世界史乃至論理とのこの「対応」が無ければ、論理と法哲学史との何れか又は両者共に、従って法哲学も、其の名に値しない。蓋し、抽象的普遍に於ける自己の直接性或いは自己そのもの（「論理」）の特殊的限定（「存在」の「事理」）を通じて自己として自覚的に具体的になる法哲学は、具体的事理（「世界史」）が其の現在に於て揚棄されているところの具体的普遍としての自己の自己媒介の法の自覚的に法的な具体化の体系であり、当然に、具体的な法哲学は、之によって規定されている事理の具体化乃至世界史と相即して発展する（世界史との対応）のみならず、この発展は、具体的な法哲学として自己を媒介する法哲学の法哲学的発展、「法哲学史」であって、後者は、其の抽象に於ては「論理」としての法哲学の論理的・範疇的発展であらねばならぬ（論理との対応）からである。固より、定立されて史的・限定的存在となった法哲学は、世界史によって揚棄されるものであるから、世界史の揚棄としての法哲学は同時に、揚棄されている法哲学史の揚棄として具体的であり、法哲学的具体性は直接に世界史的現実を「反射（乃至反映）」しているのではなく、其自身として「絶対的否定的」であり、後者の限定は正に、揚棄されている世界史としての法哲学によって自己限定的に、従って法哲学史的に、為される。すなわち、世界史の限定的諸「段階」と法哲学史の其との各個的「対応」は、法哲学史との法哲学的統一（法哲学史的法哲学）によって媒介されて規定されており、世界史によってのみ限定されているのではあり得ぬ。然るに法哲学史と論理との対応は具体的法哲学の抽象及び具体の其である。この対応はHegelの哲学によってすら留保つきで説かれているものであるが、かかる留保は法哲学的には不必要であり、其の都度の現在に於ける具体的法哲学の史的諸形態の法哲学的限定によって解消すべきものである。

要するに、世界史の時代的発展は法哲学史的発展に表裏し、前者の法哲学的展開は後者の其の前提であり、法哲学的に世界史に「対応」する法哲学史は、世界史的発展に即応して理解される諸〻の法哲学の発展連関である。確かに法哲学は、揚棄されている世界史として直接的には、固有名詞的・個性的存在の統体の揚棄であらねばならぬが、正に其故に其自身が固有名詞的・個性的に唯一的であらねばならず、法哲学の「妥当範囲」、法哲学が此として絶対的であり得るところの存在は、法哲学的に当代に限られ、其が他の時代にも妥当し得るのは、その法哲学が本来妥当したところの存在が後の他の時代の其の契機になっており・後者が前者を自己の具体的全体の抽象的契機に有ち・従って又前者は後者に抽象的に等しい・故に且つその限りであって、其故に、他の時代に於ける其の妥当は常に抽象的・契機的であり一面的・部分的である。成程この抽象的普遍性に於て限定される限りでは、「偉大な思想家」は個性的でありつつ「すべての人々との可能的な同時性へ到達」(Jaspers) せねばならぬが、かの抽象的・契機的限定に於てのみ法哲学は後代へ「影響」してよい。前代の法哲学に単純に「主義」的に帰依されてはならぬ所以である。世界史の当代の絶対的自覚として法哲学は、其の名に値する限り、前代の其よりも常に高次の発展形態であり、後代の其よりも未発展であらねばならぬ。後代の其が前代の其よりも「未発展」であり「劣って」いるような場合は、法哲学史の概念にも属する絶対的否定性の必然的契機として存在するが、其の名に値する具体的な法哲学の「欠陥」・「欠乏」状況として限定・揚棄されねばならぬ。法哲学を否認する主張についても（Hegel の哲学史に反して）同様である。勿論、以上のことは当代に於ける他の限定的其[等]についても妥当する。而も、諸〻の法哲学の発展連関は、其自身としては絶対的であった其々の・法哲学としての・具体性の発展として、ある法哲学が他の其に揚棄されているところの発展として、其々に即して自覚されるからこそ、法哲学としての法哲学史であり、法哲学史は、自己の諸契機として自覚される・其等自身で法哲学である・諸〻の法哲学を、其等の最も抽象的な段階から最も具体的な其・すなわち法哲学史自身・に至るものとして、法哲学史に於て其等が有たねばならぬ法哲学的な意義の厳密に法的・必然的な揚棄連関に従って論理的に自覚せねばならぬ。

以下は論理との法哲学史の「対応」を「素描」する。其以外・以上は此処では全く意図されぬ。程度の差は有れ「著名」な諸「権威」の反芻へ限定されている因習的「概説」と異り、「対応」する法哲学史的契機である限りでは一の法哲学も省かれぬし、後者に特定されるための諸契機も可能な限り挙示されて、「合流の鳥瞰図」としては可成り詳細であるが、個々の法哲学については、この法哲学史的規定に必要である以上に「紹介」乃至「解説」的には叙述されぬ。確かに、あらゆる法哲学の内容は一義的として前提され得ず、其自身として具体的には法哲学史的に規定されるけれども、本書の目的は、其の具体化されるべき抽象的規定である。従って、当該の法哲学について、多かれ少かれ信頼され得べき文献が容易に参照乃至想起され得る場合には、法哲学史意義の軽重（項目細分記号の序列〔一＞Ⅰ＞(1)＞(i)＞(イ)＞第一〕で推測され得るであろう）を問わずに叙述は簡約され、法哲学史的地位だけが抽象的に規定される。その意義の少い場合をも含めて随所で人名羅列が生じることは、本書の目的から不可避である。浅学菲才の私には、法哲学者達の多くは殆ど、玉石混淆の貧しい「二次的文献」の比較検討に依拠して概念され、叙述され得るにすぎぬが、彼等の原著作（厳密な意味に於てでなく、殆どは其等の近世以後刊本）のみならず、各〻についての参照文献も、以下では逐一挙示は省略され得べく、法哲学史的規定のために特に想起されたい所説を含むものの著者名（故に必ずしも引用章句の其ではない）だけが、「→」で指示される。尚、簡約されるために「引用符」が過多に使用されるにあたり、「引用」と「ひとの所謂」と「私の所謂」とは一々判明に区別されぬが、この判別については私の諸著作の参照が請われればよいであろう。人名は、混同乃至誤解の虞が無い場合には、姓乃至通称のみで（シナ人の場合には傍点つき漢字で）挙示される。この結果、ヨーロッパ「中世」に関してはラテン語形の混用が生じるが、必ずしも現代語形とは一致せぬ本名の逐一併記は本書では余計であろう。ラテン文字表記の顕著な別異は〔　〕で附記される（この〔　〕は同義又は補足の語句を、［　］は補足又は削除が可能である字を示す）が、生歿年は原則的には省かれる。

(3)　世界史と之に対応する法哲学史の三期「区分」については、私の諸著作で其の都度言及されている。——法哲学の第一部「論理」は、第一に、無媒介的直接性（「ある」そのもの性）に於ける法哲学である範疇の「抽象的論理」、第二に「相対的論理」、第三に「絶対的論理」であり、第一の其に、直接性に於ける法哲学の時代としての法哲学史第一期「**最古代**」が対応し、第一期に対して、世界史が特殊的諸世界史へ特殊化している（正に其故に「相関」により「媒介」される）ところの第二期（其の第一が**古代**、第二が**中古**、第三が**中世**）に於ては、法哲学史も直接的には其々の特殊的世界史に特殊化して展開し、其等の統体として「相対的論理」の論理的発展に合致する。第二期に於ては普遍は限定的、絶対者は超越的、法哲学の絶対性は、限定されている普遍が自己を媒介する絶対的否定性である。之に対して、論理及び事理の具体的統一の法哲学が自覚的に発展するところの第三期が、「広義に於ける**近世**」すなわち「**近世・近代・現代**」なのである。

かくて「最古代」法哲学史は、其自身に於て論理の三区分に対応しつつ法哲学体系の三区分を抽象的に形態化し、かかる統体として、法哲学史に於て、法哲学に於ける論理の第一区分（直接的・抽象的論理）に合致する。之については私の『最古代オリエントの法哲学史のための覚書(一)〜(五)』（名古屋大学法政論集〔1969〜71〕所収。本書では分載番号のみで指示される）、『法哲学史としての法哲学——最古代後期を主とする一素描』（加藤新平教授退官記念『法理学の諸問題』〔1976〕所収）、『Zarathustra』（名古屋大学法政論集〔1983〕所収）が参照され得るので（この便宜の乏しさは寛恕されたい）、此処では論理の第一区分の「始」との「対応」に即してだけやや詳述され、其の後の「対応」については各章節毎に簡単に注記されるであろう。

即自的・抽象的論理の第一は、未媒介な抽象に於て自覚される直接性、「質」の、第二が、揚棄されている質、「量」の、第三が、質と量との統一、「度」の、論理である。

論理（従って法哲学体系）の「始元」は、他の如何なる範疇をも論理的に「前提」せず自己の限定的契機として有たぬ・而も其自身は普遍的である・抽象的範疇であらねばならぬ。勿論此も「言葉」であり「言語」によって「説明」され、其故に論理も、「普遍的」に了解されている言語の存在を前提し、最も抽象的な範疇の言葉も、この言語に属しなければならぬが、この前提は、「何らかの仕方・程度で普遍的」な相互了解の媒介が言語に於て有たれ・言葉にはかかる普遍性が有る・（従って言語は主体的にも客体的にも没「矛盾」的「判明性」に欠け「諸矛盾に導き得る」が再び此等を「越えさせてくれ得る」〔J. Simon〕・）ということであり、始元的範疇を媒介する範疇としてではない。

法哲学は其の具体化の始めには、具体化するべき自己「そのもの」として「有ら」ねばならぬ。而も、この「有る」（以下では、「ある」と混同される虞の有る場合には、「有的ある」又は「有り」と言うことにする）を否定することは其自身が「有る」である。かくて「有る」は法哲学的始元として定立され得るように見える。確かに「有る」は、「在る＝に有る」にも「として有る＝である」にも（更には「主体が有る＝客体を有つ」にも）なる根源であり、「有論」（“Ontologie”乃至“Fundamental-ontologie”）の立場は古来絶えぬ。しかし「有る」は常に、「或る」もの「が有る」（限定されているものが有る）ことであり、「無限定な有る」（「有るそのもの」――Heidegger が“Sein”とは区別して用いるに至った“Seyn”（第十八世紀に人称代名詞との区別のため用いられた語形である）も其に属する）も、「有り方」の限定を捨象しているにすぎず、「有る」そのものの限定されていることが捨象されているのではない。「……が……」の限定が捨象されているところの抽象は「……は……」（日本語的限定に於て「主語」の抽象的「主格」性を示す）であり、「……は……」の抽象的無限定性が「ある」（「有る」・「在る」・「或る」にも「である」にもなる）である。故に「ある」は、諸外国語との対応（精々“Sein in abstracto”）を度外視すれば、「……は……」の「主体性」と言われてもよい。「主体性」は、既述且つ後述の如く、「主体」として限定されると「主体」そのものでない「主体」の「絶対的否定性」であるが、其の・「主体」に即しての・「有る」は「する」そのもの（「為す」から「思惟する」等にも「実在する」等にもなる）と呼ばれる。従って、「する」そのものの限定（「……は〔が〕……〔を〕する」）が捨象されているところの「する」性に於ける「ある」が、「ある」そのものなのであり、かかるものとして之は、範疇的契機が未定立の抽象の直接性に於ける普遍的範疇である。ヨーロッパ的な近似的対応語でも夙に周知の如く、「ある」は「定義」され得ぬ（「定義」は「である」として定立されるから）。法的自覚の具体化の未発展そのもの、未だ何ものによっても法哲学的に顕在的に媒介されていない無限定なままの直接性に於ける法哲学（其の体系「始元」）、此が「ある」そのものであり、其の法的自覚が此として具体化するところの諸形態は、然有らねば抑〻法的自覚が有らぬところの抽象的普遍の直接性すなわち「質」の諸範疇であると共に、あらゆる範疇が抽象的直接性に於ては然有るところの範疇的「質」でもある。

(i)　具体的法哲学の「捨象」そのものである最も抽象的な法哲学「其自体」、「純粋な抽象」の直接性に於ける其が、「ある」そのものである。此は未だ何もの「である」のでも何もの「として有る」のでもなく、「ある」「である」のでもない。この無限定・無媒介な直接性は、「ある」として定立・限定されていないことであり、「あるは……」と言われ「ある」として定立されている「ある」は、「ある」そのものではない。この、「ある」でないことそのもの、「否定そのもの」・「純粋な否定」は、「ない」であり、かくて「ある」は「ない」である。すなわち「ある」は「ない」として法的に自覚される。

この「ない」そのもの（未だ「が無い」でも「でない」でもなく・助動詞的限定に於ては「ぬ〔ん〕」に等し

い・抽象的・普遍的な「ない」）は、「ある」が其であるところの否定そのものとしての抽象である。この「ない」そのものが、「ない」の否定（「ない」でない）であり「ある」であらねばならぬことは、「ある」と同様である。「ない」そのものは、「ない」として定立・限定されているのでもないことである。此は正に「ある」である。すなわち、「ある」であるとされる「ない」は、「ない」であるとされる「ある」であって、両者は「一つの同じこと」であり「移行」しあう。此が「なる」である。

「なる」は「ない」と「ある」との「直接的統一」であり、「ある」も「ない」も、各〻他方と一であるから、其々「そのもの」としては「ない」になる、「なくなる」＝「消滅」するが、各〻が其々としては「なくなる」ことそのものは有り、此が「なる」である。「なる」に於ては「ある」も「ない」も「なくなる」のであるから、「なる」自身も「なくなる」のであり、「消滅」する。この、「なる」の「成果」は、「ない」であるのではない。蓋し、「ない」になる「なる」に於て「ない」自身が「ない」になるから。揚棄されている「なる」としての「ない」は、揚棄されている「ない」としての「ない」であり、すなわち、「ある」になった「ない」である。この「ある」は「ある」そのものではない。揚棄されている「なる」の「ある」は、「ない」である「ある」ではない「ある」、すなわち、「ある」そのものでない・「ない」によって媒介されている・「ある」、否定的に限定されている「ある」、つまり「〔が〕有る〔有〕」である。——抑〻、「ない」である「ある」も、「ある」である「ない」も、「……は」の其である（「ある」は「ない」であり、「ない」は「ある」である）が、此が、「なる」の揚棄に於て「……が」の其として定立される訳である。

(ii)　「が有る」的「ある」すなわち「有〔り〕」に於ては「ある」が揚棄されており、「有」は否定乃至限定されている「ある」である。この「有」の「ある」、自己を限定する「有」其自身、此が「もの」（物体的客体や人間的主体より以前の抽象に於ける）一般であり、「有」とは「ものが有る」ことである。「有」の展開が第一に「有・無・成」であり、この「成」の成果が第二に「実在」である。「実在性」は、「有そのもの」でない限定的「有」、「或る」有であり、此処で「もの」は「或るもの」であって、「或るもの」としての「有」が「こと」に他ならぬ。そして、「或る」の否定性が「他」であり、「或るもの」は「他のもの」であるから、実在は「他態（他の有り方という有り方に於て有る＝他在）」である。或るものは他のものとして・従って他のものに対して・有らねばならぬから、或るものの有は「向他有（対他有）」であり、故に「制限（有的限界）」が有る。この「向他有」に対して或るものそのものとしての・「其自体で」の・有が「即自有」である。「其自体で」の有は「或る」有ではなく、従って、「或る」でない・「他の」・有である。「他のもの」が「其自体での」「或るもの」であらねばならぬ。かくて「即自有」が揚棄されているところの「他態」、此が、第三に、「有」の絶対的範疇「変化」である。或るものは他のものになり、又、其の逆である。然るに「他のもの」は其自身、「他のもの」の「他のもの」であるから、「変化」に於て、「他のもの」が「他のもの」の「他のもの」になり、「他」のでなくなった有に於て「他態」は揚棄されている。有は変化に於て変化せず、不変な「其自身としてだけでの有」に於て「有」的限定は揚棄されて消失する。この、「有」の揚棄に於て回復されている「ある」が、「存」である。

(iii)　変化に於て否定されるのは「他のもの」であり、揚棄されている「他のもの」として自己を実現している「ある」は、「其自身」だけで有り、其自身が其自身にとって有り、変化せずに「其自身として」有る。この「自存」或いは「向自有（対自有）」に於て、自己に否定的である自己が自己に否定的でないところの「ある」は、自己に否定的でないという正にこの故に否定的であり絶対的否定的である。第一に、「向他的」

でない「其自身」としての「ある」、「向自有」は、揚棄されている「有」としての「ある」、「ある」と「有」との統一であり、此が「存〔する〕」（日本語では、ドイツ語の"(sich) halten"のように、「存える」にも「存ずる」にもなり得る）である。「有」の「或る」乃至「他の」的限定が揚棄されているところの・従ってあるものが「ある一つのもの〔一者〕」としてだけで有るところの・其自身としての・「ある」的「有」が、「存」であり、或いは「向自有するもの」が「一者」である。「存」に於て「有」が揚棄されており、「亡」である。従って「存」の「有」が「亡」である。然るに「存」は、揚棄されている「有」であるから、揚棄されている「亡」である。かくて「存」の「亡」は限定されていなければならぬ。此が「限界」である。第二に、「有る」ものは「……の限りで存」し、「有限」であり、此に対して「存」は、揚棄されている有限性、すなわち「無限」である。有限なものの変化そのものには「限界が無い」すなわち「無・限界」であり、この変化は有限なものの「無限進行」（「悪無限」・「無際限」）であるが、この「実在」的直接性に於ける無限性に於て、有限なものが他の有限なものになり、其故、他の有限なものが其自身の他のものになる。この、「ある一つのもの」が存するところの不変な「向自有」が、「真無限」である。この無限性に於て、「ある一つのもの」は其自身にとって其自身として存しており、従って、其自身に否定的（限定されている其自身）として存している。かくて第三に、「一者」は「多者（多くのもの、或いは諸〻の一つのもの）」である。この「多者」は「多者」としては其自身「一者」である。「単一性」と「数多性」とは統一され、一が多であり、多が一である。「存」の「即且つ向自的」限定は揚棄されており、「質」としての直接性が揚棄されていることになる。以上に対応して、――

法哲学史（単に「法（或いは法思想）」史ではない）の「始元」は「文字の成立」である。法哲学史としての法哲学の抽象的「質」、自己を定立するべき法哲学としての具体化の未定立そのものの抽象的直接性に於ける其は、先ず初めには、「事理」が揚棄されているところの・故に抽象的には「論理」的である・直接性であり、「事理」的「存在」が抽象的に揚棄され限定されているところの普遍性の直接性に於ける・故にあらゆる「法」乃至「法哲学」の「萌芽」を含むが法哲学としての具体化は捨象されており後者が未だ「存在」と謂わば「密着」「融合」しているところの・抽象的直接性、すなわち、自己の限定として具体的事理を揚棄しているところの普遍性であるが其自身としての限定に於ては事理的「存在」であり・事理的「存在」の揚棄が自己限定の其であるところの・絶対的否定性に於ける法哲学の抽象的直接性である。然るに、「存在」が其の特殊性に於て限定される所以の抽象的・「精神」的普遍性が、「人間存在」そのものの抽象的「社会」性が限定されているところの契機として定立されていると、「文化」、之の抽象的直接性が、すなわち、あらゆる存在が其の(限定的)普遍性に於て限定され揚棄されるところの普遍的存在が、「言語」であり、之が法哲学としての限定的定立を媒介し、「論理」の存在する「場」でもある。従って、自らの言語性の絶対的否定性そのものの抽象的な法哲学の個性的具体化が「法哲学史的始元」である。しかし之は「言語の始まり」と混同されてはならぬ。「言語性」乃至「言語的存在性」一般は「人間存在」と共に古いが、前者の「具体的普遍」的「絶対的否定性」の法的自覚が、揚棄されている「事理」として最も抽象的・直接的な法哲学である「法哲学史的始元」なのである。すなわち、限定的「存在」の絶対的否定性である「人間存在」が「存在」を其の限定的普遍性に於て揚棄しているところの「相互了解」的普遍としての「存在」が「言語」であるから、具体的存在を自己の限定として揚棄しており法哲学としての限定的定立を媒介する「言語的存在性」そのものの絶対否定性の抽象的な法哲学の個性的・具体的な成立が、「法哲学史的始元」である。然るに、言語的限定に於けるこの絶対否定性の自己限定は、「文字」性の揚棄によって媒介されねばならぬ。蓋し、法哲学的には、既に触れられている「文化」の第一、「言語」は、『原理』での旧説を少し修正すれば、第一に「意味（妥当性・存在性・象徴）」、第三に「民族（民族・「土と血」・民族意欲）」で、第二の「〔狭義の〕言語」が(1)「相互了解性（表現伝達・沈黙・齟齬乃至歪曲）」、(2)「言語形態（音声・仕草・文字）」、(3)「言語的体系態（「分節的組織」・「標準」語・間‐言語性）」であり、「言語」的存在としての絶対性に於て具体的である「言語共同体」乃至「民族」は、抽象的な「意味」性の・「言語」としての・限定が揚棄されているところの存在であり、「相互了解」性に於ける言語的限定の・「言語的体系態」としての・絶対性は、特殊的「言語形態」としての限定の揚棄によって媒介される（→『原理』八四頁以下）。其故、単に言語的限定に於て絶対〔的否定〕的である法哲学の抽象的直接性は、言語的限定の絶対性を直接に媒介する言語形態である「文字」性が限定的契機として揚棄されることそのものであらねばならぬ。従って法哲学史的始元は、具体的な言語的存在が抽象的に文字（従って文字体系）に於て書かれねばならぬ故に書かれる、すなわち、具体的存在全体が文字の原理的具体化（故に之は単なる「画像記号〔絵文字〕」にとどまらず「表音」機能〔音節文字乃至単音字母〕及び「文法」をも契機として有たねばならぬ。――之により初めて、「解読」もされ得る）に於て揚棄される、ということそのものとしての抽象的・直接的な法的自覚（「書字〔書くこと〕」の理念）の「世界史」最初の成立に在り、之と共に「法哲学史」が始まる。――念の為に附言すれば、この抽象的直接性に於ける法哲学が「法哲学史的始元」であるということは、勿論、「文字的に形態化されねば法哲学ではない」ということではない。又勿論、「文字の成立」以前にも、謂わば「法哲学以前」の意味での「法意識」乃至「法思想」は存在したが、其等は「法哲学史的始元」である・法哲学としての・抽象的直接性であるのではなく、この「始元」が成立するところの存在に揚棄されている「前史」的・「以前」的な存在契機であって、法哲学史的に「始元」に直続する「事理」的具体化の抽象的直接性に属するものなのである（→㈠一五頁以下）。

(i)「言語」一般は「人間存在」と共に在り且つ古いが、言語的・法哲学的な抽象的絶対性を其の直接性に於て「世界史」で初めて自覚し得た存在は「世界史」的「個性的」である。論理に於ける「ある・ない・なる」に対応して、――(イ)少くとも六十万年（乃至十六万年）の其の過去が「風土」的制約の下で数千年来既に様々な「文化群」へ解体してしまっていたところの「人類」のうち、西暦紀元前第五千年紀半に、既に「銅」が獲得されており、単なる「農耕社会」を超えて諸〻の「萌芽的」「都市国家」の小世界が形成され始めたところのメソポタミアに於て、世界史最初の「前史」的「高文化」世界が存在した（之を制約した特殊事由については→㈠）が、之の担い手を揚棄して同様に自己を諸小国家（「神殿」の支配する「都市国家」）体系に於て緩やかに組織した移入民スメル（S[h]umer）人（−3200 ca.）が、知られている限り世界史で初めて、「表音的」及び「文法的」要素をも形態化している「文字」を「発明」した（−3100 ca.）。(ロ)勿論、「萌芽的文字」等と呼ばれる単なる「画像（或いは象形）記号」は其以前・以外にも多数存在しているが、其等は未だ上記諸要素をも形態化している「文字」ではない。之に対してスメル人の「楔形文字体系」は、「単語」文字をも契機として保存しつつ「音節」文字として具体化しているが、当初は未だ「民族」乃至「歴史」的な具体的自覚にも法哲学的具体化にも関らないし、「言語構造」的には可成り「粗雑」且つ「複雑」（「多音多義」）な儘であり続ける。蓋し、(ハ)スメル人に於ては、急速に進展した諸小国家経済の行政的管理のために「神殿官僚制」が、先ず、「備忘」・「整理」という「単純」・「卑近」な課題に面して、「文字以前」的体制の超克に想到せねばならなくなり、かくて、「有りの儘の生を捨象する」「バビロニア的心性」と相関的に、風土的素材の利便のもとで、尖筆で粘土に記される「楔形文字」が、従ってこの小世界に通用し易い形態に於て、初めて具体化されるに至った。この「文字化」の法的自覚は、「学習」されるべきものであることをも夙に形態化しており、小世界的存在性に適応している文字体系の「発明」の「画期的」意義の故に、スメル的文字そのものをではないが「書字の理念」を、迅速に近隣世界へ弘布し、近隣諸民族に於ける「文字化」を触発した（→㈠一七頁以下）。

(ii)　(イ)この「スメル的高文化」を－3000年頃に襲う「破局」の重要な契機を成すセム（Sem）人の新たな侵入を媒介した「超メソポタミア的」世界に於けるスメル的文化の限定は、論理に於ける「有」の展開に対応し、(ロ)この前後約百年のオリエント的世界的交渉が、エジプト的「前史」を終焉させエジプト文字の成立を媒介する「触媒」となって、(ハ)Nil河谷乃至デルタ（delta）での孤立的小世界に於ける「分立的」限定の限定的統合（「上・（中・）下」エジプトとしての「二元の統一」）の文化的発展を「量」の集積から「質」の変化へ転換させた（→㈠三〇頁以下）。

(iii)　「エジプト文字」の成立は論理に於ける「存」の展開に対応しており、(イ)世界的に制約された「国民的存在」の成立と直接に結合して其の直前に位置し、－2950 ca.（3100±150）の「国民的統一」の成立と共に世界史最初の「歴史」時代に入るエジプトで、(ロ)特種・国民的な画像（「象形」）性の契機を保持しつつ子音的単音字母の其をも確立する文字体系が成立し、(ハ)両契機を主とする「混合体系」としての具体化を自らの歴史を通じて保存する国民的存在の成立は、抽象的世界を揚棄した民族の国家的統一を自己の本質に有つ超国民的世界としての「最古代オリエント」の世界史的限定の確立であって、後に「古典的」となる最古代オリエント的「事理」的な法哲学が此処に成形される（→㈠四一頁以下）。

II　最古代前期（－2950〜－2015）

法哲学的「質」の抽象的形態としての即自的法哲学の成立の段階が揚棄され・「存在」の法的自覚が対自的になる・ところの「オリエント的・古典的事理」の時代（↓(二)〜(五)）に於て、この存在は、即自的に有る具体的世界を抽象的に揚棄して自己の内へ反省し、其の法的自覚は、法哲学的「質」を揚棄した存在の抽象的絶対性の法的自覚であって、この事理は、かかるものとして法哲学的に「量」的である。成程、未だ「量」が原理的範疇として顕現するのではないが、かの存在の抽象的な絶対性の直接性（故に「人」的立場の抽象性）に於て「定言的」に定立される特殊的諸「善」（法哲学）は、人的「幸福」を直接に制約するものとして、「善福」一般のうちへ揚棄されて無差別化されており、この無差別に於ける自己具体化が即自的に「量」的なのである。

(1)　2950年以後、先ず、善福を自覚するべき存在の即自的・抽象的な法的自覚、即自的な具体的思想を揚棄する存在の抽象の法的自覚としての「精神」的自覚は、

(i)　エジプト的「安定性の要素」を欠くバビロニア的小世界に於て小世界的精神として、規定的である。この「自然的精神」が作り且つ後代に継受される「(大)洪水」伝承はスメル時代に遡る。「最悪観」的気分は神話をも「人生観」をも貫き、「神々」は（極めて少数の例外を除き）「崇高」且つ「厳格」であり、「自然

の法」は専ら「神的意志」であり、「服従」は「元徳」として現れ、「予兆学」乃至「占星学」が発展する。スメル的「創造神話」では、「黄金時代」は神々のものであって現世的人間のものではない。「彼岸」は「闇黒の恐怖」である。従って、発達する「呪法」も「回避術」である。而も「小世界性」に対応して神々の数は厖大であり、この神的宇宙国家を媒介する「自然的・実体的」法が“Me”であったが、“Me”そのものも諸“Me”も未だ全く概念として具体化されぬ。原則的に諸王朝は空間的・時間的に弱小・短命であり、正に其故に現実的法は、小世界的「普遍法」（其の殆どは非「制定法」）として「法の支配」理念を媒介し、「予防的法学（Kautelarjurisprudenz）」を発達させ、「国際法団体」的小世界の性格は国家の法的性格をも「王権の神性」をも限定する。かかるスメル的精神が正に「一覧表」（一種の原始的な辞典且つ事典）文化を発展させるが、之を媒介する「学的」精神は「理論的・論証的」ではなくて「経験的・羅列的」且つ「独断的」で、「魔法及び占卜の秘術」を発展させる。このスメル的傾向は移入セム人によっても「揚棄」されるより寧ろ「保存」され、スメル的及びセム的「二言語性」の統一文化に於て「一覧表」的精神形式が維持される。然るに、

(ii)　エジプトに於て民族的・統一的精神は「統一的実体の自覚」と相促進し、此処では「歴代表」及び「公式年鑑」を除けば「現実的な歴史既述」は発達しないが、逆に夙に「太陽」暦が確立するのであり、エジプト的存在の「実体性」に対応して「永遠な実体的なものは不可侵」であった。勿論、未だ尚この精神は「自覚的に図解的」であり「実践的・功利的」であるが、存在する思弁は「神学的神秘主義」の傾向に於て活動する。しかし、早期に形成され得た国家的統一に於ては、「種姓」・「氏族」がでなく個人としての人間の価値が夙に前景に出ると共に、「神王」観も夙に形成され、而も彼も、実体的・絶対的主体である故に正

に、主体的絶対性を媒介する法に拘束されるのであり、女神として観念される「法（Maat）」の概念が発展し得たのである。かくて叙上の形成過程に於て、

(iii) 当代の世界が世界である所以の本質を規定する存在性を内紛の揚棄によって確立したエジプト的「古王国」の成立（2650）当初の『Memphis 神学』（近代の学者の所謂）が、勿論、最古代的・神話的形式に於てであるが、首都 Memphis の神であり「神々の心且つ舌」とされる Ptah の「心」に抱懐され彼の「舌」の発言により実在的となる神々乃至世界の産出を思弁的哲学的に構成して、「万神殿」に於ける絶対化を意図しつつ「絶対的精神」の抽象的自覚を達成した。

(2) 次いで、後者を成立させた世界史的展開（2650〜2410〔2370〕）に即して、論理に於ける「定量」に対応して、事理は限定的倫理として自覚的に定立され始めた。

(i) 客観的存在性に於ける法的自覚から・実体的生のための倫理への・発展の諸形態に於ては、(イ)バビロニアでは、「神の赦し」を求める諸「悲歌」の生成と「一覧表」文化の発展とが存在するに留まるが、(ロ)「出生に基く厳格な世襲階層制」を識らず「不安から自由」なエジプトでは、後世に有名な「科学的」医学説（『Edwin Smith の外科的パピルス（papyrus）』）が既に成立するのみならず、「偉大な賢者」として記憶される Imhotep が登場し、(ハ)「大ピラミッド」時代には Hordjedef の、実体的な生の絶対性の法的自覚に基く『教え』が現れた。かくて

(ii) (イ)自覚的に人倫的絶対者によって媒介される相対的存在の法的自覚の諸形態を化体している諸「墓誌」に於て、エジプト「第四王朝」末以後「〔太陽神〕Re の息子」化する「神王」権の限定と向上する高官達での「法（Maat）」自覚の強化とが、履行された法的諸規定の列挙を当然視させるに至り、Nedemib,

Khuiuiwer, Hetepherachti 等の諸墓誌は実定的倫理の法式的羅列にすぎぬが、(ロ)Henku の其に至れば行政的倫理の具体化にまで及んでいる。しかし「神王」の法をも抽象的に揚棄している Henku の墓誌の成立する時は、「古王国」的中央集権の解体が漸次露呈し始めた時であった。之に先立ち、(ハ)相対的な国家的人倫の「自己揚棄的自己実現」の法的自覚を抽象的に具体化した者が、バビロニアに於ける Lagash 王国の簒奪者 Urukagina であるが、この、記録された世界史の「最初の社会改革」的統治は、長続きし得ず、遂に、スメル的乃至セム的支配者達は Sharrukin〔Sargon〕の「アッカド（Akkade）」王国に下属するに至った。

(iii)　バビロニアに於て果され得なかった、古典的倫理の自由な構成的自覚を、自由の自己媒介の倫理として提示し得たものが、エジプトの『Ptahhotep の教え』であるが、勿論此処では、神王により媒介された者の自己揚棄により媒介が揚棄されるのであり、「人」として人間が尊重され、如何なる「宗教的教え」も（宗教妥当が自明であったからにせよ）含まれていないけれども、論理的体系化の未自覚に於てのみ倫理的構成は為され得ており、国民的存在性は即自的に存在するに留まっている。丁度その頃、アッカド的大王国の成立と共に、エジプト的・国民的存在の相対化が客観的に実現され、エジプト自身、「古王国」的絶対性の崩壊過程に入る。続く「古代」に於て史的契機として揚棄されるシナ的殷文化及び「原」インド的「Indus〔Mohendjo-Daro 及び Harappa〕文化」が、西方からの蓋然的影響を示しつつ、オリエントに於ては夙に超えられていた最古代的形式の特殊的諸形態を呈示し始める時、オリエント的世界は既に、人倫的公共体の自明な絶対性の終焉乃至揚棄の時代（2410〔2370〕～2015）を展開し、存在の法的「意味」（「有意義性」）の自覚の発展を通じて、絶対的な善福の法的自覚が、抽象的倫理を揚棄した具体化の経過に於て相対化されて、史的に揚棄されるものとして完成される。

(3)　この・オリエント的「古典的」となる・事理の最後的展開を規定している論理的本質が、「値〔関数量〕」の「量」的・絶対的否定性である。

(i)　(イ)スメル的人倫のセム的・アッカド的揚棄の頃、其処では「地理学」的記述の始まりと「歴史」すなわち最初の「年代記」とが成立するが、諸「前兆」学の萌芽と共に（スメル・セム）「二言語的一覧表」（辞書的な）が発展するに留まり、遂にアッカド王国自身、Gut[a]i 人侵入の下で滅亡した。之に対して(ロ)エジプト「古王国」の解体期には、「来世に於ける王の至福を保証する」諸『ピラミッド章句』（この葬礼文は、内容的には高官達のためのものと部分的に同一であり、部分的には「初期王朝期」に遡る）・貴紳のための諸「墓誌」（就中 Kagemni, Nefersechemre 乃至 Harkhuf の）乃至『Kagemni の教え』が、来世のための倫理の抽象的絶対性の媒介として「畏怖」を不可欠とし、此岸的には「卑下に至る謙譲」の倫理的・教義的絶対化に於て、古典的自由の倫理の喪失を露呈し、(ハ)2150 年に瓦解した「古王国」の分裂的状態の直接的・抽象的反映である『竪琴弾きの歌（パピルス本）』が、「古王国」的実体性を表現する筈の客観的諸形態の滅亡性の表象的概念に基いて、此岸的人倫の捨象に於て存在する生の主観的快を絶対的価値としている。

(ii)　このような・古典的となるべき人倫の・解消に対して否定的に具体的に、存在するに値する人倫の回復（「国民的当為」）を警告したのが、『Ipuwer の訓戒』であった（彼をエジプト第六王朝終でなく「中王国」末乃至「第二〔「中」−「新」王国〕中間期」（第十三王朝の〔始め又は〕終り）に査定する Seters の所論は、十分に説得的とは言われ難い。――就中、後出の『Khakheperre-seneb 語録』を看過している彼の、「思想史的発展」及び其の順序の概念の欠陥からして）。之に於て否定的に具体的となっている事理が、

(iii)　法的に自覚された相対性を媒介する絶対的否定性に即して定立される。(イ)先ず、エジプトの「第一

〔「古」－「中」王国〕中間期」（2150～2040）に、存在にとっての善福の絶対性の法的自覚が、『生に倦んだ〔生きるのが厭になった〕者〔厭世家〕の・彼の魂との・対話』と呼ばれる作品、諸『棺文』乃至『竪琴弾きの歌（Neferhotep 本）』に於て、来世に対比される現世的生の無価値性と公共的価値の其との「厭世家」的反省（故に「自殺」の正当性の主張――尤も逆の解読・解釈も「可能」であるようであるが、何れにせよ「自殺」の正当性は「論証主題」である）から、「彼岸の民主化」に於けるすべての人々の「平等な機会」の此岸的「人権論」的教義の主張（従って、社会的不平等や人の悪行は神の計画の部分でなく、人の「心」が悪を謀るのであり、人は自ら悪行の責任を負うべきなのである）と共に、「精神」を強調し「善行」を勧めて普遍的・倫理的精神の実体的永遠性を承認しつつ直接的生の絶対性の倫理へ移行し、逆に(ロ)バビロニアに於ては、「Ur 第三王朝」期に、揚棄された自己を回復した「スメル的・客観的事理」が其の完成に達し、Urnammu の法典編纂に於ては「法規の構成要件的方式化」と内容的には「同害報復法（lex talionis）」の消滅とが確立し、Gudea はスメル的「王侯の理想像」を呈示し、このスメル的 Renaissance」に於て、特殊的諸存在の価値を「比量的」に問題とする「争論」形式の諸文献、諸〻の「格言集」への「一覧表」発展、等が成立するが、同時に「スメル的智慧」の無体系性の欠陥も拡大再生産される。――この「智慧」にとって本質的に重要であるのは世界の客観的事理であり、客観的な特殊的諸事理の具体的総合の欠如は、形式的に普遍的な絶対性に於ける神への・相対者としての個別者の・直接性によってのみ埋め合され得た。かくて、(ハ) Ur 第三王国に十余年先立って成立していたエジプト的二分国の一、Herakleopolis 王国に於て、『Merikare のための教え』が、為政者の「穏便主義」的「王侯鑑」として、形式的には「精神主義」的、現実的には「物質主義」的な諦念に於て、「智慧文献」で初めて「死者法廷」表象を構成的に登場させ、絶対者に対し相対的であり相対的諸存在に対しても相対的であるこの国家に於て且つ之対して、『雄弁な農夫』は、法律的当為の反省に拠り社会的及び行政的「正義」の要求を具体的に提示した。しかし、この王国に人倫の具体化を託するのは諸「夢想」にすぎなかった。相対的人倫を媒介する絶対性の法的自覚は、ほぼ同時に、「死者法廷」表象を識らぬバビロニアに於ても、『スメルのIjob〔Job〕』（と呼ばれてよい作品）を成立させており、之は、具体的存在の捨象に於て、初めて「義しい受難者〔受難する義者〕」の問題に即してスメル的存在の絶対的否定性の法的自覚を提示したが、この「受難する義者」にとって決定的「回転軸」となるのは、有限・相対的な人間の「普遍的な罪業性」（「罪無き者は存在せず」）であり、彼は「罪を犯した者」として当然に「受難に値した」のであって、自らの「不十分」性を認めた彼が神の威力を承認し懺悔・回心して祈願すれば神の恩寵としての救済が恵まれるのであった。すなわち此処では、「受難する義者」の問題は本来存在せず、自明な神的絶対者に対する人間的相対者の「悪の根源性」と後者の自覚的自己揚棄とが宗教的「悟り」要求の立場から主張されているのであって、正に、具体的現実としてのスメル的人倫の終焉も示唆されている。然るに、2015年のUr第三王国滅亡と共に始まる新たなメソポタミア的小世界と、逆に、2040年の「中王国」成立を機として自己揚棄を介した自己媒介の時代に入ったエジプト的・国民的統一とによって、今や十全に国民的となる存在を媒介している世界としてのオリエントが展開する。

III　最古代後期（－2015～－1188）

当期に、「古典的」事理を媒介契機として最古代的法哲学は完成へ向い、論理に於ける「度量・程度・程合」に一致する法哲学的発展が、法思想の絶対性をめぐって具体的に成立する。

(1)「Isin-Larsa 時代」（→㈤五〇頁以下）以後、スメル文化を継受したセム人が支配的であるバビロニアに於て、「度量」に即して、法思想の歴史性の自覚は、

(i) (イ)存在の神的規定の自覚に萌芽し、人間を支配する超越者の徴表の探究が、スメル人の識らなかった諸〻の『前兆例解集成』を発展させた。しかし、(ロ)バビロニア人にとっては、「世界秩序よりも高い実在である」神意は「究極的」には不可測な恣意であり、かくて、『大洪水』神話に現れた、神々に対する人間存在の神的に規定された有限・相対性の自覚の発展と共に、『Gilgamesh 叙事詩』が一応の内容的連結の成形に達したと推定され、之と同じく「諦念」の基調を有ち・同じく当代的成立と推定されるべき・『Shurup-pak の教え』によれば、応報は人間的願求を超えて神意に依存し、善に福を恵む神的規定の遂行が期待されてよいのみであり、其の法的関心も抽象的に社会乃至家族へ限られている。之に対し(ハ)エジプトでは、国民的統一の規定が、其の起点とされる王権に即して、予言の虚構に基き現前の王 Amenemhe I を歴史的に義認する形式で具体化された。この『Neferti の預言』は、歴史の目的の現実化を構成する、最初の法哲学的

図式である。而も Amenemhe Ⅰの弑逆により、国民的統一を媒介する王権の自己揚棄の法的自覚の機因が与えられ、更新される王権の下で更に歴史的体験の反省が史的自覚を具体化する。——「内包量」は、媒介されている「外延量」として自覚される訳である。

(ii)　(イ)Senwosre Ⅰが父王に藉口した『Amenemhe の教え』は、歴史的体験に即して、自己の直接性の揚棄を通じて自己を媒介する王権の存続の法的自覚を定立した。この自覚によって媒介された卓抜した王権の下への安定した国民的統一に於て、(ロ)王権の絶対性を媒介して歴史的現実の形成に参与する相対的存在の法的自覚も発展し、Amenemhe Ⅰの治世の『〔公務〕便覧 Kemyt』に続く、『Duakheti〔曽て所謂、Duauf の息子 Akhtoy（Kheti）〕の教え』は、其の後半の一般的「教訓集」に先立つ前半の「職業諷刺」で書記階級の至上化を謳って、権力的地位の享受に参与する学識者の自由を極めて率直に主張し、之を制約している王権の媒介契機として王権のうちへ揚棄された高官達の諸『墓誌』（代表的には、Senwosre Ⅰの治世の、知事 Ameni 乃至宰相 Menthotpe の其等）の法的自覚は、王権との形式的同一性にまで自己を高める。そして正に Senwosre Ⅰの治世に、彼等に反して再興エジプトからの離脱を媒介とした高官の法的自覚が、歴史的体験の反省を回復する。(ハ)イシン王 Lipit-ishtar の・「正義」と「自由」とを謳う・「社会的」立法を直ちに顚覆させ、"Isin-Larsa-Eshnunna" 的小世界を変質させる、「西セム」的「東カナアン〔或いはアモル（Amor, Amurru)〕」人、彼等に連る存在への接触を介して、単なる自讃に留まらぬ・個人の歴史的体験の合理的且つ冷静な史的認識を具体化した・『Sinuhe 伝』が其である。其の背景を成すエジプト的勢威の増大の下で、抽象的・思想史的自覚も、謂わば文学的・形式的に成立し、「尺度」としての其自身の「定量」である「度」に即した法哲学的形態化も看取され得ることになる。

(iii)　(イ)この、法思想の歴史化は、第十九世紀後半から第十八世紀初にかけての・エジプトの国民的繁栄の頂点に伴う・文運隆盛のもとでの「流行様式風に最悪観的な著作群」に属する『Khakheperre-seneb 語録』の最悪観的修辞に於て、史的に発展した現実的な思想言語の発見の文学的要請の史上最初の概念となった。しかし、この概念は、具体的存在の普遍的諸形式を抽象的に揚棄する精神の形式的な法的自覚に留まり、法思想のこの史的自覚は法の歴史的具体化を含まず、現実的にはエジプト的精神は既成法秩序へ没入している。之に対して(ロ)バビロニア的・法律的精神は史的思想の自覚の欠如に於て歴史的であろうとした。第十九世紀のバビロニア諸小国自立化に伴う無秩序は、逆に、「普通法」的伝統の下で、法律的正義の抽象的理念を謳わしめ（例えばイシン王 Enlilbani への『讃歌』）、社会的変動に対処する立法を成立させる（例えばエシュヌンナ王 Dadusha の其）が、現実は既に変質し、スメル的歴史の古典化を象徴する如くに、一七九四年、『王表』(一→(二)一一五頁、(五)一六頁以下）の最終形態も確定しており、アッシリア的富強を奪取した西セム的 Shamshi-adad の大王国が成立していた。しかし、法の絶対性の自覚への発展を媒介する・統治者の責任に即した・法的自覚を形態化した彼の偉業は一身専属的に終り、バビロニアは Hammurabi の国際政治により揚棄さるるに至る。之に対して(ハ)エジプトでは Amenemhe III の治世に、専ら王への忠誠を教えるのみの「正統派的且つ忠誠派的教説」を含む『Sehetepibre の墓誌』に於て、王権は歴史の絶対的主体として定立され、其の至上な絶対性が讃えられた。この・「政治的な傾向著作」への・教義的退化は、直接には王権の絶頂達成に伴う臣従意識を表しているが、不敬及び内紛の気配に対する危惧をも暗示しているであろう。インドゲルマン人の圧迫の下にシリア乃至パレスティナへ進出したと思われる・個々的にはインドゲルマン的上層により支配される・フリ（[K]hurri）人からエジプトへ避退するセム人が増大し、恐らくフリ的諸要素により強化されて「侵入」の契機をも含みつつ東デルタに浸透・定着したセム的・カナアン的部族群＝「ヒュクソス（Hyksos）」の自立的王朝が成立して、「第二中間期」の始まるエジプトは其の「宗主権」の下へ入るに至る。

(2)　メソポタミア文化を継受・涵養・仲介するフリ人の進出を制約したインドゲルマン人の進出を「決定的原動力」として全オリエント的関連に於て生ずる社会的乃至国家的な変革のもとで、法の絶対性の意識、不法の揚棄の・「程度」に即した・法的反省が発展する。

(i)　(イ)成程、法律の形態化としてはHammurabiの『法典』の意義は曽ての通念よりは大幅に縮減されねばならぬが、第二千年紀のバビロニアに於ける・世界及び神性の倫理化の・動向を決定的に推進し・自らの記名にも神性記号を附さなかった・彼の「改革法」にも表明されている宗教的・倫理的に深化された国王理念及び法理念の「意味及び偉大」が消失する訳ではない。(ロ)しかし彼の偉業も当初から実効性に乏しく、この「古バビロン王国」は直ちに衰亡へ向う。其の衰亡期はエジプトでは「ヒュクソス支配」期である。しかし之の前にエジプトでも、(ハ)統一権力の衰退と並行するアジア人勢力の増大にも拘らず未だ存続した王国的統一のもとで、『宰相任命の辞』(後代の『Rekhmireの墓誌』に於ける写しで代表される原本は、第十三王朝のものと推定されねばならぬ)の法律的精神が成立している。しかし、正義を法律の不偏不党な管理と同視する「法実証主義」的教義の抽象的形式を出ない精神の表現を最後として、エジプト的・国民的存在自身も「ヒュクソス」の下へ揚棄される。そして、法律的価値の応報の基盤の衰亡と共に発展する・応報倫理の道徳的揚棄の・法的自覚の担い手となるのは、「ヒュクソス」下のエジプトでもクレタの「Minoa後期」文化でもなく、バビロニア乃至ハッティ（[K]hatti〔Hethit-〕）である。今や法的自覚は抽象的には、「量」的変化が「質」的其を惹起するところの「限度」性に即して深められる。

(ii)　(イ)バビロニアでは一七〇〇年頃から、『格言集』（→(五)二五頁以下）の発展に属する『前兆形式〔仮言判断形式〕での倫常典』は、特殊的行態を揚棄する幸福論的・倫理的応報の諸立言を客観的な因果法則性の無媒介的・断言的形式に於て集成して道徳的主体性により媒介されようとし、逆に諸〻の『罪責目録』は、結果としての「不幸」の責を負うべき行態の反省を列挙して、「悪の根源性」に根ざす人間の諦念を要求して自己を義認・保存しようとする宗教の本質を示すのみならず、特殊的因果性に於て定立される諸〻の倫理的連関の全体への・現実的応報の・依存の意識をも示唆し、かくて『古バビロニアのIjob』（Louvre所蔵“AO 4462”〔一七〇〇年頃のもの〕は斯く呼称されてよかろう）に於ては、「世界の一般的不正に対する反抗」の深刻化が「神意と人間的倫理との不可通約性」を判明化した状況の下で、倫理的行為の因果応報の直接的妥当は問題とされず、応報は個別的・直接的にも全体的・究極的にも「神の恩寵の予定」に由来し、神によって媒介されて初めて機能するのであり、神による揚棄は、倫理的諸行為の全体への最後的応報として結実し、人間は、直接的応報に関りなしに究極の神的応報を目的として期待しつつ行為する道徳性に於て存在する他なく、応報倫理の自己揚棄は道徳性により媒介される。然るに、人倫の体系的組織は個別的な倫理的応報の実現を自己の目的に属せしめる。従って、(ロ)応報倫理の道徳的実現は、「太陽神」の法的支配の普遍世界性を謳う若干の『讃歌』に顕著に示される「神法」観に依存する新興・インドゲルマン的ハッティ王国の、後のMursili〔Murshilish〕Iに教訓を与えた[K]hattusili〔Hattushilish〕の、応報倫理の神的媒介を体現して其の現実化を媒介しようとする具体的な道徳的主体性により現実化される。(ハ)文化に於ける個人格的自覚と法及び正義乃至倫理的責任の意識の顕著とに対応して統一的理念の下に概念された歴史記述の発展するハッティ王国に於て、Hattusili I の『二言語銘文 Bilingue』乃至『Mursili への教え』は、歴史的自覚と倫理的責任の意識とを、王権自身の存在に於ける不法の揚棄の法的自覚（具体的な「責任倫理」となった人格的道徳性の其）として顕示する。そして Mursili I による Babylon 劫略（一五九五年）がバビロニアのカッシ（Kashshi〔Kassi, Kossa〕）的支配の道を拓いた直後に、逆にエジプトでは、一五八〇年に「ヒュクソス」的支配を排除＝「駆逐」した「新王国」が始まり、この「新劃期」の始、エジプトの国民的統一の再興が全オリエントへの「帝国主義」的拡大を尚未だ意味しないところの約百年間に、倫理的存在の自己揚棄的絶対性の法の自覚が「限度」的無限に即して発展する。

(iii)　(イ)カッシ人もバビロニア文化へ同化するけれども、長引く異邦人統治の経験は逆にバビロニア的精神の・神的応報の正義への・期待的信仰を強め（就中、太陽神 Shamash への『讃歌』に於て）、この Shamash の応報の断言的定立により社会的倫理の特殊的諸内容を媒介する『智慧の助言』も、古いバビロン王国末期乃至カッシ時代初期と推定されるべきである。この応報信仰が正に其故に「諦念」を示さずに法の絶対性を抽象的に定立して、不法・悪に法・善を報いるよう戒めるのに対して、(ロ)自己の不法を揚棄する歴史的国家の法律的自覚を具体化したのが、ハッティ王 Telepinu〔Telepinush〕の『憲制改革布告』である。しかし、「古ハッティ法」の発展の結実である「厳密に法的であると同時に人道的な見解」の歴史的具体化に基く法律的自覚にも拘らず、彼の死後、ハッティ「古王国」は衰退する。其の一因は、同じくインドゲルマン的な Mitanni 王国の興隆であった。ほぼ同時にカッシ王国も北バビロニアに確立し、エジプト「新王国」も国家的・国民的な組織固めを終え、其の「帝国」化と共に最古代最後の劃期が始まる。その頃までに、(ハ)人間の神化の法が、法律的形式により媒介された神的応報の宗教的教義により、『死者の書』の新王国的諸形態にまで具体化される。之は宗教的「魔法的便覧」ではあるが、「神との関係」を「或る程度まで心と品性との事柄」にする宗教性の発展の下で、「告白」乃至「宣言」の列挙を含む「死者法廷」観に於て、精神の永生と来世の幸福とを現世の社会的道徳性の立証に依存させ・全智全能ではない神々が法的「秤」により媒介されるところの・社会哲学を、倫理的責任をとる道徳的主体性の自己揚棄が神的応報を媒介するところの・絶対的否定的「限度」に即した宗教的な絶対的倫理を、看取させる。しかし、自由な道徳性の「窒息」せしめられる社会に於て因襲から利得する宗教の伝統的悪弊は、「魔法的免罪符」への『死者の書』の頽落に於て「良心の解放」を阻害する。現世的倫理の自由の回復は、宗教的には、「彼岸」のための責任を命じた「Osiris 的倫理の制限」を超える・太陽神の此岸的正義の・理念により媒介され、この太陽性の優位を促進するエジプト「帝国」化と共に発展する・絶対神の・概念が、一四八〇年の「Megiddo の戦」を象徴的時点として始まる最古代最後の劃期の法哲学的絶対性の抽象的完成なのである。

(3)(i)　Dhutmose III 以来のエジプトの「帝国」化をめぐる国際社会的相関に於て（「程合」に即して）、(イ)内外の諸文化の強烈な相互作用の下で多かれ少かれ普遍世界主義的・「近代主義」的変革を受けるエジプトの「近代的文化」が成立し、Dhutmose III の治世の『Intef の墓誌』の如く、因襲的式文の集成が「心」＝精神を個別的存在に於ける理性として・この理性を倫理的絶対者として・判明に定立する。然るに、かかる精神の本質を現実的に規定するものは、狭長な「大帝国」に必須な厳格な組織的規律であり、従って、かの抽象的絶対者は自由の抑制の道を辿り、峻別された諸階級の位階制の成立の下で「恭順・謙譲・沈黙」を要求され、権力の助成により強大化した宗教（就中 Amun の）は、「沈黙」を「弱さ」乃至「貧しさ」と連結する「貧者の宗教」として登場し、「運命」及び「宿命」の両神性が前面に出て、「罪」は人間に不可避で神の「憐み」のみが罪人を助け得ることになり、かかる・夙にメソポタミアに性格的であったと同様な・精神の発展と共に、「精神に於て貧しい」ことの要求される人間の「罪深さ」の意識と合体して、「死」が「この世の精神的空虚からの救済」をも意味し得るに至り、「人的敬虔」の時代が到来する。この最古代末期の初頭に、Amun と同様な至上性は、カッシ的支配を継受・涵養したバビロニア的文化の小世界でも定立された。(ロ)王侯に優位する抽象的な法理念が依然擁護され・『王侯鑑』〔一四〇〇年頃から識られる〕が「法の尊重」の抽象的概念に於て正及び不正の統治の帰結を仮言判断的諸立言の伝統的形式に於て総括している・ところの小世界的存在は、法の妥当を神的規定に基かせ、而も、一四〇〇年頃からのバビロニア及びアッシリアの実り豊かな文化護持のもとで文芸的遺産の蒐集及び整理の発展と共に、非王侯的な著者乃至学者の・尊重されるべき・個性の意識が発展し、この個性的自覚と対応して、具体的世界の統一の意識が、絶対視される古バビロニア的統一の視点により、人間の創造をも伴う「神統記」的「創世記」を定立した。――宇宙秩序の形成を神話的主体性に於て具体的に構成する『創造叙事詩』〔或いは其の冒頭により“Enuma Elish〔上にて……時〕”〕は、この小世界の反映である神話的世界を自己の神の下へ体系的に揚棄して Babylon の主神 Marduk を至上化する宗教的・政治的著作として、カッシ時代初期乃至一四〇〇年頃までの原作と推定されるべきであると共に、人間の「根源的な否定性」〔「悪の根源性」〕を、悪神を素材として奉仕用に創出される人間の「最悪観的規定」に於て内含しており、当代の『Adapa 叙事詩』でも、可死的相対者の「主観的」誤解が「永生」獲得の機会を喪失させている。勿論『創造叙事詩』は、小世界的存在性格に対応して万有の分際乃至「程合」を媒介する以上の倫理的原理を Marduk に代表させていないし、彼は「唯一神」ではない。之に対してエジプトでは、(ハ)公式の至上神以下総ての神々の彼等による宇宙秩序の制約とを否定する

「初の真正な一神論」が、正に王の抽象的精神により定立される。「Amarna 文書」蔽う「広義のアマルナ時代」の国際社会に於ける平和的な文化享受の下で、「帝国」化に対応して夙に育成されていた太陽観（Suti 及び Hor 兄弟のために作られた『太陽〔としての Amun〕讃歌』の代表する）が自然主義的「一神論」へ還元されているところの、Amenhotpe IV（Akhenaten）の「アマルナ革命」の信仰箇条、大小の『Aten 讃歌』に於て、生を歎賞する審美主義的精神が、自然的世界と其の秩序との絶対的制約者として定立された抽象的理念である日輪神 Aten だけを崇拝し、太陽的 Amun が、Suti の『墓誌』の示す如く、法の神として顕著に倫理的であったのに対して、慈しむ親の如く定立される Aten への直接的帰依（従って又親子愛的範疇の優位）以外の倫理を顕著に欠如しつつ、具体的存在の無歴史的制約として自己を抽象的に絶対化している。王の専有として自覚され得た抽象的・倫理的「教え」は王に専属し、王家へ制限される宗教的実践により人民は専ら媒介されるべく、従って、「Amun 的教皇権」下の伝統的現実に対して「破壊的偉大さ」を以て強行された「宗教革命」は、「神王権」の自由を実現しようとする政治性を有つ。然るに「自然主義」的「真理狂信」が既に、自己の「人間性」を露呈する王の「神的権威」を解消し、エジプトのアジア的情勢が正に「危機的」であるところの世界を無視した孤立的・抽象的「幻想」は蹉跌して、この「異端」を抹殺しようとする「復古」の勝利の下で文化は退化する。古エジプト的宗教最後の発展は、揚棄された Akhenaten 的神人関係が神の善及び慈父的配慮への弱者の人的信頼として「精神的交渉」になるところの「人的敬虔」の倫理化の方向で形成され、之に沿って最古代の最後の法哲学は成立する。之に先立ちバビロニアでは、絶対神 Marduk に即して「分」＝「分相応」の相対的法哲学が成立していた。

(ii)　(イ)ハッティ「新王国」の興隆に対して、セム的 Aram 人の進出と闘うアッシリアは、歴史的自覚を発展させるけれども、「中アッシリア法」の媒介される不羈な権力の度外れの故に頓挫する。之に対して(ロ)「復古」エジプトに於ては、「精神的生の桎梏」の全面的増大の下で、既成のものの「超時間的方式化」が規定的である。Thebenの全盛期はAkhenatenと共に終っているが、「Amun的教皇権」は国家をも退化させ、諸〻の『Amun讃歌』は、魔術・迷信と結合した宗教性の高まりに於て自由を喪う人間に、専ら「服従的沈黙」を薦める。桎梏への順応を余儀なくされる人間が「来世の約束」への逃避よりも現世の神的な正義及び慈悲を願望するところの、倫理的精神の現世的定立（方位規定）の強化と共に、人が己の神として表象する人的神が、就中、太陽神と融合し特殊的諸神の存在を拒否しない絶対神となったAmunに即して、讃えられるに至り、「苦しむ貧者」への「慈悲」こそ、「罪」に対しては「激怒」するAmunの法的仁慈の普遍性の本質として定立され、「後悔」に基く「謙虚」な「恩寵」祈願が治癒本復を可能にし、最早単なる「人格性の涵養」にでなく「或るヨリ大なる力への人格性の屈服」に在る「善き生」は、自由の喪失を「神とのヨリ温かい人的関係」（一方に「愛と信頼」、他方に「正義と慈悲」が在るところの）の齎す「安心」により償われ、「人的敬虔と内的切望との時代の夜明け」が到来して、『死者の書』と対蹠的に、バビロニア的宗教性と親近に、自己の無知・過誤性を「告白」する精神が、「神との個人的交渉の表現」として、「内的な人的経験の発露」である祈禱を「魂の牧人」に捧げ、「智慧」は「敬虔」の其になる。しかし、正に其故に、「一者の諸〻の現象形式」とされる実定的・個別的諸崇拝の総てが固持され、厖大な宗教的文献は成立するが、「帝国」の「生命力」と共に宗教の発展力も「停滞」・「麻痺」し、精神の進歩は喪われて「エジプト的智慧の終点」も到達される。之に先立ち既に、(ハ)宗教的に揚棄される相対者の法的自覚を定立していたのが、カッシ人（夙に全くバビロニア化されているが）の支配下で歴史性を喪うのみならず・「不義な受難」の経験的事実に基く疑惑の尖鋭化している・バビロニア的精神の所産、『バビロニアのIjob』（或いは其の冒頭により"Ludlul bel nemeqi"（私は智慧の主を讃えよう）"）である。之によれば、被造物として有限・相対的な人間は神々の行為を深く理解し得ず、善悪も因果応報も神意に依存して「人間的統制」を超え、かくて「義者の受難」の問題は原理的に不可解であるが、其にも拘らず義者は絶望の果てに神々の「慈悲」を与えられ、人間が最早救済を期待しないところで救済され得る所以の神的「慈悲」は飽く迄信頼されるべきなのである。此処では、道徳的存在が有限・相対性の自覚に徹することにより救われる根拠として当為的に前提される神的応報は、Marduk の魔術的介入による宗教義認に帰結しているにすぎず、道徳的存在の自己揚棄は宗教への揚棄となっており、「人間的節度」へのこの方向でバビロニア的宗教は倫理をも揚棄する。至上神 Marduk の崇拝と共に宗教的新思想が登場したのではなく、魔法は未曽有に栄え、成程、神々が「倫理化」され「慈悲」を帰属せしめられるにつれ、諸〻の『讃歌』・『呪文集成』乃至『祈禱文』は祭儀的のみならず倫理的な諸〻の「罪」や其の「告白」を益〻多く含むようになるが、人は結局神意を知り得ず・彼が罪を犯しているか否かすら知り得ぬ・という感覚は、祈禱の本質を「慈悲の嘆願」に化し、「神」及び「罪」の概念すら喪失されるに至る。次代で特に発展する諸〻の『宥免を乞う讃歌』は、「超現世的なことを不可認識的だと思う精神的態度」を証示するより寧ろ、「神々の・看過されている筈の・考えられる限りの・あらゆる・怒りを宥める」べきものとされるにすぎない。この次代的方向に対してメソポタミア的法哲学は、「神的正義」の否定乃至揚棄に即して成立する。之に対して、バビロニアに親近な精神的発展を呈示するエジプトでは、既に最古代末期に、「無差別」に即して、人間的相対性の法的自覚が絶対的否定性の其へ発展していた。

(iii)　(イ)東地中海での顕著な民族的諸移動を介してエジプト及びハッティ両「帝国」が滅亡し・オリエント

が揚棄されるに至る・ところの最古代最後の小劃期を開いたものは、Ramesse II と Hattusili III の間で一二八三年に公文化された『和約』であり、この・前アジア的世界を二勢力圏の並存へ分ちつつ統一する・「同盟」の存続する国際社会の下で、国務を処理すべき官吏としての Amenemope の無知無能を貶す Hori の書簡体的『駁論』の修辞的作品を結実させた「活潑な文芸的生」の主体、書記階級が、エジプトの法哲学的発展を担う。しかし、最古代的・「近代的」な「Ramesse 時代」の皮相な文化的繁栄のもとで資格乃至学力も身分も低下する厖大な書記層に於ては、古典理解も著しく喪失され、彼等の「智慧」は、多彩にはなるが、「交際」の重要である「私的市民的世界」に携わる「中間身分の倫理」となり、「此処且つ今」の倫理の前に「死者法廷」の理念は後退し、之に対して絶対視されるのは、「智慧の教え」の著作に於ける地上での「善き名」の存続であって、かくて「超時間的に妥当」すべき「智慧」の「危機的分岐」が顕在化した。(ロ)第十九王朝初・中期に査定されてよい『Ani の教え』は、自覚的に有限な相対者の「諦念」的「安心」の展開する「分際」倫理によって、恭順な「節度」を教え、「孝」を「恩」に即して際立って重視する親権倫理を説く彼の教育論によれば、「智慧」の自覚した法的諸原則自身は「超時間的真理」であって、自然的精神に、具体的に理解されなくとも隷従的に信奉せしめられねばならず、曽ての諸〻の「智慧の教え」と異って、歴史的現実に於ける自覚的に否定的な自然的精神に対して自覚的に否定的に、媒介する自由を否定する教義的な抽象的絶対性に於て、主張される。丁度その頃、インドゲルマン的展開に基く「民族移動」の一環としてハッティ「帝国」をも瓦解させる「海の民」の諸侵攻は、一一八八年、エジプトの「門前」で辛うじて防がれ得たが、この防衛は「一劃期の終り」・ハッティから入手し得た鉄にも窮して局限されるエジプトの衰退硬化の決定的開始時点・の象徴であって、最古代の国際社会的体系は消失し、オリエントは地中海的世界のうちへ揚棄される。(ハ)この最期に於て「智慧」が自らを恭順ならしめ・社会的倫理的精神の自己揚棄による自己実現の自覚に於て最古代的法哲学の絶対的否定性が定立され・ているところの法哲学が、恐らく第十九王朝末に査定されるべき『Amenemope の教え』である。彼も説く分際遵守の「生」の倫理を規定するのは、「正しい沈黙者」の・神への・敬虔な・人的依存であり、神的媒介の自覚に基き自己を揚棄する有限・相対的な存在の諦念的安心に於ける自己実現であって、「自己自身への依拠」を喪失した法哲学は今や自己義認及び自立性を捨てて「神の指図」への順応を教え、祈りかけられ・信頼を以て畏敬される・「人的な神」の「庇護」を求めしめ、神への「端的な依存」へ帰する精神的倫理が自覚する「心」は、「良心」と置換され得るものとなる。この・バビロニア的発展の結果に極めて親近となった・法哲学的精神の絶対的否定性は、しかし、専ら実定宗教的敬虔へ限定されていることによって、具体的に発展する自由の無い抽象的・形式的な其である。「智慧と公式宗教との広汎な結合と、可能な限り無時間的な理想の方式化と」が「エジプト的後世」の諸教説を性格づける。成程、「宗教の倫理化」に於て、第十二世紀初の『二兄弟〔Anubis 及び Bata〕物語』の示す如く、俗信の倫理化が、人間化された神及び神王の権威を神話的に揚棄しもするが、停滞する衰退時代に於て「理想」其自身も停滞し、Nil 河谷へ局限されて窮迫するエジプトは、精神的生の没落と新たな諸思想の欠如とを露呈し、だから益〻形式的に涵養される既成宗教の外面的且つ公式的隆盛の下で、Theben は「神政国家」へ退化し、重点はデルタへ遷移し、分裂は常態化して、一一〇〇年頃以後の「石化」の長い時代に於て理想は過去へ置かれ、無力に停滞する国民は異邦人の支配下へ陥ることになる。かようにして、クレタ的乃至ミュケーナイ的文化を含めて旧オリエントの没落に導いた、第十三・十二世紀の交の世界史的・劃期的転換と共に、アッシリアが苦闘しつつ「帝国」化するまで大勢力の欠如する小国分立的世界に於ける新たな諸民族の自由な個性的発展に、旧オリエントは揚棄される。其の法哲学史的発端は既に最古代末期に萠しており、単音字母体系 Alphabet の成立は、第二期への移行を媒介する終局が同時に始元への還帰であることの特殊的形態化に他ならず、本質的にエジプト文字の単純化から第十五世紀前後に諸所で形成され始めた単音字母体系的諸形態のうち第十二世紀頃からのフェニキア的其を第九世紀に継受・発展させるギリシャ的其は、後にはエジプトにも継受される。揚棄されるべきフェニキア的発展の頃、最古代オリエントはインドゲルマン的・地中海的世界の下へ揚棄されており、インドがインドゲルマン的アーリア人の支配下へ揚棄され・「Indus 文化」と原始的接触の有ったかもしれぬシナに於ては殷文化が周へ揚棄されている・ところの世界史的第二期が始まっているのである。

二　古代（−1188〜−324）

I　古代初期（－1188～－896）

成程、「本質」の論理に対応して発展する法哲学史的古代の初期、「本質性」に即して――

⑴(i)　諸民族の形態化に於て顕著な宗教的強力と特殊的世界に超越的となっている具体的世界とに対応して、其自体では不可認識的とされる絶対神を絶対的否定的なものの「自己同一性」に於て抽象的に概念し得たのは、エジプトの、Pinodjem〔Pinu～, Paynozem〕IIと妻Nes[i]khonsuとのための墓誌の序文を成す『Amun章句』のAmun観（本質的には第十一世紀に成立していたであろう）であったが、この第二期的始元の基盤はエジプトの国民的衰亡であり、特種エジプト的信仰は「空虚な包被」のみを残し、教養人士の思考重点は、セム的世界でと同様に、益〻倫理へ移って、既述の「良心」意識は発展するが、世襲的・身分的硬化のもとで「先行並びに後続する世界との共属性の深い感情」を示す形式化に於てであり、諸〻の『伝記的墓誌』は著しく等質化する。之に対して、

(ii)　(イ)バビロニアに於ては夙に、神と人間との「区別」に即して神の不可概念性を反省する精神は、「虚《ニ》無主義《ヒリズム》」を成立させていた。一一五〇年頃にSinlequnniniが「悲劇的世界観」を修訂（所謂『Gilgamesh叙事詩』）して間もなくBabylonを征服したアッシリアも、アラム人の新たな大侵入により押戻され、平地の全面的アラム化のもとで多数の小国が形成される。(ロ)当時の社会的乃至政治的争刻を背景とするであろう

Saggil-kinam-ubbib の『バビロニアの神義論〔バビロニアの Koheleth〕』は、神々の決定の不可測性の承認と、人間的悟性には不分明であるが厳存するとされる因果応報とを教義的に統合し、自己の罪責を見出せぬ受難者は諦念して、肯定的に前提されている超越的な神々の憐憫の実現を乞い神々の恩寵〔従って又現実には王の恩恵〕を祈求し得るのみとなり、道徳性と宗教性との統一は単に願求される要請に終る。硬化した伝統主義及び神学的「教条主義」はメソポタミア的宗教を益〻支配する。(ハ)この退化に対して、第一千年紀初のメソポタミアの伝来的諸価値への懐疑乃至無関心と「善き生」の可能性の全き否定との傾向を結晶させた「智慧」が、『主人と奴隷との対話〔バビロニアの最悪観〕』である。この・総てを肯定的にも否定的にも倫理的に根拠づけ得る・「諧謔的諷刺」は、絶対的存在をも揚棄し、神に自らの崇拝を人間に乞わしめる術をも心得ているけれども、何ものも本来的に善でも悪でもなく・生き延びることも無益である・と説く倫理的「虚無主義」に到達し、茲に最古代的諸価値の壊滅を象徴する。之に対して、新たな法哲学は「根拠」に即して形成されており、

(iii)(イ)シナに於て、伝承的に周公に仮託される・「天」＝「帝」に依拠する・法思想が形成され、(ロ)インドに於て、“Rig-veda” の「交替（Katheno-）神論」的「単一（Heno-）神論」（→M. Müller）が諸特殊性によって形式的絶対性を媒介しつつ絶対的「根拠」を模索するに至り、かくて “Rig-veda, X, 129” は、「神々」にも先立ち「神々」にも具体的には概念され得ぬ「宇宙開闢」〔「創造」〕を抽象的には概念し得るし現に概念し得たという含意を定立するに至っており、この自覚的絶対性が次代に於て「現存在」的其として確立される。之に対して、(ハ)1050年頃以後のオリエント的世界状況の間隙に於て、「王国」へ統一され得たAram 的「Israel〔↑「神支配す」・「神の戦士」?〕的部族連合」のもとでは、「イスラエル史」に於て劃期的

なIsrael及びJuda両王国統一すなわち「Dawid王国」に直続するShelomo〔Solomon〕時代に、Juda出と推定され近代の「聖書学」者達により“Jahwist”と呼ばれる者が、「Dawid王位継承史」記述（『Shemuel〔Samuel〕記・下』乃至『列王紀・上』に含まれる）を貫く現実的精神を超えて、「創世」乃至「堕罪」に遡り自己の固有の「根拠」へ反省し、直接的な民族的限定のもとでの具体的世界の欠除を諸〻の「創作」によって補う史的構成に於てJahwe教的法哲学を具体化したが、其以上の法哲学的発展は、王国の分裂乃至滅亡を包む世界によって媒介される。

II　古代中期（−896〜−606）

古代中期に、特種・古代的諸世界に於て、「現存在」に即した法的自覚が発展するが、その間に自己の母胎の揚棄された最古代的法哲学の直系的存続は、抽象的に硬化する。——

Adadnirari II が Aram 人を駆逐し得た八九六年から「再興」が著しく進捗する「第一期」的民族アッシリアの「旧（最古代的）世界帝国」の完成乃至滅亡（六〇六年）という契機によって媒介されている時代が、「古代」の「中間」的媒介期、「古代中期」であり、特種「古代的」諸世界の各〻の向自的形成に即して当代に成立する法哲学が、「論理」の範疇的発展段階としての「現存在」に対応する。——最も抽象的な「本質性」的媒介が揚棄されているところの・其自身として有る〔「向自有」する〕ことに於て回復されている・直接性が、揚棄されている「根拠」、すなわち「現存在」である。「現存在」は、限定的根拠によって自己を「根拠づけ」、其自身として限定され、従って諸〻の「現存在」の「根拠付け連関」であって、あらゆる「現存在」が、限定されている「現存在世界」である。「古代中期」の法哲学史は自己の「現存在」性に即しての法的自覚の具体化である。

(1)(i)　「古典古代」的ローマに比類され得る「新アッシリア」は単なる「野蛮」ではなかったが、既に言及された諸『祈禱文』を除けば「倫理的論文」をも「道徳性讃歌」をも残し得ず、

(ii)　之に対するエジプトも「停滞・矮小化」し、「郷土的環境へ制限」されて「永遠の相下」に神性への

人的な「端的な」依存の感情が「人格の後退」を強化し、「期待且つ希望」される「応報」は人的神の直接的作用なのであり、神の正義及び恩寵が「端的に信頼」されるに留まる。この・神官的教義論からの内的離反と神学の宗教的な価値低下とを来す・「宗教の倫理化」は、既にバビロニアで発展し同時代にセム的世界でも遂行されるものと同様で、「互換可能」な「智慧文献」を生む。「強い不死衝動」を有ちつつ一義的に此岸へ・「善き名と善き行為との存生」へ・諸世代により記憶され「後世の法廷」により保証される現世的不死すなわち倫理的「妥当」へ・向う、「子孫のための範例的教え」が一般化し、現実は未来に於て想起されるべきものとなり、この想起が現実を支配すべきこととなる。「創造的時代は永久に過去」となり、根拠としての過去は、復旧且つ復権されるべき目的として理想化され、「近代的」現実は「単に主観的」・外面的に揚棄されようとする。「古き良き」諸教説は保存されるが、この倫理を生かす生は、益〻抽象的・形式的な社会倫理をしか自覚しない。自らの具体的「新生」へ目覚め得ないエジプトの「歴史一般の意味が成就」された如く、

(iii) バビロニアに於ても再生 Babylon の Khaldea 王国の呈示する「回顧的精神」が自己の「存在許可」を「過去の栄光の夢見」のうちに求める時、既に「古典古代」が成立している。之に対して、

(2) エジプト及びメソポタミアによる媒介を揚棄すべきイスラエル族に於ては、否定されるべき諸〻の「現存在」の「根拠付け連関」の全体の「根拠」への法的反省を発展させる「現存在」すなわち「古典的預言者」達が、「神の民」の退化を非難し、「災の歴史」を「神の罰」として「合理化」(「災の神義論」)して、遂に Jahwe を「世界史を決定的に導く唯一の神」となすに至り、五八六年以後、「民族的国家の滅亡が神の全能の証明」となって、後に所謂「ユダヤ人」乃至「ユダヤ教」が確立する（→L. Brentano）。後者の核心

に属する「イスラエルの選び及び使命」を神学的に強調したのが『第二律法〔「申命記」〕（Deuteronomion〔〜nomium〕）』であり、「申命記法」に基き「維新」を企てたJoshiahu〔Josiah〕の対エジプト戦敗死後、Juda王国自身も、エジプト王を敗退させたカルデア（Khaldaia）王により滅ぼされる。

(i)　(イ)「政治的には没落に捧げられている民族」に於て「民族の残余からイスラエルが遂にユダヤ的教会団体となるに至らしめた推進的諸理念」を夙にAhab治世（877〜856）に化体していたElijjahu〔Elia〕は、「異教」との妥協状況に対し信仰の「二者択一」を説いて容れられず、「真にイスラエル的な少数者の残存」に期待する。彼に於て「民は完く宗教へ転置されて」おり、「揺ぎない信奉者の僅かな残余へまで没落してよい。……イスラエル民族を滅ぼす諸他民族も無意識に、イスラエルで審判を遂行する・Jahweの・意志の道具になる」。「すべての別様に考える人々を斟酌なく破滅させる以外の目標を識らぬ」この宗教性は、「神聖な伝承として、ユダヤ教に依存する諸宗教すべてにとって模範的となる」（→E. Meyer）。(ロ) Elijjahuの直接的影響の下に、彼に欠けている「愛国的熱情」に従いElis[h]aは、反Jahwe的王朝を「暴力的に根絶」するJehu王朝を樹てた。この「民族の性格及び諸運命を今日に至るまで規定する」「革命によって、この民族の・其の神への・関係は契約締結に基き、この契約締結において方式化されている諸命令は斟酌なしに守られねばならず、其等の遵守に民族の繁栄が依存する、という思想が遂行された。他のすべての諸利害は其に対して退いていなければならず」、「祭儀の諸要求を斥けた」王家は「殺滅」されるべきなのである（→E. Meyer)。この経過から間もなく「イスラエル史の再加工」が現れた。(ハ) Elijjahuの頃から、過去についての伝承は、「政治的諸要因の代りに宗教的其等」を決定的規準とする傾向を以て繰返し改造され、近代の学者達が“Elohist”と呼ぶ・北国Israel的素姓の・作者（ca. 800. その出自から彼は、“Jahwist”より古い諸〻の直感・表象を写しており、人類全部の生成史を捨て置き、Mos[h]e史概要とパレスティナ征服史とを自ら詳細に構成する）の国民的・個性的自覚も、“Jahwist”より「遙かに神学的」で、「神性の本質」を端的に表現している。――それまで単に「神 Elohim」としてのみ識る Mose が神の「固有名詞」を尋ねた時、神は答えた。「我は我有りである。かくて汝はイスラエル人達に言うべきである。〔我〕有りが私を汝等に遣したと。」この『出エジプト記（Exodos〔Mose, II〕, 3：14）』の始句は、“Ego sum qui sum.”; “Ich bin [,] der ich bin. (od.: Ich werde da sein als der ich〔je und je〕da sein werde.)”; “I am who am. (or: I am that I am. I will be that I will be.)” 等と訳されている（伝統的邦訳「我は有りて在る者なり」も、関根正雄訳「私はあらんとしてある者である。……『私はある者』が私を君達のもとに……」も、私には理解できぬ。残念乍ら「ヘブライ語」は私に解らず、原語の動詞は「未来的」と「現在的」乃至「意思的」との両用を併せ得るかも知れぬが、少くとも後段は、欧米語訳からは「『私はある』〔という名で呼ばれる者〕が……」でしかあり得ぬ）。欧米語（「印欧語」族では「ある」は「である」と「がある」とに両用される）訳の幾つかは「文法」的には「有る我が有る」又は「我は、我が〔その者で〕あるところの者である」とも解され得るけれども、之は訳文の形式から単に可能なだけであろう。何れにせよ、「有る」主体として自己が端的に定立されているところの語句そのものは、自己を限定する概念的主体性の抽象的な自己定立として理解され得る。後に Eckhart は其処に、「同語反復」をでなく、「命題の性格を破壊せずに完成する・一者の・自己自身のうちへの・生ける『復帰』」を見（→ Flasch）、「すべての否定的なものが神から排除されているところの肯定の純粋無雑」の表明であり得るこの神学的含意に即して、「純粋な有への原本的な問い」を初めて哲学的に解明しようとしたのは Augustinus である（→ Beierwaltes）が、“Elohist”の根柢に在るものは未だ単純であって、イスラエルにとってこの神性は「固有名詞」では呼ばれ得ず、彼について表明され得る唯一のことは彼の「現存在」（"Yahweh" は動詞「ある」の第三人称形である）であり（→ E. Meyer）、彼は謂わば「在す」者とだけ呼ばれるべきなのである。「有る」の抽象的普遍性に於て自己を定立し・「有る」が故に服従されるべき・神は（→ Spinoza）自己の諸命令の「無条件的遵守」を要求し、あらゆる不服従を罰し、其等諸命令が、「契約の書」（"Exodos, 20：22〜23：33"）に纏められた倫理的乃至祭儀的諸規定である。しかし、祭儀増強によって Jahwe の恩寵の実現を再び達成するという希望は成就されなかった。

(ii)　(イ) Jeroboam II の時代に、Juda 出の Amos は、「富み且つ自己満足的な」表面の下に「腐敗及び衰滅の諸徴候」を見て、「没落を告知」した。彼にとり「神の怒りの根拠は Jahwe の本質及び諸要求の完き誤認に在る」。「Jahwe は徹頭徹尾、道義的威力であり、法の神である。正義と道義的行態とが彼の要求である。」Amos は「祭儀全部を神性の本質の誤認として斥け」、「原初の簡素な生、遊牧的理想に帰れ」と要求し、「選び」と「罰」との観念が「災の神義論」を開拓する。この主張を成立させたのは、外的な「アッシリアの脅威」ではなく、「民達の生活の形態化全部」が「内面的に腐朽」している故に最早存立してはいけないという「倫理的要請」であり、「政治」と「国家生活の・自己自身の諸必要に従っての・自立的形態化」とは「完く排除」され、「法と道義との神 Jahwe は、自己の諸命令に従い総ての個別的諸民族の運命を形態化する世界支配的神性にまで成長」した。このことに正に彼の「固有名詞的個性」の法哲学的自覚が対応する。彼は自己の言説を一書に纏め、普遍的内容の大説教に個別的諸託宣が続くところのこの様式は、後継者達にとり決定的規準となる（→ E. Meyer）。

(ロ) Amos に対して、ほぼ同時の Israel 出の Hos[h]ea の視圏は外イスラエル的世界を欠き、「外政」については「殆ど専ら」北国Israelの其に限られているのみならず、彼は「孤独な沈思家」であって、Amosの「道義的諸非難の震撼力」を駆使できる「人民指導者」でなく、彼の直接的視圏の中心観念はAmosと対蹠的に「愛及び誠実」であり、「罪」への「罰」の「運命」のみならず「希望と愛」をも伝えようとする彼には、すべての「失敗と堕落」にも拘らずイスラエルは「神の愛の特別な対象」、神は「愛」・「絶対的な恩恵」の神である。彼の説く、「終末の日」に到来する「世界平和」は、全くただ「神の奇跡的な力」によって齎されるのであって、外政への彼の「断乎たる否」は、「Jahweなしに外政的諸条件へ入り込んでいる民族に対するJahweの否であり」、「前国家的、否、前パレスティナ的」「幸福時代」に向いている彼には、「文化」もパレスティナ定着と国家形成すら「真底胡散臭く」、「諸民族下でのイスラエル」は「本来成立してはいけなかった事態」、「終りの始り」であって、「根本に於て非政治的な反政治的本性」の彼の「転回への戒告」は、「歴史の車輪を逆転しようとする試み」でありがちである（→Donner）。

(ハ)之に対し首都Jerusalemの貴族の出と推定されるJesajaの視野に在ったのは、主として、比較的堅固なJuda国の外政であり、先ず七三五年から七〇一年までの情勢下で「無条件中立」を要請し「非戦」を説いた彼の、「Jahweの普遍世界的な歴史指導への洞察」によれば、「自己自身によって正統化された自己法則的な政治的空間」は有り得なかった。しかし彼の主張が容れられず北国Israelも領土の大半を喪失した結果、彼は、「終末論」を中心とする「理想国家」及び「理想法」の「救世主預言」に移るが、現実政治に失望して「非政治化」に傾き、遂に「宗教的な国際連合」の中心としての「イェルサレム山Zion〔S～〕Jerusalem」を構想する。彼の「万国平和の預言」に於ては、一切は「Jahweの力」とこの「神への人々の帰順」とに尽き、この「教団的世界」を達成する方途も全く「非政治的」（「自然界の奇蹟的変化」に始まり、至上な権威の認められるJahweの律法が支配するに至る）である。

(iii) (イ)七二一年、Israel王国は亡び、七〇一年にはJuda王国も辛うじて生存するだけになる。Jesajaの年少の同時代人であろうMikahは、Judaの農夫又は牧羊者の出と伝えられ、「民の罪」を真剣に問題とせずに「民族福祉」及び「国家安泰」を軽々しく保証する「幸福の預言」を事とする「職業的預言者」を非難し、「指導者階級の堕落と貧民諸階級の搾取と」を批判し、「正義・慈悲・謙遜」を中心観念とするが、明確な具体的知識に乏しい彼の預言はAmos-Hosea-Jesajaの折中で、彼にはIsrael及びJuda両国の発展は内・外政両面共誤っており、Jahweの「罰」が「絶滅的破局」の形態で来、両国の「運命共同態」は「没落共同体」、Jerusalemの破壊で完成されるもの、であった。

(ロ)成程、王国の危殆と共に宗教性も強化され、遂に、Zephaniahを先駆に有ち「第二Zekhariah」の預言者も属するJoshiahu〔Josiah〕王治世に、六二一年、「発見」された「Moseの律法の写本」と称されて「申命記法」が欽定され得た。「契約の書」が完結的な法体系ではなかったのに対し、今や初めて「成文法典」が「ある種の精神的復興」を媒介し、定立された理念（「厳密な一神教、隣人愛、貧者への公正」）に基く「改革」は、国家・社会の新組織に於て「官僚制と神政化」を進め、宗教的発展の「生ける力」を「麻痺」させ、「祭司と律法」との後世「ユダヤ教」的連結が出発し（→M. Weber）、間もなく起る「亡国」に於て「教団宗教」への変遷が確定する。

(ハ)この方向での新生を媒介する「王国時代最後の預言者」と呼ばるべきJirmejahu〔Jeremia〕の、「根拠付け連関」の「全体」への反省に基く預言は、民族の現実を批判する「心術倫理」が「実存」的に自己揚棄を通じて自己を媒介するところの具体化であり、彼は、第一回の「捕囚」（598〔597〕）とJuda国滅亡（587

〔586〕）との体験を通じて、「旧〔い契〕約」の限界の承認と「新約」理念との預言に到達するが、カルデア人を恐れたJuda人によりエジプトに連行された彼の、エジプトでの最後の預言の内容は、彼の最初の其と同じ問題をめぐっており、彼の「預言的生涯」は直接には「無効果の連続」であったが、彼は自己の預言活動の記録・保存をただ一人の弟子に託して死んだ（〔石打ち〕で殺された）と伝えられる（→関根正雄）。

(3) (i)　揚棄されている世界的存在が「根拠」としての「人間性」の反省によって媒介されて直接的に政治的「現存在」の法的自覚に形態化されているところのシナに於ては、「春秋」時代の初め、「東遷」した「周」王朝の権威が衰退し、「斉」以下の諸国を中心とする「中原諸侯」と南の「楚」との勢力争いの「国際社会」的存在に於て、「覇者」の「随一」となった「斉」の宰相管が際立つ。尤も、彼の「政治的功業」は疑いないが、彼に仮託されている『管子』八十六篇のうち彼の作とされ得る部分は、文献学的に未確定である。しかし、『管子』が仮託され得た所以の若干の重要な思想が彼に属したことも疑いなく、「雑」で「断片的」・「格言的」であるにせよ、彼の「政治・経済」論を媒介している「自然の法則」（〔道〕）の諸規定は明確に「唯物的」・「功利的」で、其処には、「根拠」としての抽象的人間性乃至シナ的世界（→津田左右吉）の政治的揚棄に即しての「現存在」の法的自覚の具体化が直接的に呈示されており、此処に彼が後出の「諸子百家」の「思想的源流」と成り得る所以が在る。後者の発展を担うべき「知識層」すなわち「士」の身分の取得の可能性が制度的に庶民へ開かれたのも正に彼によってであった（→郭沫若）。当代以後、シナ的世界に於て「身分」制は決定的でなく、「階級と国境とを越え」て「人材が輩出」する。

(ii)　シナ同様に「向・世界〔世間〕的」なギリシャ的法哲学の最初の内容が「全体としての自然」〔或いは「世界」としての「秩序宇宙」〕であるという通念（→K. Schilling）には、限定が必要である。——(イ)前Doria

的Akhaia人に、一方でDoria及び其の親近人が、他方でIonia人〔Iaones〕が並立して、「移動」時代が終り、「ギリシャ的中世」が始まった（→E. Meyer）。「古い文化」は衰滅乃至変質し、ギリシャ的世界への外からの政治的圧迫は脱落、文化的諸影響も僅少となり、第九及び八世紀には外的平穏の中での内的諸状態の変態が緩慢に遂行され、古い「部族共同態」に新たな政治的形象が代り、商業及び航海の進歩が諸関係の新たな拡大を創り、分裂したギリシャ的世界を再び普遍的・政治的関連に導く。国民は「内から且つ外的強制なしに」展開し得、「爾後、意識的及び無意識的にギリシャ人世界のすべての諸直観を支配する」諸形式が創られた。第九世紀初に継受されたフェニキア文字にも直ちに決定的「進歩」（子音同様に母音を記号表示する）が加えられ、遂に第五世紀初、イオニア文字が「唯一支配」に入る。主として先導的なのは、小アジアのギリシャ人、次いで「母国の古い文化領域」、終りに「西部」であり、「中世的」生形式の「創造的な継続発展への点火の火花」は、「世界へ開かれた植民地的な人間類型」から来る。第八世紀に始まった「植民」と共にオリエントとの結合も再び密接になると同時に、「国民的統一の感情」も生動的になり、第七世紀に、諸「蛮民」名と一緒に「汎ギリシャ人（Panhellenes）」の名が“Hellenes”に先立って成立している。

(ロ)東部地中海世界的な文化接触の進展によってギリシャの「神々の世界」及び「神話」の「多彩性」が成立するところの「ギリシャ的中世」の「不滅の創造」が「英雄叙事詩」であり、其の盛時（950～750）の歌人達のうち、“Ilias”及び“Odysseia”の成形を自らの名の下に伝えられ得たHomerosは、イオニア人のもとで、特に「貴族社会」のために歌ったから、格別「敬虔」ではない彼の描く世界には、「イオニア的」な「世間的で軽佻浮華に傾く短所」と「美と明瞭と調和と活動」を求め且つ尚ぶ「長所」とが現れ、彼の神々は「人間的」で「運命」の法則に従い、Zeusは神界で特別の地位を占め・神と道徳乃至正義を結びつける倫理的思想も「皆無」ではない・が、「全体としては」、神々は相互間でも人間に対しても「無倫理的」乃至「無道徳的」であって、自明的に前提されている法意識を超えては「悪の存在」も「神義論」も未だ問題にならぬ。かかる神観によってギリシャ在来の宗教が美化・醇化されて土着的崇拝と融合し「古典時代」のギリシャの「国教」を成す（→波多野精一）。その Homeros と正反対の本質を有ち、「現存在」世界としての神々乃至人間存在の普遍史的構成に基き末世的人間性を反省する事理を説いた者が、Hesiodos である。

(ハ)第七世紀はギリシャの「宗教的発展」の時期であり、「神託の威信」が増加し神性乃至祭儀も倫理化され、この発展は「政治的」其と相制約し、諸〻の「身分闘争」に於て「国家」が伝統的紐帯から脱し「個別的人格性」が決定的基準的に登場する。「主観的感覚」が「直接的表現」を要求すると共に、「教化、知の拡大及び深化への努力」が勢力を得、「政治的、文化的及び宗教的生の調和」が「自由の自覚」に即して発展する。この「ギリシャ的中世」末の「過渡期」に前景に出る事理的「思弁」（宇宙的乃至倫理的な法的反省の具体化）を先ず「代表」する Hesiodos を、「貴族文化的」諸理想は最早満足させず、今や農民的「現実」の「生が其の困窮及び辛苦と共に」一種「陰鬱」に「堅苦しく」「真面目に」登場する。彼は自己の反伝統的「革命的」性格を十分意識している「ギリシャの歴史の最初の自立的な人格性」であって『神統記（神々の出生）』の序で自己の名を挙示し、自覚的個人として、全知な女神達により啓示された「真理（真実）」を告知する。彼が述べることの大部分は伝承に基いているが、何処でも彼の思弁により貫徹・改造されて関連的体系へ齎され、就中、物理的並びに倫理的内容を有つ数多の抽象的諸神性は彼により「初めて創られ」或いは「固定され神々の世界へ編入された」。万有の根柢に「神的実在」を認めて「神々の諸世代の交替・継起」により「神々の世界の歴史」を体系的に統一する「神学」的「世界解明」は、西洋的「哲学的宇宙論の先駆」である。尤も、「神性の本質」そのものに関してはHomeros以上の進歩は無く、「祭儀や礼拝の形式」も「国家や共同体の形式」も言及されぬ。しかし、神的世界史として客観化された法的自覚は、『仕事（諸労作）と日々』に於て「客観的」・「教訓的」に「普遍的諸考察」を具体化する。――彼にとり人類史は「黄金時代」からの世代的段階的堕落であり、彼の「最悪観」は「終末論」的ですらあるが、彼の「五時代」説の第五期的存在も、「宇宙的秩序の法的自覚を現実化する努力」をすれば、「希望」を有てる。彼が「Pandora の壺」に残らせた「希望」は、実在的「善」の欠如である限り「悪」であるが、揚棄されている「悪」を志向している限り「善」であり、実在的「善」を媒介し得、この可能性を現実化するのが「労働」である。蓋し単なる「争い」と区別される「有益な競走」は「労働」へ励まし、「自然の秩序」に従う「正直な労働」は、神々の課した「辛い苦労」を通じて「徳（有能性）」と「幸」（「希望」された「成果」）とが授かる「善への道」（「悪の克服の道」）として「善」であり、「実践と理論との法的統一」である（→関根正雄）。勿論、未だ「善・悪」と「幸・不幸」とは混同されてはいるが、今や判明に「全能」となったZeusは同時に「正義」の「父」であり、「人間の正義」に失望した詩人は「天」への信頼により生きようとし、「神の正義」に従っての地上的「応報」を「無邪気」に信じている。しかし「敬虔」と「正義」とのための「労働の徳」の鼓吹は、「奴隷」の認容を当然視する「貴族主義」を背景とした初期ギリシャ思想のもとでは「異色」であって、正に法哲学史的「転機」（揚棄されるべき旧時代）を象徴しているけれども、直接には法哲学的・規定的影響を有たず、次代の法哲学は、「労働」が揚棄されている「（観想的）理論」として自覚されて「実践」を媒介することになる。この方向を先取して既に「現存在」の絶対的・法的自覚を形成していたのが、万有の「根拠」である絶対者として万有を揚棄する自覚的精神（主観的絶対者と客観的其との抽象的統一）の法的自覚のインド的発展である。

(iii)　(イ)一〇〇〇年頃から東・南方へ進出したArya人の支配下に入るインド的世界に於て、確立する世襲身分的差別「種姓」〔varna/djati/kula ≒ casta, caste〕の第一として「呪法祭司族Brahman」が優位乃至権威を獲得し（→中村元）、もともと呪術と「再生」或いは「永遠な復帰」の観念とを培った風土に於て（→K. Schilling）、諸“Brahmana”〔実体的呪法釈義〕が発展した。其の第一（Ca. 1000〜800）が「狭義」での其〔「神事釈」〕、第二が「森林書Aranyaka」〔「祭式と人事自然との象徴的一致」を中心として「祭祀の内的意義」を説く〕、第三が後述の“Upanishad”である〔→辻直四郎〕。今や祭儀は「全能」な「自己目的」となり、呪法祭司は「神に等しい至上な存在」であるどころか「神々をも駆使」し絶対的「法」を規定し、呪力“Brahman”〔「梵」はシナ的音訳〕が「原・実体」として究極的「世界根拠」になる。既に“Rig-veda”乃至“Atharva-veda”〔呪司知→呪法典〕が模索していた「宇宙の唯一最高の原理」は、“Brahmana”では先ず、「宇宙創造主」としての「最高神」の定立・命名に現れたが、この「呪法祭司の産物」はかかる神的地位を保ち得ず、他方で、「統一への傾向に対応して進歩している「分析」・「万有の分類」、従って又「総合」の努力は、Lévi-Bruhl的「参与〔融即〕の法則」に従い「原始的な同一化」を不思議とせず、遂に、祭祀の呪力である原・実体が其自身神的・絶対的な原理として確立される〔→金倉円照〕。——太初の原・実体「梵」は「動力因」且つ「質料因」であって、其の「自己発展」が万有となり、万有が還入するところの「梵」を知れば「梵」となり一切となるから、「梵」は「宇宙の唯一目的」と観ぜられ得る〔→宇井伯寿〕。勿論、未だ概念乃至理念の絶対的主体性は、原理と同一な絶対者として客観的・実体的であるにとどまるが、当代の「究極的な世界原理の探究」は「梵」と「〔自己或いは其〕自体〔自身〕Atman」〔「我」〕とを統一するに至る。

(ロ)元来「呼吸」を意味した“Atman”が実体的主体性に於て概念されれば、必然的に原・実体と同一視される。この「梵我同一」説の形成が「Brahmana 期」末、「哲人王」(Djanaka, Ashvapati Kaikeya〔Kekaya〕, Pravahana Djaivali〔~bali〕等）の登場する第七世紀頃である（→中村元)。“Veda”に附属（屢〻独立）している“Upanishad”（「侍坐伝受」)。形態的にも“Veda”の「最後部」に位置し内容的に「極意」であるので、“Vedanta”〔Veda 奥儀〕とも呼ばれる）のうち「最古」に属する六（又は五）篇（ca. 800~500）に於て、「世界の根本原理」として確立した原・実体「梵」と「自体」的主体性「我」との「同一」が「宇宙の本体」として「思弁の対象」となる。“Brahman”である或るものが“Atman”でもあるという類の言葉は“Atharva-veda”以来散見されるが、「自体」的主体性「我」を「客観的」に観る傾向の有った祭司族学者達は、「我」の本質を「内部主観的」に考えていた「王侯族 Kshatriya」に教えられて、「我」を「意識」・「精神」・「個人我」、更に「超個人的我」として明白化し、両者の統一が説かれることになる。——太初の「梵」が「其自体」すなわち「我」を知り、之により「唯一」的「梵」が「多」化して「一切」となり、後者を「法〔的なもの〕Dharma」乃至「真理」により支配し、従って、「梵」として自覚する者に於て宇宙全体が「自覚の体系」となって、「我」に於て「解脱」が達成される訳である（→宇井伯寿)。この「一元論的な神智学」は「絶対の認識」として総体的諸「現存在」の「根拠付け連関」を揚棄するから、後者を媒介する「輪廻転生」説も当代に明確に採用・揚棄される。すなわち、生死する存在の恒常的「交替」・「循環」を脱せしめる救済力、「梵我」的自覚は、「禁欲」を手段として根源に同一化する絶対知、「知的」な「解脱」である（→Glasenapp)。かかる絶対知は当然に「個人名」と結合して意識・自覚される。——『Shandilya の教え』

は「Brahmana 末期」の“Shatapatha-Brahmana”に現れる。

(ハ)彼の「教え」は「僅かに変更」されて“[T]chandogya-Upanishad”に採録された（→P. Thieme）。後者の「僅かな変更」は前者と「内容の上では大差が無い」で済まされてはならぬ。「変更」前では「梵我同一」は即自的に前提されてはいても「未定立」であって、「向自的に定立」された「梵我一如の思弁」が「Upanishad 哲学の本領」であり（→金倉円照）、之を、Uddalaka Aruni が「客観的」・「実在論的」に（→中村元）、更に Yadjnyavalkya が「主観的」・「唯心論的」に成形したのである（→宇井伯寿）。かかる自覚的絶対性は、揚棄されている其自身の揚棄として具体化せねばならぬ。

III　古代後期（−606〜−324）

古代後期は、古代的・特殊的世界の絶対的否定性が現実化する、「最狭義」で「古典古代」と言われるべき時代である。——

「新アッシリア帝国」滅亡後の「カルデア人の新バビロン王国」に代ったHakamanish朝ペルシャのDarayavau〔Dareios〕Iは五一八〜五一〇年、インド北西部を征服した。このペルシャと四四九年に和約したギリシャは、やがて「Peloponnesos戦争」（四〇四年まで）に入る。後者の前後にシナは「戦国時代」（其の初年は「遅くとも四〇三年」と規定されれば足りる）へ移行し、インドではMagadhaのNanda王朝（413〜）にインド統一への動きが胎動する。そして、東征したAlexandrosは三二四年にSusaに帰り翌年死亡する。この「古代後期」に、「論理」の範疇的段階としての「質料」性に即した法哲学が発展する。——論理的には、其自身として存する「現存在」の限定はあらゆる「現存在」の其であり、この、「現存在」の限定が揚棄されているところの本質が「質料」、「質料」によって媒介されて有る〔「成立つ」〕ことが「物」性であり、其故に「物」は、従って「質料」も限定され、限定されている「質料」が「形式」〔「形式」の第一義〕、諸「質料」は其々が「形式」、従って、限定されている「形式」が「質料」であり、「形式」と「質料」とのこの統一は其自身の限定によって媒介され、かかるものとしての直接性に於て「物自体〔其自体での物〕」である。之に対応して、「質料」からの「成立ち」に即して法的自覚が発展している訳である。——

(1)(i) 当期の遅くとも初頭（に査定されてよい）のアーリア的イランに於て、Zarathushtra により、法哲学的に普遍的な諸抽象を抽象的な世界「質料」である善悪の二元論の具体化に於て揚棄する、道徳性の宗教が定立されているのに対し、

(ii) ペルシャ乃至ギリシャ的支配を蒙るべき旧オリエントに於ては、社会的処生倫理の集成が、畏怖される超越的・神的応報により媒介される因果を「現存在」の法として教義的・断言的に定立するに留まり、(イ)メソポタミアでの其の形式的な具体化（伝記物語と教訓集との接合）すなわち『Ahiqar 物語』（其の原本成立は第六世紀半頃であろう）に始まり、(ロ)エジプトの『Ankhsheshonki の教え』（第五世紀頃）を経て“Papyrus Insinger”の『教え』（332年より後）に至れば、各自の本質との「均衡」を根本とする「節度」観が、すべての現象に神的応報として義認される本質を有たせ、自明でなくなったにも拘らず妥当せしめられる・善悪幸不幸の・因果関連の直接的不妥当の仮象は人間的「不知」の故に帰せしめられるに至る。更に、旧オリエント的諸国民の揚棄されてしまっている次代には、かかる形式的・社会的倫理の教義が、単に史的な報告（“Manethon: Aigyptiaka”及び“Berossos: Babyloniaka”）を超える『民用体・史暦』（前第二世紀の神官達による“Demotische Chronik〔Demotic Chronicle〕”）によって、歴史的王権の因果応報を規定した普遍性に於て抽象的に定立されるが、この・残存する最古代的存在の・断言が、歴史的に揚棄されている存在に対して成立した時、最古代に連続的な国民的存在は既に不可回復的に亡んでおり、其処に、最古代に連続的な法哲学の史的残存の最後形態が看取される。之に対して、(ハ)夙に「選民」的自己限定に於て「補囚」以後「ユダヤ」的として「教団」的となって・史的自覚として具体的な倫理的応報論の教義が組織されるところの・

二　古　代（−1188〜−324）

Jahwe 教徒に於ては、第一に、Jehezkel〔Ezekhiel〕が、「イスラエル史」を「暗い罪」から成立っていると見、各「個人」の「責任」を強調して「救済」・「希望」の告知に転じ、「祭司的律法」の「神殿国家」を構想し、「申命記論者〔申命記的史家〕」も、既出の『申命記』的諸理念により支配され自製の数多な附加により充塡・補完して、イスラエル史を「災に導く不服従」の其、「民族の諸災厄」を「不服従に対する神的警告の履行」という、「明白な範型」に於て「再構成」し（→Dentan）、そして、「遠い過去の状態の復帰としての未来」の「期待」を義認した預言者「第二 Jesaja」が、単に民を批判且つ非難するのみならず、民族の苦難に「世界の救済の代贖的意義」をも有たせ、「非民〔賤民〕」的状況を神学的に栄光化する「救済史的な神義論」が、「神の愛」に基く「選び」と「世界史的」使命を強調する（→M. Weber）。第二に、Haggaj, Zakharias〔Zekharia〕, Mal[e]akhi の三預言者を経て Nehemja 及び Ezra の「改革」と共に「ユダヤ人」及び「ユダヤ教」の「限定」が確立し、「説話史の新加工」が「法典の枠」を形成して、「祭司〔法〕典」〔「Mose 五書」に散在〕として新修された。勿論第三に、預言者は全くは消失せぬ（「第三 Jesaja」と呼ばれる人々、Joel, Jona）が、局限された諸預言を越えて三〇〇年頃に成立する『歴代誌〔志・史〕Paral[e]ipomena〔Chronica〕』の「精神的に全く制限された」著者の「教義的」再構成は、彼の時代の思想世界についての他には「歴史的価値」を有たず、「健全な判断力の没落」を表している（→E. Meyer）。時代は既に「ギリシャ風」或いは「ギリシャ人支配」に移っており、「分散」した「ユダヤ人」は「ギリシャ化」されると共に、古代諸国のギリシャ化に「貢献」するけれども、ユダヤ的思想の発展も祭司的伝統を離れ、「智慧文献」が、『箴言』集の発展と並行し、無歴史的・批判的懐疑の屈服を提示する『Ijob〔Job, Hiob〕記』から、更には『伝道の書 Koheleth〔Ekklesiastes〕』に至って、後出の Theognis に倣い最悪観的「虚無主義」

の形式を採った「智慧」の諦念が、神を不可知論的に受容しつつ直接的生を認容する（→関根正雄）。この最後の作品の「賢者」の「全き空〔諸〻の空しさの空しさ〕よ、一切は空」という「虚無主義」には「神」は「智慧の埒外」に在り、当然に他方で「黙示録」的諸文献も同時代的産物であるが、後者も殆ど影響力を有たなかった。『旧約』本文は紀元前第一世紀末に確定するが、このことは「ユダヤ教」が単に史的な一契機となったことを示すにすぎぬ。燃るに既に古代後期に於て、かかる反省を揚棄した「古典的」「大」法哲学が成立していた。

(iii)　先ずインドに於て「形式」と「質料」との統一の絶対性に即して抽象的に、(イ)第一に『古Upanishad』の末期の亜流に於て、「精神」と「物質」との区別乃至対立の意識が強くなり、経験的実在世界が「純粋精神」からの過程の最終段階として構成され、恐らくこの頃、第二に、後述のDjaina教Mahaviraの祖師Parshva〔Pasa〕が多分実在し、かかる状況に於て第三に正統祭司族が、八〇〇年頃にフェニキア文字が継受されて後も久しく「口伝」により精確な伝承に努められる“Veda”〔知識→聖典〕の神聖視からの自然の成行きとして、言語の学的反省を発展させた。先ずVarshyayaniが言語の「生成変化の諸相」を整理し、Audumbarayanaは、「文」は知覚者の感官に於てのみ存在するから言葉の「常住な実体」は存在せぬと主張したが、Yaskaによれば、「言語」は人々の間に遍在し「常住」している「微妙な普遍」で、「語」により「特殊名称」が作られ、人間も神も「語」により表され、「個」と「種」（及び「類」）との両者を表す言語は普遍的な「形式」的「質料」なのである（→中村元）。

(ロ)正統祭司派を限定する諸派も発展しており、第一にAdjita-Kesakambali[n]が「感覚論」・「快楽論」・「唯物論」（彼以前にも存在したと伝えられている）を代表し、第二にMakkhali Gos[h]alaは（彼以前にもNanda Vatcha, Kisa Samkitchaの二人の存在が伝えられている）、不可究明的「運命」的必然が（故に「予定」的に）支配している世界を、五元素から成る「無因」的自然として体系化した。彼自身は、周期的な身体的苦行を通じて克己自制する「平静真実人」だったと言われているが、彼の元素説に「苦・楽・霊」を加えて八元素としたPakudha Kattchayanaから、Purana Kassapaに至ると、多分「感覚論・唯物論」に基いて、「無道徳説」が成立し、かくて此処でも第三に、Sandjaya Veratthiputta〔B〜〕〔S〜yin Vairattiputra〕の「不可知論・詭弁論」が、「形而上学」的問いの答を拒否し、「経験主義」・「判断中止（Epokhe)」説によって「反知」・実践専一の「解脱」を説いている。此等が揚棄されているところの法哲学が、

(ハ)第一に、Buddha〔Gautama, Gotama〕である。彼が諸〻の「〔法的な〕もの Dharma」の「依存的生起〈縁起〉」と「実体」的「自体」の無いこと（この「無我」説は絶対的否定的な主体性の存在を否認しない）とを指摘して、「絶対的否定的」な「有」の「Dharma 多元論」に拠り解脱・救済を教えたのに対し、第二に、Djaina教の改革者Mahavira〔Nigantha Nataputta, Vardhamana〕は、「永遠な」諸〻の「精神的霊魂」及び無生命的「素材」を区別して「インド的原子論」を始め、「言明」が為されるところの関係・視点に応じての「相対主義」・「蓋然論」を説き、「解脱」を、「業」素材の侵入を断つ「純精神性」に置いた。第三に、両「大思想」の登場は直ちに教義化を導き、先ず「原始仏教」（広義で。狭義ではBuddhaの「孫弟子」以後）で、「縁起」説の拡大・発展と「Buddha観」の其との固定化は「保守派」と「改革派」との対立に導き、次にDjaina教の分裂も三〇〇年頃に萌芽し、終に、両者に影響されて自己へ反省する正統祭司族も世俗社会に接触する傾向を強め、各種の「経（Sutra）」（就中「律法経（Dharma-S.）」）の編成が始まると共に、"Kathaka-Up." 以下の「中古Upanishad」（ca. 500〜200）では、新たな諸「術語」の登場が著しく、就中

「自体」性に即して、「現象」世界の「幻（Maya）」性、確固不動な精神統一としての「修心（Yoga）」等が判明化し、Paniniが、「代数的符号」を用いて簡潔な「文典」を完成し、当代の「始の終」を形態化した。

(2)(i)　シナでは、限定的・特殊的「事理」に即して、(イ)夙に晏の行政的合理主義は形式的「礼」を重んじたが、(ロ)「有職故実」に通じた小国貴族、公孫僑（子産）の「官房学」は、「門閥」を排し法律を「公開」し「外交」に長けたのみならず、普遍的な動的実体性の現象の法則に基く「文化哲学」（「気変説」）によって媒介されており、(ハ)終に孔が、現実主義的に「事理」を具体化する主知主義の実践倫理の原理として「仁」及び「礼」を樹立した。

(ii)　(イ)子路・子貢・顔渕の「旧派」と曽参・子夏・子思の「新派」とに継承される「孔主義」的「儒教」に対し、(ロ)「周」及び其の文化の退化に反撥する墨は、事理を「兼愛（汎愛）・非攻」で統一し、伝統的「礼」が下落すると共に「人格の内面的完成」の観点も乏しいけれども、「論理と実践との博愛教祖」として「社会的功利主義」を説き、彼の論理説は、儒教に於ける如き従属的性格の其から知的反省の其へ自立し始めているにしても、貧弱であるが、強固な「教団」的存在は形成され、後者の存在性格から(ハ)後述の韓非に従い「三墨」と呼ばれる相里・相夫・鄧陵も、中の一人が「実践躬行派」、他の二人が「詭弁的論理派」と臆測されるだけで、彼等の「個性的」内容は不分明であるが、「墨家」は「儒家」と拮抗する。

(iii)　(イ)かかる教団的法実践に対して且つ儒教的合理主義に対する批判的反省として、第一に、老（李？）が、限定以前の原・実体性から限定的存在への「発出論」に於て「有為の自己否定により無為に帰る」ことを説いた。所伝の明確でない彼の教は「世捨人」のよりは「賢い支配者」のためのものであろうが、第二に、限定的に「清」を貴ぶ関尹、「虚」を貴ぶ列に対し、「己」を貴ぶ楊は、生命の自然的本性の欲望充足こそ真であると説くに至り、第三に、老的倫理の具体的現実化の要請は「老派（道家）」の彭から田駢、更に申不害に至って、「法律」による媒介の強調（「法家」）へ赴かせた。(ロ)第一に、この「法家」は李悝、慎から商鞅の法律主義に至って、「富国強大」を専一目的とし、「農民層」に国家構成を分有させ「遊民」を排斥して「空論」を排撃するが、第二に、「墨家」では、宋鈃が「儒・墨・道」三派を折中して、「内外を分別」し、内的精神の自由と外的栄辱欲の脱却とを説き、尹文は更に名辞概念の論理と認識とを論じ、博学且つ論理的で「老・荘派」にも親近な恵施は、時空は「無限」、天地万物は「一体一連」、従って、無限により有限を越えて万物を「汎愛」すべきことを説き、第三に孟が「仁・義」の倫理により「楊・墨」説を反駁する。之に対し(ハ)荘は、「儒・墨」の争いを老によって越え、欲望乃至主観を超脱して・矛盾対立を総合する「天」（自然の成行＝「道」）に依拠する・「道家」を確立した。彼の抽象的論理では「生」も「死」も「善」であり、「善」も「悪」も其々の逆としても定立され得るのである。

(3)(i)　ギリシャに於ては「質料」的絶対性に即して、(イ)第一に、普遍的「原理」の法的自覚の抽象的直接性に於て、「過多」と「飽満」を「悪徳の父」となし・「悪人」にも「善人」にも「同じ」法律により各人に「正当な権利」を与えようとした・Solon の法理念（国制改革と之からの離隔）（→Vernant）と、Orpheus 教の、「霊肉対立」・「霊魂不滅」から「来世」希望を教える「Dionysos 教刷新」に於ける法的精神との、シナ及びインド的限定に即自的に親近な両形態を超えて、小アジアの Miletos の Thales は「水」を「万物」の「原理」として樹て（→Hege）、第二に、Anaximandros は、「無限者」という、諸「経験」を超える「形而上的」概念を構成して、最初の「哲学的な神概念」を提示し、第三に再び、Anaximenes が「無限」を「空気」として定立する。かくて(ロ)第一に、Anaximandros の世界像を前提して Pherekydes は神話的宇宙論を構成しているが、第二に、当時の社会的変動に対して現世的且つ厭世的になったTheognisの貴族的伝統的倫理は、諦念した幸福追求を説き、第三に、之に対して「憂国詩人」Xenophanesが、Miletos的自然哲学を手段として、擬人的多神教に反対し、「神々及び人々」のうち最大な一神を超人間的な「一且つ一切」となして、社会・文化の全的改革を提唱する。そして(ハ)Orpheus教に影響されたであろうPythagorasが、「素材」でなく「形式」に法を自覚し、万物の「形相因」である「数」に従い「比例」・「中間」の「調和」論理を説き、而も彼の「数」も「形象」的、従って又「Miletos的自然哲学」の性格をも保って、彼の法的生の学園は「教団」的共同を形成する。

(ii)　相対的限定に即しては、(イ)Herakleitosによれば、運動としての「成」（感覚的・直観的に「火」）が唯一持続的な絶対性であり、其の法が論理的に「理」、自然的物理的に「天（理的運）命」、倫理的に「秩序」である。之に対し(ロ)第一に、Parmenidesに於て「有」と「意識」との「相関性」は「理性的思惟」にとっての「有」の「同一性」により限定され、後者の「有」は依然として物体的乃至物質的ではあるが、限定の排除に於て定立される抽象的「有」の「一元論」は「無宇宙論」であるのに対して、第二に、折中的なEmpedoklesは、「四元」の結合・分離及び愛憎の「混合」による「多元論」を始めて「世界史的循環」を構成し、Zenon（Eleaの）が「多元」乃至「原子」論と「運津」の実在性とを反駁するのに対し、Anaxagorasは、数的に無限な「有るもの」に「質差」が有る（「理性」も「力」も「運動」も此処では「元素」である）と考え、第三に、先ずMelissosがParmenidesを徹底して「有」を時間的・空間的に「無限界」的唯一と規定し、次に、「折中」的Diogenes（Apolloniaの）は、すべての有るものの本質である「空気」に「理性」を認める「物活論」の「目的論的一元論」を、同じく「折中」的Arkhelaosは、「理性」にも「混合」を内在させて「暖」（能動的生の原理）・「冷」（受動的固定の原理）の「混合」と「争剋」とで宇宙論を説き、Philolaos の「Pythagoras 派」的思弁によれば、「無限界」と「限界付け」という「万物の二原理」を「調和」が統合することによって「世界秩序」が可能であり、万物の認識可能性を制約し具体化する原理が「数」であり、終に、Leukippos によれば、「有るもの」である「原子」は「量差」が有るのみで、「数多性」を媒介しているのは「空（虚な空）間」すなわち「無限界者」である。客観主義的限定のこのような発展経過は、Aiskhylos, Sophokles, Euripides の諸「悲劇」が解釈して感銘させようとする古来の倫理の終幕に並行しており、Euripides に Athenai を放棄するに至らせる・因襲打破の胎動の・状況に於て、Athenai に移る Hippodamos は「最良国制」論を、Phaleas（Khalkedon の）は土地所有及び教育の平等と商工業国営とを説いており、新たな批判的・啓発的な存在が既に登場している。（ハ）第一に、「客観性」に「懐疑的」な Protagoras の「人本主義」的「主観主義」が「現象主義」及び「相対主義」を説き、第二に、限定的な「学識教師（Sophistes）」達が派手に登場する。彼等については Platon の記述にのみ依拠されてはならぬことは未だに注記しておかれねばならぬかもしれぬが、先ず、Gorgias は、「徳の教師」であることを寧ろ拒んで、「ある」乃至「有るもの」と「あらぬ」乃至「無」との論理的・有論的等価を指摘し、「懐疑主義」的に「修辞学（≒弁論術）」へ自己を制限しているのに対して、「徳の教師」を広言する Euthydemos（及び彼の弟 Dionysodoros）の教えた「争論術」は、「ギリシャ的論理」の発展に寄与することになるが、Xeniades（後述の Sextos Empeirikos（"Pros Mathem., 7, 53"）によってのみ伝わる）によれば、主観的には「すべての表象及び意見は偽り」であり、客観的には「すべて生成するものは無から生じ無へ消える」（この主張自身の真偽は未だ問題として意識されなかったであろう）。従って次に、Gorgias 的倫理を徹底する Polos に於ける如く、

「自然」は「衝動的」其として理解され、善と福との「因果応報」は否定されるべく、法及び法律への無顧慮こそ幸の保証であるべく、この方向を就中Thrasymakhos及びKalliklesが継承するが、「Jamblikhosの無名氏（Anonymus Jamblichi）」（後出のJamblikhosに引用されている氏名不伝の者）は法律無視の権力倫理及び超人倫理に反対し、Lykophronは、「他の人々を加害せぬ」すべての人々の生命財産の相互保証に「法秩序の意味」を認めている。そのためには終に、「正しい修辞」に努力するProdikosは、道義的に穏健保守的に「克己節制」を讃えることになり、「百科全書家」Hippiasによれば、「規範」に対する「自然」は「理性的自然」、倫理は「世界市民的」であるべく、かくてAntiphon（未だに確実には同定され得ていない）は、「折中」的ではあるが、「Elea派」的に「理にとってはすべては一」、「自然は理」、従って又「自然法優位」の「世界国家」説を主張している。かかる「理性的自然」は其自身として絶対的否定的であらねばならぬから、第三に、Sokratesによれば、「善い〔有用〕と思う〔知る〕から意思する」のであり、「徳」は客観的として知られる善の主観的「知且つ得」であって、此処に、限定されている法的自覚の・自己限定を通じての・自己媒介が完成される。かくて「具体的個別性」に即して、

(iii)　(イ)第一に、Gorgias説を「有るもの」と「空〔虚〕」との有論へ揚棄するDemokritos（Abderaの）の「唯物論」的「原子論」の「理論」的「体系」的「合理主義」は、実践的・倫理的には、「善い意味で」「快楽主義」的に自由な「観念主義」であるが（→Windelband）、第二に、Sokratesの弟子Kritiasの反民主政的立場によれば、「法律の発生」は犯罪防止のためであり、「内密の犯罪」の防止のため「賢い政治家」が「神」を樹て「宗教」を発展させたのであり、Gorgiasを承継して実際的効用主義の弁論術を教えるAl-kidamasの反伝統的精神は、「自然権」思想により「奴隷制」に反対して「死」と「貧」とをも讃えている

が、『両論』（冒頭の二語により"Dissoi Logoi"）の作者の「相対主義」は、「学識教師」的とSokrates的と言われてよい二説の対置に於て、あらゆる問題（彼の挙げる主題は六）には対立的二論が成立する（例えば「善」と「悪」との逆転）のみならず・国法も国民的諸分化に適応せねばならぬ・と説いている。かくて第三に、限定的・一面的にSokratesを承継したのが、「主知主義」的「争論学」的Eukleidesと、「道徳」的「実行主義」的Antisthenes（初めて、外的なものに対する「無欲（Atyphia）」すなわち「不動心（Apatheia）」を徳の目標として定立した）と、「快楽主義」的「自由人」Aristipposである。彼等に対して、(ロ)揚棄されている限定の法哲学を形成したPlatonによれば、論理的、物理的及び倫理的原理は同じ、非物質的に実在的な「理念」であり、「知覚」によっても「帰納」によっても認識され得ぬ諸理念と其等の相互（及び現象界への）関係との認識の方法的概念が「弁証法」であり、之を介して彼の形而上学は「目的論」的になる。(ハ)彼の「理念説」に対しては第一に、夙にPolyxenosが、後の所謂「第三の人」論証（→Aristoteles）によって反駁したと伝えられ、第二に、Platonの"Akademeia（→Akademos苑）"に於ても、Speusipposは比較的に「経験的」で、Platonの所謂「理念的数」を否認して数学的数のみを承認し、世界は永遠で「善」は「始」でなく「終」（故に「目的」、従って存在は発展）と説いたのに対し、Xenokratesは、「Pythagoras派」的に「理念的数」を「数学的数」と同一視し、「三分法による体系化」を好んで、初めて哲学を「論理学・自然学・倫理学」に三区分し、「世界の始」を「単純なもの」の「時間的」でなく「原因的」な「先行性」と解した。彼の念頭に在った論敵が、第三に、師から自立したAristotelesであり、彼に於て、「質料」としての自己限定を揚棄する「形相」の具体化に即して、理性の自己限定の揚棄の具体化の法哲学が、「ギリシャ的学の成熟せる自己認識」を呈示する（→Hegel）。

三　中古（－324～＋589）

I　中古初期（－324〜－23）

Alexandros の東征の終結と共に世界史第二期の第二、「中古」（－324〜＋589）が始まる。特殊的各世界の人倫的統一乃至「国家（帝国）性」と特殊的「世界性」との交互的発展を通じて自己の特殊性を媒介される特殊的諸世界の「向自有」の発展の時代が。中古初期は「広義」で（西洋的伝統的に）は「古典古代」に入れられるが、「古代後期」との劃期的区別を看過する「先入見」は揚棄されるべきである。──

三二二年にインドで Maurya 王国が、二二一年にはシナで「秦」の帝国的統一が成立、後者は二〇六年には「漢」に代られ、一八四年には Maurya 王朝は亡びるが、西アジアでは一四〇年に Arsakes 王朝の大王国が成立し、一二九年から一二二年に張騫を通じて国際「交渉」された「西域」の西に、三〇年には Kushana「帝国」使節の到来するローマ的統一に於て二三年に「元首政」が確立した（↓船田享二）。当期の法哲学は、「論理」に於ける「現象」範疇の第一段階に対応している。──「其自体での物」が揚棄されているところの・「限定的」物を媒介している・本質性に於ける「現存在」が「現象」、現象的限定が「形式」（「形式」の第二義）、限定的諸形式が「内容」であり、其自身として存する形式的限定は、揚棄されている自己限定として「現象界」であり、現象は現象界の限定である。──

(1)(i)「現象」性の法的自覚はシナに於て（↓津田左右吉）「其自体」の限定性に即して成立し、(イ)公孫竜の、概念の「限定」の方法的認識に媒介されて「詭弁」をも主張する論理は、独断的「義戦」を排斥する「墨家」的「非戦」論の固持と表裏しており、(ロ)荀の「唯名論」的な「概念の論理」は、「本性」の否定性に基く「性悪」説と表裏し、其故に「礼」の外面性を法哲学的原則となし、(ハ)鄒の儒学は、存在の五要素（水火木金土）の序列規定に事理を看取する「五行」説に媒介されており、呂不韋は謂わば「則天」の「折中」の立場を採り、荀と「道家」乃至「法家」とを「折中」・統一する韓非は、「矛盾律」を初めて確立すると共に、「実践的」「帰納論理」を主張し、限定の否定性が概念されているところの彼の事理によれば、利己的「人性」は放任されれば「乱」に至るから「政策的法律」による「効果的行政」が必須であり、其故に法は現実に即して変移せねばならず、旧法に「新聖の法」が替るべきである。この主張自身の自己揚棄の論理は此処でも存在せず（↓仁井田陞）、荀・韓非説の一面的・部分的限定で李斯は自らをも亡ぼすに至った。

(ii)　成程「漢」代に入り「儒学」は「復興」されるが、(イ)この「復興」を要請する陸賈にとり、「仁」は荀的・『易経』的な「生々」であり、老・荘派すなわち「道家」の影響の下に、「無為」と「道徳」とを「合せ応用」する「折中」は「政治的」行為に「道家」、「道徳的」行為に「儒家」を採り、申培の復興する「儒学」も荀系であり、賈誼に至ると、「実践的行為」には「大体」「儒教」、「内面的心」には「道家」が採用され、統一的には「自然的人倫」の「孝」が「仁」の上に置かれて、「人性に賢愚なく習慣による」という理由から「胎教」も説かれる。(ロ)かかる思想家達を背景に、「道家」を中心に諸家を「折中」した劉安は、老・荘の考験を説いて「神仙術」への進行を示すが、彼の一派は間もなく弾圧され、確立される董的「儒家一尊主義」には、其にも拘らず「陰陽迷信の混入」が著しく、之に対し(ハ)「陰陽・儒・墨・名・法」五家は

「一長一短」であるが「本来の道家」は「簡単で功が多い」と「激賞」したと伝えられる司馬談も、史官として自任していながら認められなかった。

(iii) (イ)しかし彼の子司馬遷は「寧ろ儒家的」、「現実的」・「合理的」で、単に「自然の道」に同化し得ず、自己の阻害の悲痛な体験に媒介されて、「勝れた人間を忘却から救う」ことを「歴史記述」の一目的にして「往事を述べて未来を思い」、「悲劇的人物」への関心及び同情に傾く「シナ的世界史」を著し、(ロ)「正教」的な儒教経典学でも、劉向は、「陰陽原理」により存在を法的に構成するに傾きはするが、「校勘学」の開拓により間接に当代の傾向を批判し、古人達の言行の編集によって「儒教精神」を宣揚しようとし、(ハ)彼の子劉歆は、「書誌学」を開拓して「秦」以前の「古文」と「今文」との優劣を論じ、遂に「古文」学への復帰が「公定」される。

(2) シナに対しインドでは「超越論的」範疇の法的自覚が諸〻の「世界原理」の方法的統合から「範疇論」的体系に進む。

(i) (イ)[T]chandragupta 時代に査定されるべき Djaina 教団長 Bhadrabahu を最後に「Djaina 教聖典についての完全な知識」は喪われたと言われているが、Kautilya の『実利論』は当時盛行の哲学的諸派の方法への批判的反省に媒介されており、(ロ)後者が挙げる「精神修養〔修心〕（Yoga）」派の祖 Patandjali〔後出の同名「文典家」とは別人と推定されるべきである〕は、救済に導く「統一的思惟器官」を一と考え、此処では「神」は「単に模範として実効的な不活動者」にとどまり、(ハ) Kapila の、「進化理論の適用により方法的に仕上げられた Veda 奥儀」は、就中諸〻の「世界原理」を「数えあげ」て「数論（Sankhya）」派の祖となる。尤も彼の弟子 Asuri 共、所説の詳細は未分明であるが（→Glasenapp）、之に対して、Ashoka 王の頃には、諸〻の存在作因としての「〔法的な〕もの」の教説は「仏教教義学」として確立しており、この王自身、「法的なもの」を自立的に統一するという「仏教的姿勢の最高の国家的現実化」と言われてよい。

(ii)　(イ)他方で正統祭司派の「現象」反省に於ては、Katyayana（「Vajasaneyi〔派〕分別選択（Pratishakhya）経」の作者としても伝えられている）の「言語学」によれば、Vajapyayanaの「類」説とVyadiの「個物」説とに対して、「語」は「種」を表し、「永遠」に存して「現象」するものであり、「祭事学Mimansa〔研究〕」派の祖Djaiminiは、「Veda絶対・祭儀絶対」の立場の故に、「全能の最高神」を認めぬ意味で「無神論」ではある（但し彼自身は「唯一神」を認めるようである）が法哲学内容的には寄与少いけれども、「文典学」の発展を摂取して研究・教説の「手続」を発展させ、Patandjaliは「文典学」を更に発展させて、言語が「種」又は「類」を表すことを確立し、「観念」の「常住・永遠」を説く。(ロ)之に対し、限定されている普遍の特殊性に於て・揚棄される特殊としての・法的自覚を定立している仏教説が、北西インドでギリシャ的賢人王Menandrosを服せしめる「対話篇」の形式で出現した『Milinda王の問い』であり（↓中村元）、(ハ)当代の「中世〔又は新〕Upanishad」（Prashna-, Maitri-, Mandukya-Up.）では「数論」的及び仏教的影響が強まり、「絶対者の現象的限定」の説が発展して、「自体我」は「元素我」的としては「物化」されて「其自体」的主体（「内我」）から区別され、「元素我」の成立を媒介する「自然」＝「本性」は「実体的且つ様相的」・「個人的且つ宇宙的」に把握されて、「修心」により達成される究極の境地も「Brahma-Vishnu-Rudraの三神一体性」（当代に発端している「インド教（Hindu-）」に対応）になる。

(iii)　(イ)之に対して北西インドでは、Katyayaniputraの、「有」派（「すべての〔法的〕ものDharmaは有る」と説く「有部」）の根本経典となる「仏教概論」が、「有」の「因果・因縁」律と之を限定する「業」の「道徳律」との仏教的規定を確立し、(ロ)「数論」派 Asuri の弟子 Pantchashika が、「神〔最高〕我」を最高とし「精神・物体の二元論」によって「転変・帰一」を宇宙的に説いたと推定され、(ハ)かくて Kanada が、文典家 Patandjali の「名詞・形容詞・動詞」の分類から、「物事・性質・行為」の「有論」的区別、従って「範疇論」へと、従来「別々」だった諸理念を「創造的」に合一し、この「種別論 Vaisheshika〔シナ訳で「勝論」、日本で因襲的に「カツロン」〕」によれば、「救済」は「真理の認識」に、後者は「六原理〔範疇〕」の知識により、「経験主義」・「自利論」が「自然哲学」体系と結合される。之に対して、この頃既に「修心派」の Djaigishavya は「呪法密教」風になってしまっているようであるが（→ Dasgupta）、同じくこの頃に成立する “Mahabharata”〔「大 Bharata 族」史詩〕の「哲学的」主要部は、「転変」を「宇宙的」に説くようになっているのみならず、「救済」を「認識」のみならず「敬虔な帰依」にも認め、「解脱の道」が「脱・世間」に限られぬことを明示している。

(3)(i)　之に対してギリシャでは、「現象」的な絶対的否定性に即して、諸「断定（Dogma）」を統一する断定批判としての限定的断定が、「判断中止」による「不動心（Apatheia）」的統一として始まる。(イ) Aristoteles の年少の同時代人であり既出「争論学派〔Megara 派〕」の勝れた「弁証家」であった Stilpon の高潔な道徳性に於ては、Antisthenes 派〔「Kynikos〔恐らく、犬的→犬儒〕派」、就中、Sinope の Diogenes〕に親近に、「無欲」の「不動心」が「最高善」とされており、(ロ) Aristippos 派の Theodoros〔Atheos〕の「自然」主義的な「実定制度」反対は、「識見」による「平静」な「悦び」という「生目的」により媒介され、哲学的にも実践生活でもインド的影響を受けた Pyrrhon によれば、人生の目的は「平静不動心（Ataraxia）」であり、このためには「判断中止」が必要である。彼以後 “Skepsis” の語意は「探究」から「可探究・不可断案」へ、「懐疑」主義へ、移行する。蓋し、「明白な現象」の内に留まり・其の限定の外に超出するのを控える・ことが要求されるから（↓出隆）。勿論、当代にはEu[h]emerosの、「賢い支配者」を理論的に基礎付けようとする空想国家像が生まれるが、「教養理想」は「人類性」に定位しており、Epikurosによれば、「平静不動心」に於ける「教養人の感性的な自己享楽」が「最高善」であり、「機械論」的「原子論」と「自由」概念に基く「非決定論」とが、「無限に多くの諸世界」の間の「世界空間」に「神々」を住まわせる——絶対的否定的な絶対者の古代的住居に相応わしく。(ハ)之に対して第一に、Sokrates的な「正しい生き方」のための全体的体系的学を志すZenon（Kyprosの）によれば、全世界は、其故に人間は、「理」を「自然的」に「分有」し、「善」とは、分有されている本質的自然の理に理性的に合致すること、普遍的人生（「仁」）に自覚的に従うことであって、限定されている直接性に於ける外的自然的人生にではない。従って此処でも「不動心」が既出のAntisthenes的「Kynikos派」から継承される。彼の始めた「Stoa（柱廊教室）派」に対し、第二に、Timonの死と共にPyrrhonの「懐疑」学統は中絶するが、Kleanthesにより継承される「Stoa的」学統には、Arkesilaosの「懐疑」的な「中Akademeia」が並存し、かくて第三に、「Stoa的」法哲学を初めて「体系化」するKhrysipposは、確定的に「決定論」を採ると共に、「自然と規範（Nomos）」の代りに「自然と措定（Thesis）」の普遍的対立を判明に定立する。

(ii)　ローマの世界的興隆に応じて限定の反省も促され、(イ)論理学に長じている「Stoa的」Diogenes（Seleukeia〔又はBabylonia〕の）は、後年、Khrysipposの宇宙論を部分的に疑うに至り、(ロ)Karneadesは「新Akademeia」の始となって、Humeを想わす「蓋然性の理論」を展開し、(ハ)Coeliusは「史料研究」に拠るローマ初の「編年史」的歴史を著し、Polybiosは、「循環」する人間存在の「自然法則」に従う「因果説的」歴史記述に拠って、ローマ的「混合政体」がその法則から脱却するのに最良であると幻想し、「進歩者」を理想とするPanaitiosは、「唯物論」を捨てて「Platon化」し、諸説を「混合」乃至「折中」する「中Stoa」を始める。

(iii) 揚棄される限定は未だ「混融」的形式の絶対化にとどまり、(イ)第一にPhilon（Larissaの）始める「第四Akademeia」では「折中」化が著しく、Poseidoniosは「混合」主義的「中Stoa」を完成すると共に「宗教的・神秘的」になり、「Akademeia派」のAntiokhosの、Aristotelesをも「融合」する「折中」と共に、「Akademeia的混合主義」の「教養的断定」傾向が完成する。第二に、当時AndronikosはAristoteles諸作品の集成・整理をなし、「百科学芸」的教養人Varroの「新Akademeia派的折中」はPoseidoniosからPythagoras派及びKynikos派にも亘り、博学なNigidius Figulusは、決して特種「Pythagoras派」的相貌を呈示してはいないが、「占卜」・「神秘説」への強い傾向を示し、第三に、Ciceroの「折中」は「Akademeia的蓋然主義」に最も近く、「中庸」を重んずる彼の倫理は「効果主義」によって規定されており、正に其故に「法律家的」思惟に受け入れられ易い。(ロ)彼等に対し教義的統一を固持している「Epikuros派」では、学的なZenon（Sidonの）を承継するPhilodemos（Gadaraの）が同派の学統を就中倫理説に於て護持しており、Lucretiusは、「原子論」に於て一切の現象を「因果的・論理的」に考えようとするのみならず、人類を「迷信」・「恐怖」から救済する「歴史哲学」的法哲学を意図したが、自らは孤鬱に克てなかった。(ハ)然るに歴史的自覚はCaesarの内外諸戦記によって具体化されており、叙上の「教義主義」に対してAinesidemosはPyrrhon的「懐疑主義」を其自身教義的に復活している。尤も彼に帰せられる「懐疑的探究はHerakleitos的哲学へ導く道」という命題（後出のSextos Empeirikosの“Hypot.

Pyrrh. 1, 210" 所出）の意義は未分明であるが、彼には判明に「教義的断定」として意識されている Herakleitos 説に「目標」が見られていないことは「明白」であるから、「懐疑的探究」が Herakleitos 説成立の「可能的及び事実的条件」であることが指摘されているだけである（→ Prächter）。「懐疑主義」に宿命的な自己矛盾的自己定立が揚棄されるところのものは、「懐疑」的「教義」には自覚されぬ（→ Hegel）。かかる状況の下で Diodoros（Agyrion の）の、世界成立からの世界史の「有機的」理解が、既存の諸史書に無批判的に依存する「歴史」学的な内容の欠陥を「英雄」的諸存在の強調と包括的「倫理的教訓」の努力とによって補填されて、正に当期の末尾に位置する。

II　中古中期（－23～＋280）

紀元前二〇年頃にローマと外交を通じ得たKushana王国は、紀元後九〇年には「漢」の班超に敗れてインドへ移り、第二世紀半に全盛期に入るが、「漢」は九一年に「西域都護」を置き、一六六年にはローマからシナへの外交も通じる。しかし一八九年には「後漢」では「廃帝」が始まり、二〇〇年頃にはKushana的統一も衰亡し、之に対して二二四（乃至六）年、Sasan朝ペルシャが興り、間もなくローマと対抗するに至り、KushanaもSasan的支配に服属するが、シナ的統一は二八〇年に「晋」の下で回復された。当代に、「論理」の「全体性」に即して法哲学が形成される。——其自身として存する限定的「現象界」が「全体性」（「全体と部分」）、限定的全体性が「集合」であり、諸〻の限定的全体は一全体性の特殊化であって、其等の統一、「絶対的全体」（「全体集合」）は其自身の揚棄である（「集合の逆理」）。これに対応して——

(1)(i)　まずシナに於て、自然的全体性に即して、(イ)「占卜」に堕落した儒教経典学を改革しようとした揚雄は老説を採り入れ、老的道徳（「自然の道」）により孟的に孔の復活を志し、孟的「性善」及び荀的「性悪」説を「折中」し、「自然の道」に従って「仁・義」を薦める。「人性」は「善悪混合」であるから「修身」が必要、「人事を修めることにより天道が知られる」という訳である。(ロ)彼の門下の桓譚も「仁義・正道を本」として「神仙・占卜」道を排斥するが、(ハ)王充の、老的自然主義に拠る自然法説に至れば、諸説・迷信は鋭く打破されるけれども、「人性」に「高下善悪」の有ることも「自然的」とされて、「修養」説としては「粗略」になり、彼の後には「儒・法折中」が支配的になる。

(ii)　今や経典教義学へ限定されている「儒学」に於ては、(イ)「造字・用字」を原理的に解明する許慎が「訓詁学」を大成し、馬融の訓詁学は実践と倫理的に疎隔したが、鄭玄に至っては儒教経典教義学が精密に統合・集大成された。「古文」及び「今文」を「折中」するが前者を本とし、「易」を「人道の根源」、「孝」を「六経の眼目」となす彼の事理は、権威的経典により絶対的に限定されている。しかし(ロ)王充の「批評的態度」を継承して「時弊を痛論」する王符は、其にも拘らず自然的・必然的法は人間には不可知となし、この「実際適用専一」の儒教は法律主義で「潤色」されねばならぬことになる。かくて(ハ)荀悦によれば、「人性」と其の様相は「善悪の混合」であって、一方が「善」と断定されてはいけないから、「仁・義」により時弊が「政策的に匡救」されねばならぬのである。

(iii)　「全体」の絶対的否定性の法的自覚も時代を反映してシナ的・限定的（→仁井田陞）である。(イ)徐幹は「高尚」・「純正」な文学者として「建安七子」の一人であるが、彼等の詩文は「無常観」を窺わせ、之に対して仲長統の政治論を貫くのは、「儒・法の折中」というより「法家化した儒教」であり、何晏が老・荘説を導入して儒教をも解釈し対話的「清談」の風を確立したのは、「貴公子」を気取ろうとした事大主義の権勢欲の半面であった。之に対し、(ロ)限定されている「儒学」は先ず限定的自己の擁護を志し、王粛は事毎に鄭玄を批判して、経典をも偽作したが、王弼は「平明清新」に荘説を以て老説を解し、「神仙色」を消して、老的な「無の道」が「天・人」全世界を貫くと説く。「老荘学」による「儒教精神」闡明の傾向は「訓詁学」偏向への反動の発展であって、多才博学な行政家杜預は、信奉する経典の「短所」までも信奉し或いは「時流」即応乃至「阿世」から経典本文をも「曲解」しており、遂に(ハ)郭象が、『荘子』原本を校訂し「独創的」理論的に注釈し発展させて、「自足・自得・無因自然」を説いた。彼は後には名利権勢に就くが、之も、「自然の道」派（→武内義雄）に内在する一逆理にすぎぬ。

(2)(i)　地中海世界では、「限定的全体性」乃至「集合」に即して、先ず前代に直結して(イ)「折中」的なSextius は、部分的に「Pythagoras 派」的な「哲学的生活共同」を設立、政治家としても名声の有るPotamon も「折中」家を自称、彼等に「懐疑主義」者 Agrippa が並存し、(ロ)「集合要素」性に即しては、「神」乃至「聖書」に「比喩」的な規定及び解釈を方法的に貫徹することによりユダヤ教義を体系化するPhilon のギリシャ哲学「折中」によれば、「神」は概念的限定に否定的であり（「否定的神学」）、Seneca の「真正ローマ的な意志主義」によれば、「人間」は「正しい理性」により「神的自然」に合致して生き、この「善く」生き得る間だけ生きるべく、この理性は「生の限界状況」に於ける「不名誉性」に対する「自己護持手段」として「自殺」を是認するが、Jahwe 教改革者 Jesus の「福音」を信ずる「クリスト（Khristos〔塗油された（救世）者〕）教」、就中 Paulos は、普遍的な「人間愛」を自己の存在限定の神的規定となし、(ハ)「集合」的全体性に即して、インドにも赴き「Veda 奥儀」をも摂取した「ギリシャ風・ローマ的な世界主義者」Apollonios（Tyana の）の「Pythagoras 主義」によれば、理性的にのみ「善」は願求されるべく、「神々」から区別される「第一の神」は供犠等を要せず、「口を通らぬ」「より善き理」によってのみ関られるべきであるが、Cicero 尊重の「古典主義」に拠り教育及び修辞の両学を総括する Quintilianus は、「修辞学」に道義的基礎を与えようと努力し、“Kynikos”的 Demetrios は「敬虔」な世界観を採るが、“Stoa”的 Musonios〔Musonius Rufus〕の法哲学は諸〻の「非本質的」とされること（例えば子供の数）をも総て規制しようとし、Dion Khrysostomos が「敬虔」と政治的・経済的な関心・努力とを合体する。

(ii)　Gaius に至るローマ「古典的」法律学の隆盛の時代に於ては、限定的「集合」性に即して、(イ)第一に、Tacitus の「国[家]理[性]乃至国民的・史的自覚と、Epiktetos の「古 Stoa」復帰と、Pl[o]utarkhos (Khaironeia の)「Akademeia 派」的「折中」との後、第二に、「Kynikos 派」では Peregrinos の「狂信的」反俗、Demonax の「優しさ」及び「仁愛」の通俗的「折中」、Oinomaos の「Kynikos 主義」緩和反対が、道徳性の立場を醇化しようとし、第三に、既に Kodratos〔Quadratus〕は最初のクリスト教弁明書を Hadrianus 帝へ呈しており、「新 Akademeia 派」の博学な Favorinus は「懐疑」の立場を保持しているが、Aristeides は「精神的一神論」を強調して、「人類」(蛮民・ギリシャ人・ユダヤ人・クリスト教徒の四)のうちクリスト教徒のみが真の神概念及び倫理を有つと独断している。(ロ)今やクリスト教の法哲学的絶対性の反省は不可避となっており、第一に、Basileides が「神性覚知 (Gnosis)」説でクリスト教的「発出説」を説き、Albinos は「神性覚知」説に反対するが、Valentinus が「神性覚知」説を体系化し、第二に、之に対して Justinos はクリスト教的信仰と古代哲学とを結合、クリストは真理の体現、クリスト教は「真の最高の哲学」であると説き、第三に、Tatianus が之から離れて「神性覚知」説へ移るのに対し、Athenagoras はギリシャ哲学と結合して「神の理性証明」を為すが、「神性覚知」説を反駁する Eirenaios〔Irenaeus〕は「ローマ教会至上」・「人知制限」を説いた。(ハ)第一に、かかるクリスト教義学を Kelsos の「Platon 主義」は「Platon 的二元論」及び「神的超越」概念に基いて鋭く批判し、Theophilos は「道徳心」へのクリスト教信仰の依存を説いており、かくて Marcus Aurelius は「折中」的に宗教的「Stoa 的」反省を記し、第二に、Numenios は、古来すべての「賢者」は「同じ一つの真理を告知」しており Platon こそ「偉大」となして、「Platon 主義」を「すべての哲学を包括する構築」にまで拡大しようとし、Galenos は Aristoteles を本として「折中」し、Attikos の「Platon 主義」は「折中」に反対して Aristoteles を駁し、かかる状況下で此処でも、第三に、「折中」的な Herodotos（Tarsos の）の弟子、「経験的」・「方法的」医者 Sextos〔Empeirikos〕の「懐疑主義」が「知の否定的百科」を展開した。かくて、

(iii)　自己限定の揚棄の具体化としての「集合」に即して、(イ) Papinianus が法律学を精密に理論化しようとしているところの「私法的社会」（→Hegel）に於て、第一に、Alexandros（Aphrodisias の）は、Aristoteles を擁護しはするが、「我々にとって」のみならず「自然」的に（其自体で）も「個」が「より先のもの」であると主張し、他方で Bardesanes の「神性覚知」説はクリスト教会説に接近し、Clemens（Alexandreia の）の「神性覚知」説は遂にクリスト教義学を体系化し、「自然的秩序」の理念に於て「信及び知」を統一した。これに対して第二に、Tertullianus の「反哲学」的クリスト教と共に、「感性」を抑圧する「二元論的倫理」と結合した「感覚主義」が、「哲学的理性を超える」クリスト教の「超自然主義的正教主義」の基礎になるけれども、他方で Ammonios Sakkas は哲学の単一性を説いて「新 Platon 主義」を開拓しており、哲学親近な Minucius Felix はクリスト教が異教徒的懐疑説を説得し得る普遍的思想を有つ・「純粋な人間性」の・宗教であらねばならぬと説き、かくて第三に、法律学を博学多作な Ulpianus が法学的に媒介し、Julius Paulus が「理論」化しようとしている頃、Origenes は「理」を「英知対象的（intelligibel）秩序」となして、神的な世界創出と根源的善への知的復帰との「新 Platon 的」図式を用い、「神法」と一致する時にのみ諸〻の国法に従われてもよいと説いた。彼のクリスト教的限定は、(ロ) ペルシャ乃至インド的「智慧」への接近をも抱懐した Plotinos によって超えられており、後に「新 Platon 的」として限定される

仕方で、すべての「集合」的諸限定が「一者〔一且つ善〕」からの「流出論」の秩序に於て揚棄され、「類比」によって「善」が認識されているところの「道徳性」に於ける「浄化」の知的法哲学が確立されているが、之は、Kantを想起させる「弁証法欠乏」の故に（→Schönfeld）、「脱我入神」へ究極する。しかし(ハ)第一に、正統的教会学者は、Cyprianusの如くカトリック〔「汎正教」〕的教会問題（離教者の再受容とか異教徒の洗礼の効力とか）を主とし、精々Dionysios（Alexandreiaの）がEpikurosの「原子論」の反駁を試みたにすぎず、Origenesを弁護するPamphilosが『七十人訳聖書』の校訂に携わる頃、ユダヤ教を峻拒しペルシャ的（Zarathushtra教）及びインド的宗教（就中、仏教）とクリスト教とを「融合」するManiが、「秩序宇宙」と人間と真理知との「本質的一体性」の自覚に基いて、「光の国」へ赴くべく神により「予定」されている者の「救済」宗教を説き、之に対して第二に、「新Platon主義」は、Longinos, AmeliosからPorphyriosに至って、論理的思惟の具体的概念の断念がPlotinos説の宗教的神秘化と連合し、第三に、Diogenes Laertios（L〜〔HomerosではLaertes〕はOdysseusの父の名と同じであるが、D〜の出自〔姓〕を示すものではない。→Pauly-Wissowa）の哲学史が、Epikurosについてを除けば殆ど当時の「二次的」以下の諸文献の博学な参酌に依拠してはいるが、「古代後期」及び「中古初期」〔「懐疑派」のみは紀元後二〇〇年まで〕の哲学者達の各〻で「典型的」な行実を纏め、彼等を「イオニア的」と「イタリア的」との「学派」乃至「師承」へ整理して、当代の悟性の総合する史的集成を形態化している。

(3)(i)　しかしインドでは「全体集合」の「逆理」性に即して、仏教に於て、既出の「有部」に対して、「四大」には「実有」を認めるが根本に実有的「心」を置き・「種子」的には不断に存続する「心」に相対的に「現在」にのみ実有を認める・「経部」（仏説経典依拠派）が萌芽し、正統祭司族に於ては、「祭事学」が漸く経典として編成された頃、Badarayanaは、最高の「梵我」(客観的及び主観的な絶対的実体)の統一(主体性としての実体性)を全世界の「動力因且つ質料因」となす「梵我」哲学を体系化する基本経典(少くとも大綱)を作って、「Vedanta〔Veda奥儀〕派」の祖となった。

(ii)　次いで(イ)Gautamaは仏教及び「種別論」を摂取して「四大」に「空」を加え、体系の論理的反省を発展させて、「正理」派を開き、(ロ)宗教的寛容の東西文化融合で有名なKanishka王時代には、既述の「数論」派の盛行のもとで、Tcharakaが「医師教養」のために「論証法」を導入するのみならず、「有部」仏教のVasumitra, Dharmatrata等により仏教経典編纂が進むと共に、Ashvaghosha（一一〇頁所出とは別）のBuddha伝が成立し、(ハ)「経部」のKumaralataは「原Buddhaへの復帰」を主張して、伝統的な「〔法的な〕もの Dharmaの多元論」から「Dharmaも不断に生滅する」と説き、「外界諸対象の直接知覚」を不可能として「批判的相対論」への移行を呈示し(→Glasenapp)、

(iii)　遂に(イ)Nagardjunaが、Kantの「超越論的弁証法」に親近な弁証法によって、精神的な原・実体としての「梵」の一元論でなく、「其自体」での「有」をも「無(或いは非有)」をも説かぬ立場(「中観」)から事物としての有の真理を非実体的「空」の限定となす(「空観」)一元論を、すべての「限界」を超脱する「解脱」の「直接体験」に導く法哲学となした(→和辻哲郎)。(ロ)当時、Dharma-shreshthinは「有部」仏教を簡素に綱要化しているが、Aryadevaは「中観」から諸派を論駁し、之をRahulabhadraが継承したと伝えられている。この最後の者の所伝が不分明であることは、「中観」そのものの有力化の頓挫の反映であろうが(→中村元)、(ハ)Kumaralataの弟子Harivarmanにも「空観」の影響は明白で、「法〔もの〕の空、我〔自体〕の空、空の空」の順序で「空無の証得」すなわち「涅槃」に達すると説かれている。しかしHarivarman の著作も「サンスクリット」では伝わらず、シナ訳でのみ伝わり、彼とほぼ同時代の「中観」注釈者、Vasu, Pingara 等は、「中観」自身が特殊的契機となっているところの存在として次代への移行に在る。

III　中古後期（280〜589）

シナが「晋」の下に統一された頃、西のローマでは二八四年に「専主政」が、間もなく「帝国分割」も、始まるのに対し、インドでは三二〇年にGupta王朝的統一が成立し、三三〇年にByzantion〔Constantinopolis〕遷都の行われていたヨーロッパでは、三七五年、西方へのHun〔n〕人侵入及び「German人大移動」が起る。この頃全盛期に在ったGupta王国は第五世紀半にHun侵入の下で互解し、夙に解体していたシナ的統一は四三九年に「南北」対立時代に入り、三八〇年に「正教」信奉勅令の出ているヨーロッパでは、四七五年、German的侵入下に「西ローマ帝国」が名実共に亡んだ。そして東ローマと対抗するSasan的ペルシャが最盛期に達する頃、五八九年にシナの「隋」的統一が達成される。当代に、論理に於ける「本来性」に対応する法哲学が成立する。——「全体性」が揚棄されているところの自己媒介的現象が「本来性」、「本来性」によって媒介されている「其自体」が「内的」なもの、揚棄されている「内的」なものが「外的」なもの、「現象」は「内的」なものが「外的」になること（「外化」）であって、内的なものは外的なものに外的、従って其自身が外的、外的なものは其自身に外的であり、外的にならぬものは内的でなく、内的であるものは外的になり、其故「本来性」は「本質」の向自有である。——

(1)(i)　先ずシナに於て(イ)葛洪は、「天地の根本原理」＝「玄〔妙〕」に「冥合」するための「知足」・「長生」の法を説いて「道家」の「養生説」を採り、「道家」に対しては「普通の道徳実行」から始めることを要請し、(ロ)他方で仏教徒道安によれば、「現象」は「因縁和合」的存在であり、万物の「不変不易な本性」は「人間的認識を超越」し、従って「空」は「認識論的」に理解され（↓武内義雄）、(ハ)この状況の下で、普通の儒家の反・仏教論に対し孫綽が儒教的事理の立場から、「現実」的には両教は反対ではないとなして仏教を弁護した。

(ii)　社会的大勢力になっている仏教に於ても、(イ)慧遠が「空観」実践の「多様化」を説き、(ロ)「空観」を導入・促進した鳩摩羅什（Kumaradjiva）を介して、(ハ)僧肇に至って、万物は「真性」に於て定立され得るものでなく、或るものに「有」或いは「無」が「絶対的」或いは「普遍的」に述語されることはあり得ず、「道」は「直接的生の現実に在る」とされることになった。然るに既に寇謙之は、仏教をも参酌して教理を整備しようとしていた「道教」を修訂しており（↓武内義雄）、儒・仏教何れにも、其の「神仙道」の勢力拡大は軽視され得なかった。

(iii)　(イ)体系的な「文学概論」を著した劉勰（後年出家して慧地）は仏教学的教養に基き「道教」を排撃、又、仏教が儒教的「孝道」に反せぬことを弁じ、其の頃到来した菩提流支（Bodhirutchi）や仏陀扇多（Buddhashanta）等が訳経（特に、後述の「唯識」系の）を薦め、曇鸞は「空観」から「生即無生」と説き、「他力信仰」の「念仏」により「浄土」に生れるというシナ的「念仏教」を大成した。此岸的な事理的諸限定を捨象する彼岸的権威による直接的救済の信仰は、儒教には直接には有害ではなかった。(ロ)他方で、現実に即して「南北」に分派した儒教経典学のうち、徐遵明の代表する「北学」は「博覧」に長じているのに対し、皇侃の代表する「南学」は「老・荘説」を混えて「哲学的基礎付けの傾向」が在り、この対照訂傾向は、五四六年に到来して訳経に活動する真諦（Paramartha）が後述「唯識」の徒で『Vasubandhu 伝』をも著したことと相俟って、シナ仏教の反省的深化を促進する。(ハ)かくて智顗によれば、「空」は人間的認識及び表現を超越した実在であり、「仮（仮現的有）」も「空」も「真実在」の一面であって、この真実在が無・実体的な「中」なのであり、「南学」派に属しながら老・荘説を排斥する儒家、顔之推も、仏教が儒教と「調和」することを弁護し、終に、Nagardjuna の正統を自任する吉蔵は、老・荘を排撃して、「仮有」を否定し、「真実在」を人間的認識を超越した「空」となし、主観も客観も否定される認識論的立場から、「現象即実相」の「無礙自在」な「相即」・「並観」の「肯定的弁証法」を説く。事理的諸限定の捨象は事理的各限定の法的承認となった。

(2)(i)　之に対して地中海世界では「創造」乃至「流出」による限定の反省がこの反省の限定を発展させ、(イ)クリスト教徒では、Arnobius は「学的に未熟」であるが、Lactantius はクリスト教説及び世界観の初の「体系的総括」を試み、A[r]rius〔Areios〕はクリストに於ける「神性」を否認して教義統一を動揺させ、かくて Eusebios（Kaisareia〔Caesarea〕の）はクリスト教的自覚を媒介する史的諸淵源を総括し、(ロ)「新 Platon」学者としては、Alexandros（Lykopolis の）が Mani 教を駁し、Jamblikhos の多神論的教義学は Plotinos の「一者」の上に「不可言表的一」を樹てて「三肢」体系的方法を導入、「三肢法」を発展させる Theodoros（Asine の）は、「神」は「非・物的」、「神概念」は「生得的」となしつつ、「経験主義」的契機により「懐疑」主義へ傾き、(ハ)一方では Makarios が「隠修士」として「実践」に献身し、他方では、伝統的学説を「折中」する Themistios は、「Platon 的」よりも「Aristoteles 的」でクリスト教徒にはならぬが、「諸宗教総ては同じ神を違う呼称で拝む」となし内的同一性に拠って「寛容」を説き、「新 Platon 的」「流出論」に親近なMarius Victorinusは晩年クリスト教徒になって神学の哲学的基礎付けに努力し、Athanasius〔Athanasios〕の登場したクリスト教学に於ては、「Arius派」に反対するHilariusが正教的統一に努力するのに対し、Eunomiosは「Arius説」を「学的」に擁護し、Gregorios（Nyssaの）が、「神秘説」的半面を有ちつつ、教理（就中「三一性」）を「理性的に基礎付け」ようとした。

(iii) (イ)之に対して第一に、「Athanasius説」を採るAmbrosiusは、Ciceroを尊重して、「目標は彼岸の至福、徳は其の覚悟」と説き、東方教会でもJoannes Khrysostomosは信仰の「道徳化」で厳しく、かくてPelagius〔Pelagios〕は「原罪」を否定し、人間的「意志自由」を主張し、「禁欲的・道徳的生」を勧めるが、第二に、Augustinusは、「創造主」と「被造物」との距離意識の強化する思想発展の「後期」では、「意志自由」を単に「言葉の上でだけ」存立させ、「賢者」達の「古典古代」的理想を撥無し「神の為に相対化」する「恩寵」的「予定」説に於て、「自己確信的な内面性」（意識の自己確信）の原理と「規制原理としての教会」との「対立の統一」の具体化（彼に於ては精々、「三一性」思弁に於て「神と精神」が「同一」でも「異他」でもなく「相互に対応している」とされるにすぎぬが）に、近代の史家なら「動力因」的に説明することを「目的因」的に解釈することを通じて「統一的性格」を与え（→Gilson）、「実体」を指導概念にし「自足」的「根拠」を認識しようとする彼には、「可視的自然を超出する」ことを目指さぬ「自然学」は「非難されるべき好奇心」にすぎぬが、而も「理性」と「真な生」とが凡そ人間自身のものになるべきなら「彼岸でのみ」であって、彼の、人の生死に対応しているだけの「原始的且つ非学的」な世界史区分も、飽くまで「最悪観」的な「歴史哲学」に対応している（→Flasch）。しかし第三に、「新Platon派」に於ては、Pl[o]utarkhos（Athenaiの）はPlatonとAristotelesを「折中」しようとし、晩年クリスト教徒になったとしても「名ばかり」だったと推定されるMacrobiusはPlatonとCiceroとの「調和」を志し、SyriianosはAristotelesをPlaton研究の「前段階」として認めるが、寧ろPlatonとPythagoras, Orpheusや「カルデア神学」等との「和合」を試みるにとどまり（→R. T. Wallis）、(ロ) Alexandreiaに於て「新Platon的」Hypatiaがクリスト教的暴民に惨殺される時代、第一に、彼女の弟子であったが教会の役職に就くSynesiosは、「新Platon的」にクリスト教を反省して、「神」は「諸統一の統一、諸単子の単子、諸対立の無差別、一且つ全」となすと共に、「純粋な真理」は「少数者」にのみ認識され得・「大衆」には「神話」的隠蔽によって近づけられねばならぬ・と考えており、「新Platon的」Hieroklesもクリスト教との「折中」を計り、「新Platon的」クリスト教徒Nemesiosに至って、Aristotelesにも理解を深めて、クリスト教より寧ろギリシャ的学に基いて、最初の「クリスト教的人間学」を著し、「古代精神」の統合によって異教徒の改宗に努力する。尤も第二に、クリストに於ける「神性と人性との同居的結合」を説くNestoriosを反駁するKyrillosに反論するTheodoretosを以て「ギリシャ的護教家達」の時代は既に終っており、「七学芸」を説いているラテン的「百科学者」、Jambikhos的「新Platon家」Martianus Capellaは、クリスト教徒にはならなかったが、「Augustinus的諸同期を卑俗な護教論に改作」したOrosiusの「世界史」は、クリスト以後人類は幸せに向ったという「クリスト教的自己感情」と「ローマ帝国の偉大への誇り」とが結合している見本であって、第三に、古典的教養努力を勧説するClaudianus〔Mamertus〕は、「霊魂の非・物体性（非・局性、非・量性）」を「新Platon的・Augustinus的」に「論証」しようとして、「新Platon的な霊魂形而上学」の媒介者になる。(ハ)然るに「新Platon説」を完成するProklosがHegel的「精神」に親近に具体化する体系は、「原・本質」からの「力」的原因性の自覚的に方法的な「三肢法」に基くが、之が

「神々」乃至「知性」の其としては破られている（9×2×7）ことは、ギリシャ的のみならずオリエント乃至カルデア的伝統をも統合する「現実性」に由来すると共に、彼の自覚的絶対性も究極的に自己揚棄的である。Platon 的「造物主」と Aristoteles 的「神的知性」とを同一化する彼の「原・本質」は、「其自体での一者」・原「一者」、「根本原因」且つ原「善」であるが、真には之等本質性をも「有り」をも超えて不可認識的・不可言表的で、「類比〔類推〕」によってのみ近づける「否定的」なものであり、彼が導入して「個体的」実在性を論理的に確保した所以の神的な「諸〻の単一者 Henades」すら、かかる本質的限定を有つ。すなわち彼の絶対者は絶対的否定的、彼の法哲学は「否定的神学」的である。従って、「愛」・「真」を揚棄する「信」に究極する人間的精神の「神秘主義」的「脱我入神」を説く彼の法哲学は、「悪」を「善の単なる欠如態」とする「神義論」の「最良観」的世界像にも拘らず、同時に「最悪観」的であり、彼の「弁証法」的精神は「思弁的」絶対性の法的自覚ではない（→ Beierwaltes）。

(iii) (イ)今や第一に、「新 Platon 派」に於ては、Asklepiodotos では「醒めた科学性」と「神秘的宗教性」とが混在し、Aeneias から Prokopios に至れば、先人達の遺産の集成・継承にとどまり、他方では第二に、Gelasius は既に、ローマ教会のための「中世的」「両剣論」の出発点を与えており、第三に、Proklos の著しい影響下に在る〔Pseudo-〕Dinysios Areopagites によれば、名づけられ得・思惟され得る・ものは「神的一者」の「現象」であり「神的一者」そのものではなく、「否定的神学」が「肯定的神学」の真理であって、空虚な彼岸的完全性に於ては「諸対立」が「合一」している故に、「神的一者」は「平和」であるけれども、此処には「神を写している人間的精神」の「形而上学」は全く欠如し、Proklos 的「本来性」に於ける「復帰」は「彼岸」へ延長されてしまっているのみならず、後述の Boet[h]ius の「世界関連」及び「科学親近性」も欠け、「物体」に対する「精神」の優位と「諸精神の位階制」とは「Byzantion 的官吏国家」のクリスト教的反映を想わせるにすぎぬ（→Flasch）。(ロ)之に対し第一に、本来の「新 Platon 派」でも、Ammonios Hermeiu は余り「思弁」には傾かず「醒めている」が、「神秘」説的な Damaskios によれば、「絶対」は「物自体」的で、「概念的導出」も「悟性的」でなく「類比」であるにすぎず、彼と共に“Akademeia” 閉鎖後にペルシャへ亡命し後にギリシャへ戻る Simplikios は、「クリスト教を攻撃した最後の Platon 家」であって、すべての哲学者達は「同じ一つの真理を様々に告知」しているという理由から「Platon と Aristoteles との対立」を弱めようとするが、第二に、クリスト教（「改宗」でなく「生来」）的・「新 Platon 的」神学者 Joannes Philoponos は Platon と Aristoteles との「差異」をも力説し、Proklos に対して「無からの神の創造、自然法則賦与」を説く神学にも拘らず「純粋な哲学的研究」を為して、「クリスト教的 Aristoteles 主義」の最初となった。これに対し第三に、Platon と Aristoteles は「根本的共通性」に即して理解されるべきであるとする Boethius によれば、「根源」をのみならず「目標」をも認識せねば、「不正・不法」を「強力・幸福」だと思うことになるが、この、クリスト教徒ではあるが、古典的価値観を有ちローマの継続を疑わぬ「ローマ的保守派の自己意識」の法哲学には、クリスト教も「選び」も「恩寵の予定」も登場せず、「社会的最悪観」（「愛」は「宇宙論的な秩序原理」であるが人間は「愛から生きる」ことをせぬ、という）が「有論的最善観」（不完全な世界は「完全」且つ「善」なるものの像としてのみ理解され得るから、「神」が存在せねばならぬし、「最高善」から考えられる「神」は「悪」を為し得ぬから「悪」は有らぬ、すなわち「欠如態」である、という）と、「認識の主観性」の明認が「否定的神学」的諦念と、一体である。(ハ)彼の非運とは逆に第一に、東方教会では、初め Constantinopolis の法官であった Zakharias は、クリスト教的

「世界創造」説の立場から Ammonios Hermeiu の「世界永遠」説を反駁し、「古 Platon 主義への復帰により新 Platon 主義を克服」し・クリスト教説を「純粋な理性の立場から擁護」する・という志向のもとに、教会史的・伝記的諸著作で教会的諸説を仲裁しようとし、第二に、イタリアで Boethius を承継する Cassiodorus の百科的・史学的教養及び其の勧奨は、当時では孤立的現象であり、後に修道院を創設したが自らは修道士にならなかった彼に対して、第三に、スペインで教父的・学的伝統を保存する Martinus（Bracara の）の主関心「倫理」の諸著作は、Platon の「四元徳」説の他には殆ど専ら Seneca に依拠して其以上の発展を示さぬ。後者が Cordoba 生れであったからではなく、ゲルマン的 Suevi〔〜ve〕人支配という環境がその関心方向を促したであろうが、当代クリスト教学の具体化の限界も此処に判明である。然るに、

(3) (i)　インドに於ては、「意識のみ」に拠る「唯識」説が、「否定的」を揚棄する「肯定的」な「認識理念の弁証法」に基いて（→末木剛博）、抽象的「精神」性に於ける主観及び客観の統一を其の根源から具体化しようとし、Nagardjuna の「中観」と共に「大乗」仏教の二大源流の一となり、(イ)其の最初の組織者 Maitreya を継いだ(ロ) Asanga により総合され、(ハ)之を「小乗」から「大乗」への自己揚棄を通じて具体的に大成した者が Vasubandhu である。尤も後者については「二人存在説」も「年代疑義」も未だ確定的には排除され得ぬけれども（→三枝充悳）、何れにせよ、

(ii)　ほぼ前後して「本来性」の限定に即して対立的諸派が体系化され始めており、(イ) Ishvarakrishna の「古典的」「数論（Sankhya〔Sam〜〕）」最初の体系は、「二元論」的に、「精神」と「非・精神」とを峻別し、両者を「原・本質者」から導出せず、「原・物質」（＝力実体）と諸〻の「精神単子」（無限に多数な）との「実在的結合」を排斥し、此処では、「進化」乃至「因果」は、或る新たな実体が、之を包む他の其の内に

「現象する」に至ることにすぎず、「神々」は「世界秩序」の枠内で一定の機能を果す「精神単子」であるにとどまり、「永遠な世界統治者」も存在せず、「事理」的には宇宙乃至宇宙法則と道徳秩序とで十分であり、A. Smith を想わす「賢者」は「単なる観察者」である。(ロ)之に対し、思惟乃至認識の自己反省に即して、Vatsyayana〔Pakshilasvamin〕は「正理」派を発展させ、Kundakunda は Djaina 教理を総括して数理及び相対性形而上学の論理を、Prashastapada は「種別論」を詳細乃至体系的に綱要化し、就中 Djaina 教の法哲学は、Umasvati によって「正見・正智・正行」に即して総括されて以後、殆ど不変になるが、仏教では、Buddhaghos[h]a が経典及び注釈を整備して教義の体系化に努力し、Sanghabhadra の綱要書は「有部」の「本義」＝「精神」を主張するけれども、論争は益〻盛んになる。かくて(ハ) Dignaga〔Dinnaga〕が、「譬喩」と権威的「聖言」とを独立の認識源として認めぬ純粋「演繹推理」を「無矛盾性」の論理により確立し、「唯識」説を、「外界」が「識の似現」で真には「非有」であるということと、「対象の認識」には其の「確認」が存在せねばならぬということに即して、自覚的認識の形而上学として具体化する。

(iii)　今や「唯識」説をめぐって、(イ)「祭事学」派の哲学的統一を志す Shabarasvamin は「唯識」説を排撃して諸〻の永遠な「個体的霊魂」の存在を主張するが、「応報」を「"Veda" に在る世界法則」に由らしめ得るにすぎず、本質的に仏教（就中「中観」）を取り入れ易い「Veda 奥儀」派は、Bhartrihari から Upavarsha, Bodhayana, Sundarapandya 等を経て、Bhartriprapantcha の「二而不二（不一不異、二元一元）説」に発展し、「修心」派の Vyasa は「唯識」説に反対しているが、元来「論理に親近」な Djaina 教では、最初の論理学を Siddhasena Divakara が Dignaga の影響の下に纏めている。(ロ)しかし仏教では、Nanda, Shankarasvamin 乃至 Asvabhava が「唯識」乃至 Dignaga 説を継承するのに対し、「有部」乃至

「経部」の Gunyamati, Sthiramati 乃至 Paramartha は依然古説に忠実に留まり、之に対して Buddhapalita 乃至 Bhavaviveka は「中観」を復興するが、Ashvaghosha（第二世紀の同名詩人とは別）は、「心」は「本来」的に「総てを蔵する総体者」、「不生不滅・言説超越の絶対界」で、之と生滅の「現象的相対界」とは「一体・不同不異」であり、この「根本識」の可能的絶対性が限定される所以の妄執を除けば、「唯心」の「真如」に帰する、と説いた。かくて(ハ) Dignaga 系の「唯識」説を発展させる Dharmapala が、「本性」と「現象」とを峻別し現像界の「差別」（「本性」の否定としての「存在」をも含む）を重視して、即自的「根本識」の「有」ることを認めた上で「現象分析」を展開し、「対象認識」の「確認」に更に之の「確認」（要棄されている自己限定としての認識）が加重されねばならぬと主張し、自覚的な法哲学としての法哲学的自覚を以て法哲学を具体化し（→宇井伯寿）、彼の弟子 S[h]ilabhadra の説と共に間もなくシナへ導入される。

四　中世（589〜1453）

短命な「隋」の後に六一八年に「唐」がシナ的世界の統一を確保した頃、「オリエント」ではMuhammad教徒が勢力を拡大し、間もなく世界的に進出、特殊的諸世界を媒介する“Islam”（「帰依」教）的・特殊的世界性に於て、世界乃至世界国民としての特殊的諸世界の絶対的否定性を現実にする。――世界史第二期の第三、「中世」（589〜1453）。（「序言」所述の趣意に従って、M. M. Sharif〔ed.〕: Hist. of Muslim Philosophy, I〔1963〕, II〔1966〕所収論文の挙示も後者の著者名だけによる。）

I　中世初期（589〜907）

イスラム教徒は六六一年にUmaya王朝的「アラブ帝国」を形成、六九四年に内乱を平定して外へ向い、彼等のヨーロッパ侵入は七三二年に阻止されるが、七五一年には「唐」軍に大勝し、以後シナの「西域」勢力は局限され、七五〇年に成立していたAbbas王朝的「イスラム帝国」に対して、七五六年からはAndalucíaの「西Umaya」王朝が拮抗、八〇〇年に「復興」したFrank的「西ローマ帝国」も間もなく分裂に向い、九〇七年には「唐」帝国も亡びる。当期の法哲学史が「論理」に於ける「実体性」に対応する。――向自有する本質は「本質と現象との統一」、「現実」であり、現実的なものが「事物」であって、揚棄されている現象としての現実的事物の抽象的な自己媒介が「実体性」、之は其の「同一性」に於て「可能性」、可能なものが「有る」こと、限定されている可能性の「有」が「偶然性」、自己の限定を通じて自己を媒介する「実体性」が「必然性」である。之に対応して――

(1)(i)　シナ（→仁井田陞）に於て、(イ)王通によれば、「古典的精神」の当代的把握の当代的適用こそ「普遍妥当的な道」であって、彼の、「老・荘」を「儒教的王道」へ・仏教をシナ的へ・の「三教合一論」は、「尚古反動」の精神と当代学芸の「峻烈な批判」との「二面性」に於て「儒教中心の近代感覚」を表しているが、(ロ)日本の歴史的現実に即して恐らくこの頃に「儒〔従って又、法〕・仏」等の諸家を摂取して厩戸〔聖徳太子〕が具体化しようと意図したであろう「人倫的統一の理念」は、「虚・仮」としての現世的実在を媒介する絶対的否定性の法的自覚の教学により裏付けされ得ており、然るに(ハ)シナに於ては第一に、道綽が継承した、「末法の時機に相応わしい」「念仏」の「浄土教」は、玄奘の伝えた「唯識」説を介して、善導によって、「念仏のみ」での「浄土往生」という抽象的普遍性に於て歴史的存在を捨象する救済教義の樹立に至り、第二に、儒教的精神にとって歴史的存在の法的自覚を権威的に媒介すべき儒教経典及び其の解釈の公権的統一〔六五一年の『五経正義』〕は、「南北経学の統一」を意図しながら、「大体に於ては」、「より哲学的」に傾く「南学」を採用しているけれども、自明乍ら「考試」用になる公定基準は「経学の発展」をも著しく阻害し、第三に、かかる歴史的限定を超える世界性に於て抽象的普遍的に法原理を概念しているものは、当代では仏教に在り、賢首によれば、「現象界」と「本質界」との相関に於て、諸〻のすべての現象が其等の精神性に於て「融通無礙」に「随伴・相入」しており、この精神性に於て真理が自覚され得、究極は「理」的絶対者としてではあるが、神格化される。

(ii)　(イ)仏教に於ては、限定が揚棄されているところの普遍的精神は表象的限定によって自己を媒介し、限定的諸仏を統合している仏の表象的具体化 "Mandala"〔元来「華環」〕と呪文とを介しての解脱を説く「密教」を受容し、善無畏（Shubhakarasimha）はインドから「正純密教」を、金剛智（Vadjrabodhi）は「南インド密教」を、シナに伝え、彼の弟子、不空〔不空金剛（Amoghavadjra）〕がシナ的密教を大成するが、之により思想としての法的自覚は、概念的具体性の揚棄によって自己の概念的具体性を媒介されるものになり、(ロ)権威的「経典」によって媒介される儒学では、李鼎祚・成伯璵を承ける啖助と共に、「欽定主義」に反対し権威的注釈を捨てて「経典の本義」を求めることが主張され、(ハ)陸淳に至って、就中『春秋』に即して伝統的諸権威（諸「伝」）を批判し、本来の経典の理解に基く「経学批判の経学」を具体化した。

(iii)　(イ)具体化する法原理に拠ろうとする儒学的新傾向を「代表」する韓愈によれば、老の道徳は「仁・義」を捨て空虚であり、仏教共々、「心の静」を求めるのみで、人間の「相生相養」を無視し、「君臣父子」の関係を離脱している。之に対して(ロ)同じ儒家でも李翶によれば、「人生」は本来「静」で「無悪」、動いて「情」を起せば「悪」が随伴するから、「情動」を止め「静」に復すべきであるが、彼にはこの「復する」ことが絶対なのではなく、「不動の道」が「誠」であり、之によって「心は寂静、天下は輝く」のである。此処に窺知される如く、孔・老両派も仏教諸派も今や同様に揚棄され得、この仏教的立場が(ハ)宗密によって主張された。彼によれば、宇宙の根源は「真心」的（故に「自覚」され得る）「実体性」であり、之の「現象性」が「相互否定的依存性」であり、之の法的自覚こそ「現実」的である。

(2)(i)　シナに対しインドでは仏教は没落の道へ入る。(イ)Vasubandhu及びDignagaに反論しVatsyayana説を発展させるUddyotakara乃至Matitchandraによって、「正理」乃至「種別論」も、Tchandrakirti乃至Djnyanaprabhaの「中観」も存続し、(ロ)DharmakirtiはDignaga派「唯識」説の「最後の巨匠」であるが、彼の、Kantを想わす「批判主義」の哲学的論理には、仏教衰微の「最悪観」的調子が明認され、之に対して(ハ)「祭事学」派のKumarilaは仏教（就中「空観」）を攻撃して「効用主義」を説き、同じ「祭事学」派のPrabhakaraは「正理・種別論」の「範疇論」を摂取して道徳の基礎を「先験的当為」に求め、「Veda奥儀」派ではShrivatsanka, Brahmadattaを承けてGaudapadaが、「空観」及び「唯識」説を採り入れ、世界が「全一的」絶対者に対して「幻」（「主観的現象」）的存在であり、「全一」的「自体」が唯一不変の実在、他の総ては「仮象」である、と説く。

(ii)　(イ)仏教でShantidevaが「中観」を説いても、Indrabhutiは「大乗」に対する「金剛乗」の「左道密教」を拓いて性愛の媒介力の主張に至り、Shantirakshita〔Shanta〜〕の「中観」はPadmasambhavaの密教と親近であった。現世的大衆性を意図して自己護持を計る宗教説は、精神を自然へ絶対者を表象諸像へ変態させて相対者への容易な結合を媒介する。之に対して(ロ)「Veda奥儀」派でShuka, Govindaを承けたShankara（「Shankara伝承」には疑わしいことが多いが、彼の「世界観の大綱は可成り明白」である）によれば、唯一確実な存在は、総ての認識の前提である「自己」、「永遠な現在」を本質としている実体的な認識主体自身であり、之が原・実体である。自己限定が揚棄されているところの主体性として自覚する実体的な絶対者、「全一的・絶対的精神」が、「幻」によって「相対知」（下級の経験的認識）に「二元」乃至「多」化し「実在」として経験的に「仮現」し、この「幻」化が揚棄され・「梵我同一」である「絶対知」が達成される・所以は、「経験」ではなくて“Veda”信仰による不断の哲学的実践である。「絶対知」は相対者により相対的にのみ達成される。この自覚的絶対者が「生」である限り、之には「不知」が「生得的」である。「善悪」をも超越する「絶対知」は究極的には「直覚的」であって、「死」に至り、「肉体」も滅んで「解脱」（「永遠な梵」）が達せられる。従って彼の「無宇宙論」は、揚棄される生の自覚に帰一する。然るに(ハ)生の肯定的絶対性を媒介しようとする仏教的思弁は益〻密教化し（→Dasgupta）、Shantirakshita 説は Kamalashila により承継され、「唯識」派的 Haribhadra も密教に親近であったし、Buddhadjnyanapada は「左道密教」を指導している。かかる「頽廃」に対して、社会的な法実践との連結を失わぬ Djaina 教に於て、其の「空衣〔裸形〕派」では論理学的反省が護持・推進されており（Akalankadeva, Vidyananda, Manikyananda）、其の「白衣派」では Haribhadra-suri が当時の代表的諸学説を「六派哲学」として集成した。

(iii)　しかし、時代は「人格神」論に傾いており、(イ) Vasugupta の「二元論」的「再認識」説によれば、「世界過程」は「全一的絶対者」（神 Shiva）の諸思想の客観化であり、人は自ら Shiva との同一性を「再認識」する修行により「解脱」し得、之に対して(ロ)「Veda 奥儀」派では、Shankara 的 Sarvadjnyatma〔〜muni〕に対して Bhaskara が、「梵」も雑多な諸現象も共に実在である（多分 Shankara 前の古説）と説いているが、Vatchaspati-mishra は正統祭司諸派の哲学の殆どを注釈解明して、其々を其の特殊的限定に於て承認し発展させることを通じて契機として揚棄する。彼によれば、「純粋な自体」（「我」）のみが究極的に実在的であり、究極的に実在的な自己現示的存在が原・実体「梵」であって、之が世界の「究極原因」であり、万有は限定的・実在的な現象である（→Dasgupta）。しかし(ハ) Kallata が Vasugupta 的「Shiva 教」を発展させるのみならず、Somananda は、Shankara 説を採り入れ「数論」説に従って神 Shiva の顕現過程を説いて、Vasugupta 的「再認識」説を学的に体系化しようとし、この教説は Utpala〔-carya〕に承継された。

(3) (i)　地中海世界に於ても、(イ)夙に Gregorius I は、「思弁的」及び「文献学〔言辞学〕」的問題を放棄し「修道院的倫理」（従って又「奇蹟」慾及び「聖者崇拝」）へ限定されて、世界史の「終」に立つという意識を以て、アングロ・サクソンに伝道させており、(ロ) Stephanos（Alexandreia の）と共に、Alexandreia で涵養されて来た諸学は Constantinopolis へ移り、Isidorus（Sevilla の）はスペインで、主としては聖職者教育のために、百科的抜粋集や、古ローマ的範に倣い辞書乃至史書を著して学を護持しているが、Maximus Confessor の「正統的クリスト論」（「〔神言の〕理がクリストで人になり世界を救う」）は「新 Platon」的「神秘説」と合体しているのに対し、(ハ)新時代を開いたイスラム教世界に於ては、教祖及び直弟子を別とすれば、以後の「イスラム」諸派の殆どの学的「源流」に亘る［al-］Hasan al-Basri は、可死的として生存する人間が敬虔な「禁欲」と「自己修養」及び「自己責任」とにより済度されると説いている。

(ii)　(イ)クリスト教界では、博学な Beda がイギリスで「中世的自然学」を開拓し、オリエントで Joannes（Damascus の）が古代的論理学を教会説のために体系的に利用し、倫理的に「自然」と「理性」とを同一化（「理性に適っていることは、我々にとって自然に適っている」）、Beda の居た York から Karl 大王の宮廷に来た Alcuinus〔Alchvine, Albinus, Flaccus〕が "Karolinger Renaissance" を開く。尤も、この「〔古代〕再生」は Karl 大王〔Charlemagne〕の政治的諸計画と結合されており、「自由学芸」の形式的な思考図式を「クリスト教的生と新たな政治的自己了解との諸問題へ適用する」ことであって、古代的教養の新採用の努力の精一杯の産物は、東ローマとの「競争状況」から生れた『カルル経書（Libri Carolini）』（ca. 790）にすぎぬが（→ Liebeschuetz）、之は、「古代世界」没落後のヨーロッパの最初の「神学・政治学」且つ「技芸理論」として、「西ヨーロッパ的合理性の最初の証言」である（→ Flasch）。(ロ)イスラム的世界では、Ghaylan〔Ghai〜〕al-Dimashqi 及び Djad ibn Dirham も抱くのと同様な考えから、Wasil ibn Ata が正統派に対し「合理主義の立場」から異を樹て（彼によれば、人間は「選択決断の意志」を有つ故に「責任」が帰せられ、「罪人」は「信・不信の中間的存在」である）、「離脱者 Mutazila[h] 派」を開く。しかし、(ハ)同時代の Djahm ibn

Safwanは「宿命論」を説いており、イスラムの世界国民化の状況の下での「具体的・実存的現実」の反省の交錯に対し（→Corbin）、ペルシャで改宗したIbn al-Muqaffa[u]は法王〔教皇Khalifa〕による宗教・法の管理の必要を説き、確かに彼は諸翻訳・述語により貢献するし、al-Khalil乃至Sibuyeh〔Sibawaihi〕によってアラビア語文法学乃至言語学は発展するにしても（→S. M. Yasuf）、既にギリシャ的学芸にも通じ「実体・偶有」問題に関してAristoteles批判を為してもいるDirar ibn Am[a]rは、「Mutazila派」の「人間的自由意志」を否認する。概念されている必然の概念が自由であらねばならぬという限定的絶対性の法的自覚はヨーロッパで発展する。

(iii)　(イ) Alcuinusの弟子Hrabanus Maurusの「古典学芸」的教養は、Fredegisusの「有論」的反省とServatus Lupusの緩和な深化とを受けるが、Radbertusの「弁証学」的な体系加工に於て主権威となるAugustinus説の継承は、Ratramnusの弟子Godescalc〔Gottschalk〕に、厳格な「二重予定」（「善人は永生に、悪人は永死に」）説の主張の故に在獄の余生を送らせた。この後者に対して「初期Augustinus」説（「実体的悪」は有り得ず、故に「神は関わらぬ」）に拠るJoh. Scotus Eriugenaは、就中彼の後期にはAugustinusにも対立し、「諸権威の盲従的継受の諸世紀を終らせ」た（「真の権威は真の理性と矛盾し得ず」、又其の逆であるから）。――彼の復興する「否定的神学」によれば、総てを包括する「一者」＝「神」は「超越的」且つ「絶対的否定的」で、自己限定（「顕現」）を通じて自己を媒介し（従って「新Platon的」「流出説」で「創造」は「改釈」される）、「神性」の「像」である「人間」は「神性の無限性に於て神性を代表」し、「全一的」・「不可規定」的・「超対立的」であって、総ては「人間に於て創造され」ており、「人間の思惟」に於て「自然的事物」は「其自身に於けるよりも真に存在」し、かかる「人間の本質」は「自己を知り且つ欲する」ことであり、正に其故に神は、人々が自己自身の間違いにより自己自身を罰することを欲した訳である。この「人間的自由の包括的世界像」に於て「一者」は「対立の統一」と解され「矛盾律」は「相対化」され、「哲学と宗教」は論理的・形而上学的に相蔽う。Kantを想わす彼の「超越論的」認識論に対する「範疇論」によれば、範疇的「最上類」である「汎〔全〕」は「静・動の統一」、「静止的運動且つ運動的静止」であり、之が彼の全哲学（彼の「自然」は「現実の全体」である）を貫いて統合している。Hegelを想わすこの「〔神〕理」の自覚的存在の法哲学が、Heiricus〔Eric〕乃至Remigiusに受容れられはしたが、やがて教会的権威により禁圧されるのは、自然の成り行きである。(ロ)之に対してイスラムでは、第一に、「神の愛に酔っている」Maruf al-Karkhiと、神を「真」と呼び「神秘修行家Sufi」と呼ばれた最初のAbdakとに、al-Muhasibi〔Harith〕, Sari al-Saqati, al-Bastami〔Bi〜〕の三人が続いているが（→井筒俊彦）、第二に、イスラム神学の枢軸（「Mutazila派」）に比較的親近なアラビア人al-Kindiは、「真理の普遍性」を信じ、イスラム神学と「一致する」（或いは「一致するべき」）ギリシャ哲学（特に「新Platon的」其）のイスラム的世界観的成形を開拓した。尤も彼は「神学」に対する「哲学」の「優位」を説かず、寧ろ「預言者」的「啓示」を上位に置いており、彼が「哲学者」に要請する「百科学識の体系的統合乃至哲学史的自覚」も、「経験知と精神哲学との、正統説と秘教的神秘説との、接合」の問題を残し、依然として第三に、「神秘修行道」も強力で、al-Tirmidhi, Djunaid, Halladjのうち特に最後の二人は其々インド的乃至ペルシャ的親近性を示すが、(ハ)イスラムの思想家達は西方よりも早く「啓示宗教とギリシャ的刻印をもつ自然知と哲学との宥和」の問の前に立ち、「イスラム法学」にも通じているal-Tabariの『預言者達及び帝王達の歴史』が当代無比の総合的世界史を呈示し、彼に学び「大旅行家」でもあったM. ibn Zak. ar〔al〕-Razi（彼に反論した神学者Abu

Hatim Raziではない）は、非宗教的・反秘教的な「理性」哲学を説き、総ての人間は「平等」、「預言者」なる者は「有害」となし、「自然哲学」から「原因」論を排斥して「実証的科学性」を尊重すると共に、「哲学」に「霊魂解放」の「救済」的意義を附与し、哲学の絶対性を「真実獲得」の「努力の道」に在らしめた。かくてもal-Farabiが、「Aristoteles を下部構造、新Platon的形而上学を上部構造」として、「自然」を超え其の根柢と結合する「精神的認識」に「世界関連」を有たせ、現実的な「本質認識且つ自己認識」としての「知性」は、世界を「神的必然の永遠な表現」になし、最後的原理「神」に基いて「イスラム的に全存在を改革する綱領」を与え、明白に因襲的宗教に対して「知性」的哲学を「優位」させる法哲学は、人間の「至福化」（「神への接近」）の説になる（→井筒俊彦）。

II　中世中期（907〜1192）

「唐」滅亡の直後、イスラム的世界ではエジプトにFatima王国が成立、東西フランクの分裂も確定した。成程九六二年には「神聖ローマ帝国」、九七九年には「宋」のシナ的統一が成立したが、両者は人倫的現実的に局限されており、「宋」と「契丹」とが和する一〇〇四年前後にはイスラム的Ghazni王朝はインドの一部に確立、逆に西では一〇〇〇年頃以後、西ヨーロッパの経済的・政治的・知的重点は判明にローマから他へ移っており、Seldjuq〔Sa〜〕トルコの勢力の興隆するイスラム的世界に対して、一〇九五年、ローマ的カトリク教会が「十字軍」を宣言した。シナ的世界に於ける「金」と「南宋」との対抗の地中海世界版は、一一九二年、「第三回十字軍」のRichard IとSalahudd-Din〔Saladin〕との和議で其の「前期」を終えるが、一一九三年には北インドのイスラム的平定が始まっている。当代の法哲学史が「論理」に於ける「因果性」に対応する。――媒介されている「必然」が「原因」、「原因」によって媒介されている限定的「必然」が「結果」、「結果」は限定されている「原因」、「原因」は限定されている「結果」であり、従って、因果的限定は「因果系列」を成し、この系列は「無際限」で、この「悪無限」に於て、ある因果的限定が他の其に、故に、他の其が他の其に、すなわち其自身になり、其自身として存する因果的限定は揚棄されている其自身であり、この統一が「自己原因」、自己の限定によって自己を媒介する因果性、である。――

(1)

(i) インドに於ては、(イ) Udayana が「正理・種別論」を「有神論〔人格神論〕」化し、「至上神」の存在を「論証」すると共に、従来の範疇的六原理に「無」を加えて七としており、之を Shridhara が継承、更に之を Shivaditya が統一的な「実在論的形而上学」の体系になし、(ロ) Bhasarvadjnya 乃至 Abhinavagupta も「Shiva 派」の「再認識」説の「救済教」を説き、(ハ) Nathamuni 乃至 Ramamishra が神 Vishnu の「救済教」を基礎づける。

(ii) シナの「五代」的「乱世」及び直後でも、「経学」的儒教は勿論全く衰退するし、社会的勢力を増大する仏教諸派も思想的には停滞するが、因果的限定を揚棄する絶対性の抽象の独断に即して、今や「隆盛」の「禅宗」諸派で（雲門）文偃、（法眼）文益、（大陽）警玄が際立つ。

(iii) 因果を具体化する絶対性に即しては地中海世界に於て、(イ) 先ず Gerbert（Aurillac の）が、「理性的」なものを「神」でのみ「純粋な現実」、「時間的諸存在」では「偶有」的（従って、他により媒介されている）となし、「アラビア的科学」を摂取して「数学」及び「教会的教育学」を進め、論理と「弁証学」を説いており、弟子 Fulbert は「弁証学」に「慎重」を要請しているが、Anselm（Besate の）と共に「弁証学の絶対化」が始まる。之に対し(ロ) イスラムでは、第一に、イスラム諸学派の「学説集成」で有名な al-Ash-ari が、折中的「Mutazila 派」よりも「理性」の意義を認めつつ、「理性より啓示」であり・人間の行為する力は「その都度神により創造」され「獲得」される・と説き、「神秘修行家」である Ibn Masarrah の「照明学」的教説は「新 Platon 的」・「新 Empedokles 的」な「宇宙論」的内容を有ち（→ Horten）、Djabir ibn Hayyan の・「錬金術」と宗教哲学とを合体した・「秤の学」は、自然学の「量的体系」をのみならず「秘教的」要素と「非・秘教的」其との関係をも解明しようとする「秤の体系」に於て、「文字の秤」を最高に置いており（→Corbin）、かかる比量的限定の法的自覚は其自身としての限定をも媒介されねばならぬが、この媒介に即して第二に、表面的乍ら論理学にも通じているAbu Sulayman al-Sidjistaniは「哲学史」を著し、同じく「哲学史」を著すal-Amiriは、Aristotelesを注釈し政治・社会への関心を深めて「宗教と哲学との調和」を志し、「イスラム世界で初めて」「知性・知的対象・知的作用の合一」を説き（→Nasr）、「純正同胞会Ikhwan-[a]s〔al〕-Safa」（其の「教書」の著者達のうちでは就中Abu-Sulayman al-Busti〔＝Muqaddisi, 〜dasi〕他）の「神秘説」的・「新Pythagoras的」傾向の有る「折中」的「秘教」に於ては、「人間の自己認識」が「神を知ることへの正しい道」であると説かれ、第三に、「神学及び哲学にも」通じている言語学者Ibn Djinni〔al-Mazini〕はアラビア語を学的・構造的に確立し、神学に於ても限定的体系化が進んで、「Ismail派」のAbu Yaqub Sidjistaniは「歴史哲学」的に「象徴的」実在の「秘教」的根拠を（→Corbin）、al-Baqillaniは「Ash-ari派」神学の最初の教義体系を、Abd al-Djabbarは「Mutazila派」の「整然たる」教義体系を著し、かくて、科学（就中、数学・天文学・光学）者として有名なIbn-[a]l-Haytham〔Alhazen〕は、AristotelesやGalenosを研究した上でAristotelesを批判し、「三段論法に於ける帰納の役割」を重視し、「知覚と反省との間の関係」を研究して、「連想」及び「統覚」を指摘し「統覚」作用を「無意識な推論」となし、「物体性の奥行き」の意識に「判断」による補完を必要となし、理論的「叡智の成果」を著している（→Horten）。「懐疑主義」から「一種の批判主義」へ移行し、理性による理論的制約を示唆すると共に「知性と経験」・「合理主義と経験主義との宥和」を計る彼の法哲学は（→H. Z. Ulken）、具体的には不分明となってしまっているけれども、al-Farabiを継承する法哲学の自立の進み得ている状況は判明であり、(ハ) Ibn Miskawaih〔Maskuyeh〕の「哲学的神学」はPlaton的倫理学（「道徳」体系）・比較民族論・イスラム世界史に結実し、インドのを含む文化全般に亘り博学な al-Biruni（→ C. A. Qadir）は、「人間」には「預言者」により「神の掟」が樹てられねばならぬということを「批判的」「歴史哲学」（といっても、時代の邪悪化、災厄の到来、預言者の出現、という古来普通の図式に従うにすぎぬ）で具体化しようとし、終に Ibn Sina が、Aristoteles 的形而上学を、有らぬことであり得ぬ・其自身によって「必然的」な・もの即ち「神」の学として、純粋な「有」でもある Plotinos 的「一者」の学と統一し、「神的一者」のうちに自らの「根拠」を看取する「知性」の自己具体化（「創造」過程）を「必然性」の観点で統合し、之が揚棄されているところの哲学を「有害な諸誤謬からの治癒」となすが、この「新 Platon 的」「Aristoteles 主義」の形成は、自己を「真のイスラム」と同一視・融合する哲学的「神秘説」と表裏しており、後者は、生死の世界を超越する絶対的自由の英知を説く「東方哲学」を具体化するに至った（→ Nasr）。既に、「必然性」に即して彼が体系化する形而上学に於ける、絶対者の「存在論」的主張が、「セム的一神論」の宇宙「創造」説に即自的には「正面衝突」しており、「空中浮遊人」説に於て不可疑的存在として定立された「我」は、形而上学が揚棄されているところの「英知的自由」に於て、現存諸資料から窺知され得る限り、「光」乃至「純粋形相」の世界へ向う「神秘哲学」的主体性として自覚される。この、揚棄されている媒介（学的区分は2×4）として自己を媒介する主体性に於ける「統合」は、「実存的」ではあるが、自己媒介の法的自覚の具体化にはならぬ。

(2)(i)「因果」が「絶対的実体」の「様相」であり、其故に「絶対知」により「解脱」が実現され得る、という傾向の元来強いインドに於ては、「Shiva 派」の「再認識」説の Kshema-radja と、「Vishnu 派」の救済理論の Yamnaatcharia と、更に「Veda 奥儀」派の Yadavaprakasha とが現れ、後者によれば、事物は「因」又は「類」としては「不異」、「果」又は「種」としては相互に「不二」であり、原・実体「梵」は「転変」しても尚其の「本性」に留まり、「意識」・「無意識〔な物〕」・「神」は「梵」の異態で、互いに異る実体ではなく、「解脱」は「真知」と「祭儀の所作」とによる。正に此故に、この「真知」は限定されねばならず、彼は次出の弟子 Ramanudja の批判に服して改説する。

(ii)　地中海世界に於ては神学的限定の批判的反省に即して、(イ)第一に、イスラム的世界で「Ash-ari 派」の神学者 Abdal-Qahil-ibn-Tahir〔al-Baghdadi〕が諸宗派の「批判」を為し、同じく al-Qushayri は「神秘主義」についても詳解し、スペインで Ibn-Hazm が「比較宗教学」を著して、「聖典」については「字義通り解釈」主義を主張するのに対し、「認識論的関心」を有つ al-Djuwayni〔Djo〜, 〜wai〜〕は「擬人神観」的用語の「比喩的解釈」を是認し、弟子達の自由な研究・討論を励ますが、最後には「老女の信仰の固持」を説く。之に対して第二に、神学的限定を媒介する理性に即してヨーロッパでは、先ず Berengar〔Tours の〕が、「理性」こそ我々が「神の生写し」である所以のものであり、「弁証学」すなわち「形式論理」が「信仰」に整合的に適用されるべきことを説き、次に之に対して「懐疑的」な Petrus Damiani は「矛盾律」の「絶対的妥当」を斥け、世俗的学の謂わば「奉仕的」な関係〔後に所謂「哲学は神学の婢」〕を主張、之に従い Otloh の「反・弁証学」は既に世俗的諸学から完く離反して神学・詩・史でのみ活動するに至り、「弁証学」と「神学」とを調和させようとしていた Lanfranc も、修道僧になってからは「自由学芸」就中「弁証学」を押戻して、「人間の思想」でなく、「神の言葉」を学の基礎にしようとするが、終に、「王権の基礎づけ」として「従属契約」を樹て「教皇権のための悪王放伐」を正当化する Manegold は、「弁証学反対」を穏和化する。然るに第三に、「皇帝教皇制」的東ローマでは、政治家として活動した博学な Psellos は Aristoteles より Platon を高く評価しており、スペインのユダヤ系「詩人哲学者」Avicebron〔Aben-cebrol, ben Gabirol, ibn-Gabirul〕の Plotinos 的「流出説」は、「神の意志」に始まり「自然」に終り、「知」と「行」とが「霊魂」を「自然の捕囚」・「闇」を脱して「根源」へ帰らせることになっており、此処には「神的干渉」も「聖書引用」も無い。イタリアでは Constantinus Africanus はギリシャ的・アラビア的科学（「医学」）を導入し、彼の頃に「経験的な自然研究」も再興している。かくて(ロ) Anselm（Canterbury の）は、「信仰と理性との統一」（少くとも教説に関しての「理性の全能」への信頼）に基き、「神の存在」の「有論〈本体論〉的照明」を創始し、「正義」をも「正当性そのものの意思」として概念した。之に対して(ハ)イスラム的世界では、al-Djuwayni 門下から出た al-Ghazali が「敬虔な懐疑説」から、Hume 乃至 Kant をも想わす仕方で、「理性」が自らの諸原理（「因果」原理の如き）を「神」へ適用する権利を駁するに至った。「神学的諸動機からの形而上学批判の見本」を示した彼が「内的危機」克服のため「修業道」へ「転向」する一〇九五年は、「十字軍」宣言の年であり、一〇七五年の「叙任権」紛争以来「政治と学」が「より強度な関係」に立つに至っていた結果、其までは難ぜられていた「武器との附合い」が「クリスト教的伝道と教皇的世界支配との目的のための手段として神聖化された」のである（→ Flasch）。

(iii)　既にシナ的「事理」では、(イ)第一に、儒教経典学に於て胡瑗は「理」を解釈原理とし、孫復は「儒聖」の「歴史批判的精神」を強調し、范は「義・理」を説き、かくて第二に、石介が「仏・老」を排斥するのに対し、契嵩は「心即理」・「儒仏一致」を説き、邵は「道家」に親近に、物の「理」を以て物を観るべきであるとなす「客観主義」を以て、「数の哲学」によって、「無限量」への数の拡張に即して「宇宙論」を展開し「事理」全般を解明しようとし、之に対して第三に、周敦頤が「四書」により儒教の「精神」及び「学統」を再興しようとし、宇宙現象は「太極の生成」、其の作用が「道徳仁義」、其の「中（和）」が、従って「静」乃至「誠」が、法哲学的原理であると説く。この「生成調和」説が明かに「道家」乃至仏教説を摂取統合しているのに対し、(ロ)欧陽修は儒教経典のうち『易』・『中庸』を排斥し、「春秋褒貶の義」、歴史乃至現代の倫理的批判を説き、彼の志向を司馬光、蘇兄弟乃至劉兄弟が承継するが（→武内義雄）、(ハ)張載によれば、一の原・実体性（「気」）の「聚散」（「太虚無形」から「有象」を経て「無形」に復する）が「道」（「太和」）であり、「聚散」に於ける特殊化に従い「正偏の差異」が生じ、この偏異を直すのが「修養」の根本であり、程明道によれば、原・実体性「気」の本質は法的であって、「事理」の原理は、「陰陽の消長」の「天理」（「天地生々の理」）に従い「気の偏正」が揚棄されることであり、「仁者」は万有と「一体」であらねばならず、かくて程伊川によれば、実在的「現象」と「本質」的「理」とは本来的に一致し、「万象の差異」は一の「理」の特殊化（「分殊」）、「理」と「気」とは「本来一体」であって、其故にこそ「修養」により「理性」に帰し得る。従って「修養」の「悪無限」は、揚棄される否定的主体性であることになり、反動を媒介する諦念であらねばならぬ。

(3)(i)　終に絶対的「因果性」乃至「自己原因性」に即して、先ずインドでは、(イ)恐らくイスラムからも示唆を得た「Vishnu派」的「Veda奥儀派」のRamanudjaの「一神崇拝」的「救済宗教」の「実在論」的基礎づけによれば（→C. A. Qadir）、原・実体性「梵」は無限定な絶対的精神ではなく、「精神的」と「非精神的」とを「属性」として具備し「性質」を有つ「最高神」的実在であり、「全一的」神は、総てを包括する「有」ではなく、諸〻の「個別霊魂」及び「無生物」を諸「質」として持つ「超越的な人格神」こそ世界の「質料因」且つ「動力因」であって、あらゆる事物は「神の形式乃至様相」である。(ロ)他方で、「徹頭徹尾多我説」に立つDjaina教の著名な綱要を著した「白衣派」Hematchandraの、「道徳的」な「精神純化」に基く倫理説は、Gudjarat国王の政治へも大きな影響を与えた（→Dasgupta）。しかし(ハ)Shankara派のShri-harshaによれば、すべての哲学的諸体系は自らの諸原理のうちに解決前提を含む故に不十分で、真には全世界は不可説明的であり、唯一確定的なのは我々が思惟するという事実であって、思惟が原・実体、唯一の実在であり、「絶対的精神」の他は一切が虚妄である。これに対し、彼を反駁して「新・正理」派を確立するGangeshaに於ては、「形而上学」が全く退いて論理及び認識論の個別的諸問題が前面に出、彼等と異りShrikanthaが、Ramanudja説に倣い「Shiva派」を基礎づけて当代の終を示す。

(ii)「南宋」へ局限されるシナ的「事理」的発展に於ては、(イ)鄭樵・洪邁・程大昌の博覧考証の経典史学に対し、(ロ)朱が、経典学により媒介されて、普遍的事理の道徳的反省と歴史批判的な「大義名分」闡明とを法的自覚的に統一、「道学」を大成するが、(ハ)この「道学」者流を罵倒する陳亮の「事功主義」は、「動機主義」に対して「効果主義」に傾き、逆に陸九渕によれば、一つの「理」が無限な宇宙と人間とに遍在し、すべての「心」は同じ「理」を具有し、「心即理」の故に「心の修養」こそ「理」の自覚法であるが、朱にも親近な張栻と朱・陸を調和しようとした呂祖謙とは共に法哲学的具体化を果し得ず、葉適は「道学」的儒教に反対し、「道」は生動的現実に即することであらねばならぬということから、歴史的現実に即する具体的「経世」策を説く。

(iii)　この第十一世紀末から第十二世紀（「十字軍の世紀」）の地中海世界に於ては、正統教会にとっては諸〻の「異端」闘争を通じての自己擁護の喫緊な世紀であり、(イ)先ず抽象的に「普遍」の実体性についての論争に於て、第一に、Bernard（Chartresの）は不朽不変の諸「理念」を「実在的な普遍」と考えるが、Roscelinの「唯名論」は真に現実的なのは「個物」だと主張、Guillaume〔Guillelmus〕（Champeauxの）は極端な「〔普遍〕実在論」を修正し「個物に於ける無差別者」の実在を説いた。しかし第二に、Adelardの「実在論」にとっては、個物自身が「実在的普遍」であって、「類・種・個」は「感覚的なもの」の「観られ方」によって生じ、単なる「権威」がでなく「理性」が決定的であるべく、かくて彼はギリシャ・アラビア的科学、特にアラビア的経験知の導入に寄与した。他方で「Platon的」ユダヤ人Bachjaによれば、「心の務め」が「学的」思惟を要求し、「神の証明」を知るのは各人の「義務」であって、「心の義務」が「道徳」を体系化させるが、同じく「新Platon的」Josef ibn Zaddikにとっては「神」は「不可概念的」で彼の存在が「確信」されるのみであり、当時のクリスト教義を通俗的・素朴に体系化したHonoriusは、「否定的神学」的思惟の克服のためには、「教会権優位」の「修道院的」な聖書解釈に基き「神」・「天使」等の「美」・「得も言えぬ甘さ」をしか持出し得ぬ。之に対してGilbert（Porréeの）は、「〔普遍〕実在論」を採るが、彼によれば如何なる範疇も「神」へ適用できず、「神学」から「哲学」は分離されるべく、あらゆる学の基礎に在る諸原理の洞察（〔哲学〕）は「帰納的・経験的方法」を自覚的に容認する。かくて第三に、Abaelardus〔Palatinus（Palet或いはPalaisの）〕は、「弁証学的練達及び方法的懐疑」に基き、「〔普遍〕実在論争」で所謂「概念実在論」を採り、人間存在的言語理論（言葉の普遍的内実の指摘）に拠って、「有論」と「範疇論」とを合せる「弁証学」の論理によりPlatonの「理念」説を就中「三一性」に即して高く評価すると共に、「主観性」（蓋し今や「客観性」は「課題」と考えられるから）従って又「自己意識」を原理として「良心」倫理及び「道徳性」の立場から「自然宗教」の概念をも表明した。彼の連繋している「新たな社会的力及び心性」は、他方では教会法学者Gratianusにより「私的所有」が倫理的に「正統化」されるに至っていたところの教権に於ける神学的「権威」の「危機」をも制約しており、(ロ)第一に、Bernard（Clairvaux の）は直接的・主観的「体験」を重視し、「知のための知」を排して「知」が「教化」に奉仕すべきことを説くが、「学」を尊重し「確認されたものの固持」を要請し、Hugo（St. Victor の）の「神秘説」も教説の「体系的総括」を志して「教養綱領」を提示し、かくて Petrus Lombardus の、自立的な理論形成の殆ど無い「論理的にも軽率な」「四分法」的『章句集成』が、高い評価を受けて通用する（→ Grabmann）。しかし Guillaume（Conches の）は当時のヨーロッパ的学識を体系的に総括し、神学的諸反論に対し整合的に「自然的」「世界説明」を与えており、「神秘説」に属せしめられるのを常とする Richard（St. Victor の）も、「愛が第一、智は第二」となすけれども、百科的学識に基き「原子論的物質論」を説き、「神」は「論理的不可能を為し得ぬ」と主張し、かくて Thierry は、「形式学と実質学」（或いは、「人本主義」的「古典解釈」と「自然研究」）の統一を志し、前世紀の「最悪観」に対し「新たな理性」を信頼し、「新たな学者族」を待望する。彼によれば人間は「智慧」の能力が有り、「智慧」は「有るところのものの真理の十全な把握」であって、「伝統的権威」は不十分であり、Aristoteles の「論理」及び「分析論」を初めて十全に利用した彼は又、「総合的な世界成立理論」をも「自然内在的」に与える（「神」が「天地」すなわち「四大」を創った後は、純「自然的」・「因果的」に、「原素粒子」の運動の仕方に従い「機械論」的に説明される）（→ Flasch）。之に対して、明晰に認識され得るのは「霊魂」でも「物体」でもなく「神」であり「霊魂」は神性の「像」として総ての「像」を有つと考える Isaak（Stella の）は、Aristoteles 的な論理及び認識論の上に「新 Platon 的」・Augustinus 的「照明学」を独断的に重層し、Aristoteles 的「論理」は Otto（Freising の）では Augustinus 的「歴史哲学」と共存し、「論理」で Aristoteles を基準にし「経験主義」を採り「有用」を重視する

John（Salisbury の）〔Johannes Saresberiensis〕は、「理論」では「概念的明晰」を・「実践」では「神意」の「恩寵」への依存を・主張して、「人本主義」的・「イギリス的啓蒙」的に、「教会権優位」に基く「黜王権」（「教会哲学的心術による宮廷茶番の征服」）を説いた。今や第二に、「向自的」に具体化しようとする神学は、Alanus により「公理」からの体系化が試みられるが、之に対して、哲学は「〔旧約〕聖書」に含まれている（故に「聖書」は「比喩」的に「解釈」されねばならぬ）と考えるユダヤ教徒 Maimonides も、「神」に用いられる総ての名辞は「神の本質」を表現せず・単に其が「神を原因とする」という意義を有つにすぎぬ・という限りでは「否定的神学」を説くが、彼によれば、「神の諸作用〔結果〕」は認識され得、「神への愛からの自発性」に「人間的な意志自由」が認められるのみならず、「事柄」自身である「実体」的主体性（「知性」）という「神と人間との共通性」の故に我々の「知性」は「神」の其を認識し得、「精神」的認識としての「思惟を思惟する」ことが「神の本質」を思惟することになり、この限りでは「否定的神学」は揚棄されており、Nicolaus（Amiens の）はクリスト教神学を「Eukleides 幾何学の方法論的図式」に従って体系化したが、初めて「倫理の体系化」を為した Radulfus Ardens は前クリスト教的諸権威（就中 Cicero 及び Seneca）にも依存し（→ Geyer）、Joachim（Floris の）の歴史哲学は、教会の如く「二」でなく「三」時代説（「三一性」に対応して「旧約・新約・第三の時代」）を説き、第三の時代を「平和と愛」の其、自らの其を第二すなわち「過渡期」となし、クリスト及び教会は、揚棄されるべき歴史的相対性に於て法的に自覚されるに至っている。かくて第三に、自己の絶対性を意識する新時代的「知性」は Eriugena 説を復活し、先ず Amalrich〔Amaury〕（Bêne の）によれば、「創造者」と「創造」とは同一、「神」は総ての「被造物」の統一的本質、「世界形式」であり、一切は「一」であって、この「一者」すなわち「神」へ帰り之に休らい、

「善悪の区別」も存在せず、今や「聖霊」の時代に於ては、「聖霊」の在るところのものは「自由」・「神」であり、心術的な神認識だけで十分なのであり、David（Dinant の）によっても、「神」と「質料」とは（「有る」ものとして）「同一」であり、「動力因」と「質料」とは「統一」され、「第一質料」は「高次の知性」なのであり、Amalrich を承けて Radulfus de Longo Campo は、Aristoteles 及びアラビア哲学が「新たに波打つ」ところの「広汎な学区分」に基いて人間の「脱我」及び「神化」を説くに至る（→Grabmann）。(ハ)イスラム的世界でも第一に、スペインに於て Ibn-s-Sid は、哲学と宗教とは「同一真理」を「異る方法」で求めるとなして、「唯一者」から「新 Pythagoras 的」に10×3段階の「流出説」を展開し、Al-Nasafi 及び Ibn-Tumart の伝統的神学も al-Shahrastani に至って、「哲学大全」的神学が「新たな概念及び方法」で「宗教史及び哲学史」を再構築するが、之が判明に「反 Ibn-Sina 的」であるのに対して、Ibn Badjjah〔Avempace〕は al-Farabi を継承して「純粋思惟」の「知性論」を認識乃至自己意識の発展の諸段階に於て構成しようとし、之が正に「上流階級」の退化に対する「倫理的抗議」の理論的裏付けであった（→al-Masumi）。しかし、第二に、Ibn Tufayl〔Abubacer〕によれば、預言者に俟つべき実定的宗教制度は「大衆の躾」として必須なだけであるが、他方で、宗教的に悟得した哲学は宗教的社会的現実に対して「無力」である。かくて第三に、西イスラムに於て哲学の絶対性を確立しようとした Ibn Rushd〔Averroes〕によれば、「倫理」には異る二つの把握の仕方が有り、「神学」は「人民宗教」・「修辞学」・「弁証学」の「混合物」であって、人間的知の最高形式であり得ず、後者は「普遍的且つ永続的に存続」するもの（「現実的・本質的」なもの）に携わる「学的形而上学」であらねばならぬ。従って、宗教化或いは「新 Platon 化」されていない Aristoteles 的学が優位し、認識の「超越論的」主観性の「批判哲学」的萌芽が存するのみならず、「思惟により神的に成る」という思想はIbn Sina説から本質的にかけ離れてはいない(→v. d. Bergh)。

III　中世後期（1192〜1453）

「十字軍」が其の被倫理的形骸を露呈しながら一二七二年に終焉するところの時代に欧亜を席捲するモンゴル帝国は、一二七九年にシナに於て「元」として確立したが、ローマ教皇権が没落し「百年戦役」がヨーロッパを荒らしている間に、一三六八年、南シナから出た「明」へ「元」は揚棄される。そのころ、北西の「元朝親藩」三国も衰えており、Timur の中部アジアからトルコに亘る大勢威も彼の死後漸次崩壊し、一四五三年、東ローマ帝国も亡びる。之と共に世界史第二期は終り、第三期、広義に於ける「近世」が始まる。当代の法哲学史が「論理」に於ける「交互作用」に対応する。——其自身として自己を限定せねばならぬ「自己原因」は、限定的「自己原因」としての其自身を媒介せねばならぬ。この媒介が「交互作用」或いは「相互因果性」、「事物」は其の限定、交互作用は揚棄されている自己限定であり、「向自有」する交互作用の「無・実体」的実体性すなわち「空」は、其の限定（揚棄されている其自身」が揚棄されていること、従って「空の空」、すなわち「現実」の「絶対的否定性」である。

——

(1)(i)　最後的には「絶対」との「交互作用」に即して自覚される法哲学の抽象的直接性に於て、日本では日蓮により、「南無〔梵悟 namas のシナ的音訳——帰順・帰命〕」の対象として「阿彌陀仏」等ではなく「〔妙〕法〔蓮〕華経」が唱えられ其の自覚的に個性的な具体化が「御題目」として抽象化されるに至る頃、(イ)シナに於ては、許衡の「朱学」によれば、学者は「客観的事物」に在る「理」を究明して後に「天命」に従うべく、先ず「恩」を以て、次には「商」を以て生計すべきであり、之に対し(ロ)インドでは、Madhva は「神・世界・諸霊魂」を峻別して「一神論」的「予定説」を主張するに至り、Nimbarka は原・実体「梵」を神Krishna となすが、「精神的」及び「非精神的」諸実体の「多」を絶対者の「一」と宥和させるにあたり、「多」を「一」に下属させせず、両者を「並列」しようとし、Keshavamishra の・「正理」及び「種別論」を統一する・綱要は、「認識から独立して客観的に存在する対象への正しい適用」を志し、(ハ)イスラム的世界では第一に、Suhrawardi の・存在を「照明」する「新 Platon 的」「叡智」の「神智学」の・「照明学」体系（→ Corbin）に対し、「第二の al-Ghazali」F. al-D. Razi は保守的・反合理主義的な哲学的神学の綱要を試み、Saydna（Ali ibn Muhammad）ibn-al-Walid は「神性覚知」的神学綱要を纏め、かくて第三に、「梵我」一元論的形而上学を想起させる Ibn Arabi の「神智学」は、絶対者と個別者との間に「中間的普遍者」を介在させて、神の「内在且つ超越」・「肯定と否定との間」の「絶対的矛盾」を統一する「完全な人間」に於ける、「神の力の超自然的霊感」による「表象」提示の「象徴主義」を説き、遂に第三に、Baidawi の・「敬虔」と「禁欲」とにより媒介された・経典的諸説注解と、Ibn Sabin の「新 Platon 的」・「神秘主義」哲学とは、Nasir[u]-al-Din〈Nasiroddin〉Tusi の「照明学」的な哲学的神学に於て、「有論的矛盾の統合」を「神の超越性及び唯一性」によって媒介された（→ Nasr）。

(ii)　ヨーロッパでは、ギリシャ及びアラビアの科学・医学・哲学の導入促進と共に、「中世に於ける啓蒙のようなもの」が、動揺し始めた教権が「異端」となすものの拡大と表裏し、(イ)先ず因果的限定の法的自覚の回復のもとで、「最高善」を根本とし「有」は「善の分有」によって存するとなした Alexander（Hales

の）の神学的哲学は、Augustinus 説を、「Aristoteles 的・アラビア的哲学」に Platon 説を「折中」して体系化し、「狭義」での「スコラ的〔学院教学的〕（scholastic）」な「総合」的「方法」（→Geyer）の「範型」を提出したが、Robert Grosseteste は「数学（就中、幾何学）的・量的」方法に拠り、自然学及び形而上学で Aristoteles を採らず、「神」が「有」らしめた「光」から具体的宇宙を構成する「新 Platon 的・Augustinus 的・アラビア的」な「光・形而上学」を説き、「Platon と Augustinus」に拠る Guillaume（Auvergne の）は「目的論」的に学の最高原理の「先験性」を主張し、「自己の存在と自己意識の諸事実との不可疑な確実性」と「神学」から「独立な宇宙論」とを説いた。(ロ)当時既に、第一に、Francesco（Assisi の）は「敬虔」な「清貧」の理想に基く修道・伝道の広汎な専一実践を志し、Domingo（Guzman の）〔Dominicus〕の修道活動と共に、教皇権に利用されることになり、他方で第二に、Accursius のローマ法「注釈」集大成とほぼ同時に、Eike v. Repgow〔Eyle v. Repchowe〕の、Sachsen に即しての歴史的に具体的なクリスト教的・法的自覚は、彼が判明に主張した・「中世的」制度通念を覆す・「自由」理念（特に「不自由身分」容認の排斥）の等閑視乃至局限の下で通用しており、第三に、Vincent（Beauvais の）の総合した、「教会の世界包括的支配を基礎づける」ための「百科学」（「自然・教説・歴史」）には「倫理」（後人による補足）が欠け、Bartholomaeus Anglicus の「百科」体系は自然科学的関心に支配され、Platon と Augustinus とを権威として「歴史」には無関心であり、之に対して Aristoteles に拠った Thomas（York の）は、アラビア的・ユダヤ的哲学にも亘る学識を総合して形而上学を体系化し、「（質料によるのでなく）形相の且つ形相による」「個体化」を初めて説いたが（→Gilson）、自覚主体の否定的主体性がこの形而上学の埒外に在るのみならず、「心理学」すら未完に終った。然るに(ハ)「大」Albert〔A〜us Magnus〕によれば、諸学は異教徒のであれ虚心に検討・保存されるべく、「終末論」も「神的創造」論も無い宇宙論的自然研究も維持されるべく、「哲学と神学」は同一化されてはならぬ。究極のものは「啓示」であるが、後者は「反」理性的ではなく「超」理性的なのであり、「自然法」は「人間の且つ理性の」法であり、神の奇蹟的介入も「超自然的諸徳」も「恩寵から贈られる幸福」も問題ではなく、人間の幸福は人間の仕事、「幸福」とは「活動的知性」と一になり後者が我々の「生原理」（「形相」）になることであって、「能動的」な知的生に於て「受動的知性」は「活動的知性」の「光」を採り上げて段々と後者に似る。「精神的に（すなわち普遍を）認識する」ことが「知性」であるから、之により人間は「神的」になり「神の子」になる。「精神の本性（自然）」からして人間は、自らの「知性の本性」に従う時「神々に変化する」のである（→Flasch）。

(iii)　(イ)「完成」に近づく「学院教学」にPetrus Hispanusが「論理学綱要」を提供し（之がGeorgios Scholariosによりギリシャ語へ訳されたという推定の方が正しいであろう〔→Prantl—Windelband vs. Baumgartner—Geyer〕）、この「修辞学」的「文法」的論理の一部から当時所謂「近代論理（Logica moderna）」（「名辞主義（Terminismus）」）が発展するが、Heinrich（G[h]entの）の「認識論的」体系によれば「個体化原理」は「否定」であり、之に対して、Aristotelesを批判し・「単一性と数多性とを合一する」「理性の論理」を志す・Bonaventuraは、今や教皇権の飼犬的存在が「主流」となる「Francesco派」を代表し「世襲君主政」を「非理性の見本」として非難すると共に、彼の保守的な「照明理論」によれば「神」が「第一の被認識者」であって、「クリストの模倣」は「愛と同一な沈思」である。しかし(ロ)R. Baconによれば、「神学」は「神意の権威」に基くが他の総ての学は「理性」乃至「経験」に基き（彼の排斥するのは「ラテン語訳のスコラ〔学院教学〕的Aristoteles」であり、彼の擁護する「魔術及び占星学」も、「自然洞察」に基く其である）、数学・自然科学及び言語学が重視されねばならぬ。而も彼の「有用学」要請は、「苦しむ人類に奉仕する」という「倫理的・実践的諸動機」により媒介されており、かかる学により媒介されて教会及び人類が根本的に改革され得るのであり、彼の説く「世界宗教」の内容を成すのは「道徳性」である。之に対し、(ハ)クリスト教学で顕わになる両極分裂傾向を「総合」してはいるが・自然研究を放棄し「哲学的統一性」を求めもしなかった・Thomas（Aquinoの）に著しいのは、「教皇至上」の「封建的位階制」の下へアラビア的世界から揚棄され得るものであって、「封建制を反射」する彼は又何ら「クリスト教的人本主義者」でもなく（後者の二義的呼称の限定性は、彼に於ける各種「少数者」処遇に明白）、哲学と神学が再接近している彼の「主知主義」は、「信仰教理の不可証明性」と、従って「意志」重視と、一体であり、此処では「類比」が大きな方法論的意義を有つ。彼にとって「恩寵と自然」・「信仰と理性」・「哲学と神学」は「矛盾」しないで「相補的」であるが、「神と人」は「相補的」ではなく、従ってこの「相補性」は「人間にとって」のことであるにも拘らず絶対的として自覚され得ない（→Borkenau）。一二七七年の「Paris・教条禁令」から約百年間の公権的クリスト教義学の知的頽落も顕著である。神学的哲学の限定と「事物の哲学」による批判とが興る所以である。

(2)(i)　(イ)先ずシナで、「道学」者としてよりも「且つ詩人」として稀有に秀でた劉因は、後述のPetrarcaを想起させるが其に終り、呉澄は朱学から陸学へ移り、鄭玉は陸学へ朱学を採り、共に「折中」を形成し、この「折中」は「元」代儒学の「特質」に属する。他方ヨーロッパでは、「基本的Francesco派」のOliviは「清貧」運動の世界史的使命を強調し、「全人類の回復」のため「個人性」を新たに高く評価して、「知性」に対する「意志」の上位と「個人格の自由」とを説き、哲学者が「批判的に」読まれるべきことを主張しており、「原因づけられた〔惹起された〕有の原因」は有っても「有としての有の原因」は無いと主張したSiger〔Brabant の〕は、後には「Albert 派」から「Thomas 派」へ移るのに対し、Dietrich〔Freiberg の〕は、H. Cohen を想わす主観主義的「構成主義」の認識論によって、「自然学」で「経験」を重んずると共に、すべての人間的経験の根拠として「知性」〔あらゆる「個体的知性」は直接に「神性」から現出する〕をProklos 的に主題とした。終に、イスラムとユダヤとの勢力が重要な地に生れた Lull[us] が、「人類の平和及び統一の促進」〔直接にはアラビア人及びユダヤ人のクリスト教改宗〕に役立てるべく、「ラテン的 Averroes主義」の盛時に、就中 Averroes に反対して、信仰諸教理を「理性的」に、「相関」の諸範疇に基き思惟を形式化〔否、機械化〕している「大術」によって、「証明」し〔故に之は「純形式的論理」ではなく「実質的論理」、すなわち「形而上学」である〕、「寛容」理念の下で総てを「改新」しようとした。彼によれば、「完全な良いもの」乃至「概念」は静止的事物ではなく即時的概念の自己形成活動における「三契機の動的統一」であり、「神と世界」・「創造者と被造者」とを「二元論」的に対立させず・「神」を「諸対立の合一」となす・のが「真の宗教」であり、「神は人に成らねばならなかった」。従って人間は「本来、神」なのである。(ロ)しかしイスラムでは、Ibn-al-Mutahhal〔Allameh Hilli, Allamah al-Hilli〕の神学的な律法方法論を承ける IbnTaymiyah〔Taimiyah〕によって「反改革・不妥協」の正統派神学が、「神と人との絶対的不同」、理性的哲学も哲学的神学も「神認識」達成不能、「神との合一という神秘的目的」も不能、と主張し、之は後にIbn-al-Qayyim al-Djawziyya に奉ぜられる〔→ W. M. Watt〕。之に対してヨーロッパでは、「非 Thomas」より寧ろ「反 Thomas 主義」的な「哲学的論証」によって、根源的な「深刻な敬虔感情」を「認識へ置換」しようとした Eckhart は、「知性」或いは「思惟」〔従って「有」も〕の絶対的否定性を概念し、「有」即

「物的有」の立場を捨て、諸〻の相違しているものを統一に於て思惟し後者を前者になして「神と人間との間の懸隔」を揚棄する。――成程「有」と「認識」は一つ、「神性」は「超理性」・「超有」であり「理性」・「有」としての限定に於ては「無」であって、之が「三一神」として自己を啓示・創造し、従って人間的「神認識」は究極的には、自己であることを止め「脱自」・「不知の知」になるけれども、後者は「人間に於ける神の行動」として「最高の諦視」なのである。蓋し「神」は、無区別に「総てに於ける総て」であり、自己の「非区別性により自己を区別」し、かかるものとして思惟される「有」であり、かかるものとしては「被造物」は「有」らぬが、後者を「思惟」することは同時にこの被造的被制限性の揚棄であり、故に同時に「神的・有的」であり、「善（義も有も同様）人」と「善性」とは「一の善性としての生ける交互作用」であって、我々が「善い」限り我々が「善性」であり「善性」を識り、「神性」は我々を自己内へ採り上げ、我々は彼の息子になる訳である。

(ii)　かかる「諦視」は「単に知的」ではあり得ぬ。(イ)「論証の論理的分析を精錬」した Duns Scotus は「（普遍）実在論」の「形而上学者」であり、彼によれば、「個体」を「個体化」する原理は「個体」の「形相」（「質料」でなく）であらねばならず、彼の「これ性（haecceitas）」という範疇は新語以上のものではなかったけれども、すべて「実在的」なものは「自身から個体的」で而も認識され得るのであり、彼の認識理論は「哲学の制限に仕える」べきものであったが、「哲学的諸可能性」をも開く。――「哲学」にとってと「神学」にとってとでは「神・世界・人間」は異る。「哲学」の「神」は「必然的世界の永遠な原理」であり「偶然的世界の自由な根拠」ではなく、「神への人間の還帰も知的」に為されるところの哲学は「人間の本質」（自由な可能）を汲み尽さぬ。「神学」も「知」としては偶然的諸事実を内容とし、「思弁的・先験的」でなく「実定的」にすぎぬ。「神学」が必要なのは、人間の「意思」に「目標」を示す「実践的」学だからである。かくて彼は「経験主義」的哲学への移行を齎すのみならず、神に直接するべき個別者を直接に把握する「知的直観」を最も完全な「理性活動」となすことにも寄与する（→Flasch）。しかし彼には「至福」は飽くまで、「神へ向いている意志（愛に究極する）」に在って「知的諦視」にではない。(ロ)夙に「神学と哲学との分離」を説いている「Averroes 主義」は、Johannes（Jandun の〔de Janduno〕）に奉ぜられ、Pietro（Abano の）に於ては「穏健」となっているが、Aristoteles-Averroes 的に「全・中世思想」を統合しようとした Dante は（→E. Friedell）、教皇の世俗的支配権を斥けて「両剣」を「同格」となし、Marsilius（Padova の）の「Averroes 主義」は、Johannes de Janduno と共に、「特種 Averroes 主義的」な爾余の「哲学的」諸教義に煩わされずに、西洋「中世」最初の非神学的・純此岸的な合理的・有機体論的「国家哲学」を「法律の支配」的・反「法王支配」的に定立した。——「神の道」（神法）と国家の其とは別であり、クリスト教は「霊的力」であって、人間は「国家の成員」であると共に国家を遥かに超える存在なのである（→Berber）。かくて遂に(ハ) William（Ockham の）が人間的認識の根本的諸形式と形而上学との「批判」を実証主義的「Ockham 的唯名論」的に確立し、「人及び社会の脱・聖教化及び脱・神話化」を始め、政治的生を「個体性及び自由の経験」から新たに概念した。未だ Hegel 的「具体的普遍」として概念される「個別性」の概念を知らぬ彼によれば、「実体」としての「個体」は「普遍的」であるような「実在的」要素を一つも含まぬし、従って「概念」は「経験」に頼り「信」は「意志」に基くからである。

(iii) (イ)「新時代」的な Durandus によれば、認識は「事物の現実」の把握であり、彼の「関係」説は「有り方」の三（自己の内に且つ自己により有る「実体」と、他の内に有る「偶有」と、他へ向い他へ関わって有る

「関係」と）を実在的且つ概念的に区別して「単称的客観」を「最初に認識されたもの」となし、Johannes de Mirecuria〔= Mirecourt の〕によれば「偶有」は存せず「諸実体」のみ存し、「疑う主体」も存し、「外界認識」は「経験」、故に「蓋然知」であり、Petrus Aureoli〔Pierre d'Auriole〕の「概念主義的唯名論」と「経験主義」とは、Nicolaus de Ultricuria〔= Autrecourt の〕の「Ockham 派」的「認識批判」的主観主義に至って、事物についての「因果的」推論の「慣習」的乃至「蓋然」的本質と認識（特に其の「拡張」）のための「経験」の必要とを確立、「圧力及び衝力」に基く「原子論的な自然哲学」を主張すると共に、「蓋然知」に「道徳的及び政治的な実践関連」を有たせる。この、今や「Ockham 派」と称されるに足りる批判的主観性の傾向は、Augustinus に直結して「Thomas 主義」を去っている Gregor（Rimini の）に於ける如く、「要請」されるべき「理性の法」の主張にもなり、Buridan は「信仰と理性」・「自然学と刑而上学」を峻別し、Aristoteles 的「運動」論を批判して、個別者に固有に附加されている運動力である「駆動力(Impetus)」を説き、質的な自然経験を「量化」したが、依然として「静止」を物体の「自然的状態」と考えているため、「非決定論をも決定論をも」斟酌して「道義的自由」の概念をも発展させようとする試みは不成功に終り、Albert（Sachsen の）も Marsilius（Inghen の）も「Buridan の弱化」と言われるべく、Buridan 説を発展させた Nicolaus（Oresme の）の、数学乃至数学的自然科学から経済学に至る「力学的世界像」の広汎な業績に於ても、「社会科学」は「経験主義」的考察に留まっており、「法律的」乃至「政治的」な「批判的」貨幣論以外は、当時普通の学説であった（→ Schumpeter)。(ロ)イスラム的世界では、Haydar Amoli〔Haidar Amuli〕の、「内的・精神的禁欲」に於ける「神智学」的「神性覚知」が、イスラム的哲学・神学史により公共学諸派を批判的に「超歴史的」「神聖史」のうちへ揚棄し（→ Corbin)、ヨーロッパでは、Ruysbroe[c]k が「詩的・観想的」に、Seuse〔Suso〕が「抒情的且つ思弁的」に、Tauler が「論理的」に、「神秘主義」を説いて Eckhart の退化を示すにすぎず、Augustinus を「哲学的」に（すなわち「先験的・演繹的」に「数学者」的に）復活しようとする Bradwardine〔Bragwardin etc.〕は、「哲学」は神をも自然をも「十全」に認識せぬという「無知哲学」に基く「神意絶対主義」的・神学的体系を構想し、空想的な歴史思弁に拠って「真の哲学は真の宗教である」と説き（→Flasch）、Wiclif〔Wy〜〕の「聖書主義」は反・教皇権の一因子であって、「学院教学的方法」は寧ろ Bartolus（乃至 Baldus）の再興「ローマ法〔注釈学〔註解学〕〕」の形式的一手段であった。(ハ)現実認識に対して無力な「学院教学」に対して「古典」文化（就中 Cicero）を讃える Petrarca の説く「事物哲学」は、倫理的乃至政治的な現実的自己認識と其に基く全生改新とに携わる「真のクリスト教的哲学」を樹立しようとし（→Flasch）、Petrarca 的批判を倫理的・政治的・史的に具体化した Salutati の「人本主義」的な「歴史的哲学」に於ては、過去への新たな能動的関係は、歴史的状況と新たな価値諸表象との概念に基き洞察される古 Athenai 類似性乃至「共和政」的自由擁護へ殆ど制限されているが（→Flasch）、「イスラム分明の没落」の体験及び反省により媒介されて「宗教的王権」性の観点から「イスラム史の一貫性」を主張する Ibn Khaldun は（→H. A. R. Gibb）、学的方法を「法則性」追究とし、「連帯意識」を倫理的基礎概念に据え、「歴史の発展の法則」を発見する「歴史理論」を哲学の一部門として確立して、歴史を具体的に提示しようとした（→M. Mahdi）。

(3)(i)　今や絶対的な法的自覚と相対的其との絶対的否定性の法的自覚が、(イ)先ずインドで、夙に第九世紀頃に Djaina 教徒のもとで始まった「哲学的諸体系の兼学集成」として大成され、Madhava（「Veda 奥義」解説者且つ倫理学者 Vidyaranya と同定される）が、「最低」の「唯物論」から「最後・最高」の Shankara 的

「不二一元論」に至る十六体系の評価的綱要を著した。医学にも通じて博学明晰な彼の「Veda 奥儀思想の発展への独自な寄与」は僅かであるが、之は、「伝統」の意義を強調し「独自な思索」を排撃し「論理」を「貶斥」する Bhartrihari—Shankara を承認する彼の法哲学に基く。彼によれば、万有の本質が「苦」であることは普遍的に承認されているから、同じく「純粋な至福」であらねばならぬ自体的主体性「我」の「意識の光」を「曇らす」「知性的な力」(「幻」)の反射を通じて、「根柢に在る純粋意識」すなわち「梵」の諸限定として「現象界」が生じているのであり、「幻」は「梵の力」であり「梵と部分的に連合」しており、「幻」と連結している「梵」が世界現象の原因で、あらゆる客体は「梵と幻との複合体」であり、媒介している「純粋意識」こそ正統的諸説の説く「唯一実在」の理念なのである（→ Dasgupta)。(ロ)他方でヨーロッパでは、博学な Ailly の Pierre〔Petrus de Alliaco〕に於て、「Ockham-Buridan 的唯名論」と「Augustinus 主義」とが結合され、何事も「其自体」では「善」乃至「罪」でなく「神」の意志（命令・禁止）が然為し、而も後者は「教会の口」を通じてのみ知られる、と説かれて、倫理は無根柢になり、之に対し Plethon〔Gemistos〕にとっては、「自然主義」に傾く Aristoteles から峻別される「神智学」的 Platon 説の真理にクリスト教も服すべく、彼の「Platon 主義」が弟子 Bessarion では緩和されるように、Pierre の弟子 Gerson (Charlier) は「感情」を重視し「唯名論」を緩和して、「神秘説」的神学を上位に置き、「論理的精確」と「敬虔」とを「平和的に並存」させている。(ハ)この妥協的精神に対して「啓蒙」的「自由思想家」Biagio Pelacani da Parma に於ては、「個人的活動」としての「理性的学」が、「数学」の使用によって「普遍的認識」が生み出される故に「形而上学」に対し「数学」を優位させて、論理では「Ockham 的唯名論〔名辞主義〕」、認識論では「経験主義」、霊魂説では「唯物論」を採り、「素材」から分離される「魂」が人間に在るかも「神の存在」も不可説明的であり、「魂の〔生物的〕可死性」は道徳を崩すどころか、「善なるが故に善を為すべき」ようになすのであって、諸宗教の相違は自然哲学的に「天文的・気候的」に説明され「原理的優劣」を認められず、従って「寛容」が要請される（→ Flasch）。

(ii)　法哲学の抽象的絶対性は自己の限定により自己を媒介するが、この限定を媒介する否定も媒介されており限定的なのであり、(イ)シナでは、劉基・宋濂・方孝孺等の「文士・政治家・烈子」の後に「朱学」は薛により護持されて呉与弼の「実践躬行」的「精神修養学」となり、インドでは、Shankara-mishra の「種別論」釈義等の旧套にとどまらず、Ramananda は「神への信愛」による解脱を説き、世襲的身分差別を無視し、Namdev は後者をと共に偶像崇拝をも否認しているが、ヨーロッパの旧套では、Johannes Capreolus が「Thomas 説」を擁護し、Ramón de Sibiuda の「自然的神学」は、「ラテン Averroes 主義」の「二重真理説」を排斥して、「諸被造物と神との間の結合肢」としての人間に「意志自由」と十全な「責任性」とを認め（→ Höllhuber）、Antonin の「神学集成」が「Thomas 主義」的倫理を体系化し、Thomas Hemerken（Kempen の）〔Thomas a Kempis〕は「ドイツ神秘説」の内容を「クリスト教的共有財」になし、Dionysius Cartusianus〔Cartusia = Chartreuse 会の〕は「神秘説」的傾向の下で博学に「旧派神学」を集大成したが、Platon 及び Aristoteles の「調和的総合」を主張した Fernando de Córdoba はオランダへ、更にイタリアへ逃避を余儀なくされた（→ Höllhuber）。(ロ)イタリアでは既に、Bruni の「市民的」或いは「政治的」「人本主義」によれば、「事物認識と言語文化は不可離」、「クリスト教と古典文化は不対立」、「古典的形式主義と事物知は両立」、要するに「内実と形式との合一」が大事であり、如何なる事物が知られるに値するかは「哲学的・政治的諸観点」に依り、「歴史の多様性の知」と共に「実践的判断」も成熟する。しかし、この「通俗哲学」の「人本主義」の範となっている「美化されるFirenze」は、「皮肉な」Poggio Bracciolini によって史的に回顧されねばならなかった（→ Burckhardt）。確かに Manetti の「クリスト教的・人本主義的人間学」は、「Cicero と Augustinus、知恵と宗教、そして正義」が「人間の定め」であり人間は「幸福な生」（この世で既に）のために創られているという「人間讃」によって、「学・宗教・政治」が一全体を形作るべきことを主張したが、彼が Cosimo d. Medici の追放した者であったことは、Firenze 文化が遷移してしまっていることを象徴しており、歴史的世界の現存的諸矛盾を体現する L. B. Alberti は、Manetti の主張した「単純な調和化」理念の半面に対して其を正に問題視する「最悪観」的人間観の半面をも揚言していた（→ Flasch）。(ハ)これら諸矛盾を合体させている Valla の、「中世的」な世界及び哲学の「具体的批判」は、「修辞学」を、就中「政治的な自己規定」（倫理的・政治的「自己責任性」）のために、「法律学的・教育学的・政治的実践」へ関係させ、「経験により試験済みの理性」に従い「知の拡大・発見のための認識の論理」を求め、伝統的論理（「弁証学」）の「言葉形式主義」を「事実的言語に疎遠で抽象的」と批判し、全哲学の諸〻の根本概念を再検討・単純化し、「感覚的自然」に其の然るべき権利を認めて、Epikuros の「快楽説」をクリスト教的「彼岸の幸福」主義に親近として擁護するが、当然に「Stoa 的」一面をも呈示せざるを得ず、「哲学」と「信仰」とに其々自由を認め両者の「調和化」的結合に反対する（「学」は「でっち上げ」を避けるべく、「信心」で大事なのは「隣人愛的実践」である）が、クリスト教的「浄福」・「永生」説を保存し、「神意の絶対性」を説く。この矛盾が絶対的否定性に於て揚棄されているのが、

(iii)　Nicolaus Cusanus（→ Meuthen）である。彼は諸説を根底に遡って検討・揚棄し統合して、現実に即した絶対性の法的自覚を発展させる（→ Rupprich）――「自然」については、「普遍的科学」から統一的

「宇宙論」に至るまで、量的分析の「新たな方法論」（「自然の数学化」、就中「極限（無限化）法」の使用）に基き「対立の一致」の具体化として、「人間」については、「思惟的・意思的・行為的」に自己から出ることによって自己に帰る「第二の神」の其として、「神」については「一且つ全」の絶対者として（→ Flasch）。「悟性」的概念の有限性に於て定立されると「対立」であるものは、揚棄されている「悟性」的概念としての「理性」には、揚棄されて一致する「対立」乃至「統一」として概念され、この統一の自覚は「学有る無知」の自己限定により自己を媒介し自己を具体化する（→ Göbel）。Protagoras 的に「万物の尺度」である「人間」の「弱さ」を判明に自覚している彼には、正に其故に、「具体的個別性」に於ける「人間と神との最内的合一」が「現実」であり（→ Leo Gabriel）、「現実」の概念は即自的に「世界社会的」であって、「支配契約」説をも基礎づけ「寛容」でもあるが、絶対者が「神」であるところの神学的限定の故に、Hegel を想わす「対立の統一」の法的自覚は、Kant を想わす「批判」に留まり、自己を「対立の統一」的に具体化する絶対的否定性の法哲学には至らない。正に其故に彼の法哲学は「近世への移行」（→ Volkmann-Schluck）を劃するのである。

五　近世（1453～1815）

世界史第三期（「広義」での「近世」）（1453〜）は、ヨーロッパ的・国民的存在の世界的進出・触発に媒介されて、諸〻の国民的存在の「一つの」世界史的「場」として発展し、かかるものとして具体的法哲学の法哲学史に対応する。この第三期の第一が「狭義」での「近世」（〜1815）、第二が「近代」（1815〜1945）、第三が「現代」（1945〜）であり、当期の法哲学史が「論理」の第三、「絶対的論理」（「概念・客観・理念」）に対応する。

I　近世初期（1453〜1618）

「狭義」での「近世」の初期は、Carlos I が「ドイツ皇帝」Karl V となった一五一九年と、一五八一年の「オランダ共和国」独立宣言とを経て、豊臣秀吉の大陸侵略の夢は挫折するがシナで「清」の「明」征服が始まりヨーロッパで「三十年戦争」が始まるところの一六一八年に終る。当期の法哲学史が「論理」に於ける「概念そのもの」に対応する。——揚棄されている「絶対的否定性」は、其の直接性に於ては、自己限定によって自己を媒介する「肯定的」絶対性或いは自由な主体性であり、揚棄されている「媒介」として「自己を」論理的に具体化する「自由」、すなわち「概念」である。(1)其の抽象的直接性（謂わば「我」の「これ」性に於ける「ある」性）が「普遍」、(2)限定されている普遍が「特殊」、(3)揚棄されている特殊として自己を媒介する普遍（「具体的普遍」）が「個別」である。この「概念」性に即して——

⑴(i) 先ず「精神」的「普遍」に即して、(イ)第一に、シナでは、婁諒の「程・朱学」は「禅宗的気味」を有ち、胡居仁は老・仏に反対して「朱学」を固持するが、陳献章は程・朱説に陸の「静坐内省」を加えており、第二に、イスラムでは、al-Sanusi（第十九世紀の「大Sanusi」ではない）の「神秘修行道」が「神の本質を知る信仰」を説き、Dawwani〔Djalal〕の神学は「照明学」に拠り（→B. H. Siddiqi）、イスラムとRama崇拝とを在俗主義へ折中してインドではKabirが、抽象的普遍的な神性への信仰に基き「人と神との不一不異」性、「四民平等」・「旧習打破」を説いており、第三に、ヨーロッパでは、「Firenze的人本主義」が「頂点」から「諦念」に向う頃、「Ockham的唯名論」を奉じて綱要化し「貨幣論」（之も「新説」を含んではいない。→Schumpeter）を著したBielは「自立的精神」であろうとせず、Ficinoは、「自然的欲求」と「神への繫り」とを「新Platon的」に解されたPlaton説とクリスト教との「一致」によって媒介し、Platonの「理念」説を復興し「観想的理論」的生の理想を回復して実践的政治的生から離れ、Aristotelesを高く評価するAgricola〔Huysmann〕は、「古典古代」を「事物判断の表現の範」に高めるけれども、諸ゝの観点乃至関係への相対性を説く彼の認識論的方法論は、外物の本質の「真の認識」の断念に傾いており、(ロ)Leonardo（Vinciの）は、数学以外の概念的構成に不信で経験的研究を重視し、「権威崇拝」に反対して「経験的・内在的必然性」を求め、他方で、Leo Hebraeus〔Judah Abarbanel?〕は、Spinozaを想わす仕方で「神への知的愛」を歌い、終に、古代文献学乃至言語学に通じているReuchlinは、「思惟」は「現世的幸福」と「天上的至福」とを「蓋然性」に於てのみ達成し得、「悟性」に対する「精神」こそ神の「直接的認識」を授け、この「信」こそ「智慧」を完成する、と説く。(ハ)かくて、イスラムにもユダヤ教にも開かれているG. Pico della Mirandolaの「最良観」的「人本主義」は、「修辞論」に偏向している「古典主義」的

「人本主義」に対しては「学院教学」と内容的論証とを擁護し、「寛容」精神に基き、諸宗教を宥和する普遍人類的な世界宗教をも媒介しようとして、挫折する。

(ii)　媒介され限定される普遍性に即しては、(イ)インドでは、Vasudeva Sarvabhauma が新「正理」派の論理及び認識論を精細にしようとしているが、「Veda 奥義」派は Sadananda 及び Nrisimhashrama から Vallabha に至って、万有が神 Krishna の変形であり「神の恩寵」の道で「法悦」が得られると説き、「Krishna 的覚醒運動」の担い手 Tchaitanya Deva は「絶対」を「非合理」（寧ろ「超合理」）となし、当代イスラムの Ghiyathoddin〔G.-al-Din〕Mansur Shirazi の釈義している「照明学」と「神秘修行道」とをインド教と合一する試みを Nanak の「Shikh 教」が促進して、「一神崇拝」・「世襲身分差別否認」を讃歌で布教し、限定されている普遍を抽象的に現実化しようとする。(ロ)之に対して、第一に、イタリアに於て有力であった、Platon 的「理念」説に対する「Averroes 的」Aristoteles 主義は、Achillini によって代表されるが、「理神論」・「自然主義」に傾く Pomponazzi も「哲学的」真理と「神学的」其とを区別し、第二に、発展した「古典古代」文献学的「人本主義」（「人文主義」）に拠り法律学をも「学院教学」的「諸権威の支配」の「未開野蛮」から解放し自らの「〔法〕源研究」に依拠しようとする試みが、フランスに於て Budé〔Budaeus〕により穏和に拓かれ、「ローマ法継受」の只中のドイツに於て「人文主義」へ初めて法律学をも取込む Zäsy〔Zasius〕によって、ローマ法にドイツ法を阻害させまいとする自主的心術を以て・通俗文献的精神を斥ける学的態度で・果されるが、カトリク教の現実には懐疑的である彼が始めには歓迎した Luther 的「改革」に随伴し続けるには、彼の法律家的「人本主義」は余りにも教会的権威の承認と癒着しており（→Stintzing）、第三に、イタリアに於て Machiavelli が、抽象的世界（「国際社会」）に即して歴史的事理の

自覚により「運命」を克服する「徳性」すなわち人倫的有能性の法的自覚を具体化した。之に対して、

(iii)　抽象的精神の絶対性に即しては、(イ)シナに於て、陳献章の弟子で程明道説に傾倒した湛若水は「随処に天理を体認」し、羅欽順の・自然的道徳性を媒介する「自然的法則且つ自然的本性」の・一元論に対して、王守仁の「心即理」説は、朱学には「理論的」にも「実践的」にも背馳する仕方で、陸の「先知後行」に対しても「先行後知」として、展開された。(ロ)ヨーロッパでは、第一に、Erasmus の、「自由」の意識と「寛容」とを「折中」的に「宥和」させようとする「人本主義」の核心は、思想的な文化乃至教養による倫理的批判（→渡辺一夫）を媒介する抽象的な「Jesus の哲学」であり（→Dresden）、第二に、Copernicus〔Kopernik〕は「調和」的自然の立場に拠って宇宙観を逆転し、Waldseemüller が世界及びヨーロッパの地理を提示し、F. de Vitoria は、半ば「古代的」半ば「中世的」に、「クリスト教徒世界」の自利的主張へ局限されぬ「万民法」として「自然法」に拠り「国際法」を説き（→Reibstein）、第三に、Th. More は、カトリク的クリスト教と「Renaissance 的啓蒙」との「混合」に於て「寛容」の自己矛盾的絶対性の人倫的具体化を非現実的理想として構成し、之により間接に現実を法的・「道徳的」に媒介しようとした。この「クリスト教的人本主義の二義性」に対して(ハ) Luther は、「聖書」の「信仰」によって媒介される「クリスト教的主観性」の自覚的に有限な「心」の絶対的否定性を、実定的限定の捨象として主張し、捨象される事理的具体的存在に揚棄された。「イタリア・ルネッサンス」が遺産寄生的「文化人」の「自由精神」により過大評価されがちなように、「宗教改革」者達の法哲学的抽象性も其の事理的意義の前に閑却されがちであるが、彼は「理論的にも実践的にも」Nicolaus Cusanus より遙かに「中世的・神学的」であり、彼の益〻「反・合理的」になる「人間学的最悪観」への思想発展に於て、「史的諸関連」に殆ど「完く盲目」だった彼が「直接

に」結び付く「歴史的・社会的基体」も益〻狭隘になり（→Flasch）、「宗教でなく神学及び党派が勝利する」ことにより露呈され「悪の国」として認容される近世的此岸性の世界に於て「ヨーロッパの政治的地図」も変り、法哲学史的にも新たな一劃期の登場が判明になる（→E. Friedell）。

(2)(i)「普遍」的主体性が限定的として揚棄されているところの「特殊」性に即しては、法哲学の「自然哲学」的限定が始終を規定し、(イ)第一に、カトリク教徒Agrippaの宗教的倫理説は、「懐疑主義」への移行に於ても、「宇宙霊」の自覚に基く呪術的な自然支配の説を護持し、「改革派」ではKarlstadtは「司祭の無い実践」へ身を投じて挫折し、「クリスト教的自然法」の体系により媒介される実践的法律学を説くOldendorpの「改革派」的「人本主義」は、LutherによりもMelanchton（後出）乃至Aristotelesに近く、第二に、「改革派」のうちSchwen[c]kfeldは、彼が文字拘泥的「外面化」を看取したLuther説を更に「精神化」して「個々の人々」が「新生」へ生れ変ることを要請し、Den[c]kの「唯心論」からFran[c]kに至って、「汎在神論」的に、「改革」諸派も免れぬ「外面性」を一掃した「内なるクリスト」への依拠と「寛容」とが説かれ（→Schoeps）、彼等「ドイツ神秘説」の人々に対し第三に、Fracastroは「共感」と「反感」とに基く「自然哲学」によって「認識」の特殊化を構成した。之に対して(ロ)Vivesの「人文主義」は「形而上学」から「論理」を区別し、「経験的・実験的」学と「論理の形式化」とへ努力すると同時に、飽くまで「クリスト教的精神」を保持して、心理から倫理（「神及び隣人への愛」への復帰による「国際平和」の説に至る）に亘って、続く近世的諸学乃至学的諸主義の一「源流」となる。(ハ)かかる伝統的限定を揚棄しようとするParacelsusの「神智学」的「自然哲学」は、「精神」を原理とする「呪法」的実践であり、Cardanoの「現実の必然性の学」は、「自然的調和」を存在させ「占星学」を重んじる「物活論」であるが、Telesio

の「物活論」に至って、「経験主義」的「自然哲学」の原理は「温・冷」、倫理は「自己保存」で、「人間特有」な「不死の霊魂」を「神授」となすことにより自己否定的矛盾が露呈する。

(iii) (イ)他方で第一に、Nizolius の「唯名論」的「経験主義」は、「論理」を「形式的」にすると同時に「修辞学」を「普遍的学」となして、「素材」に携わる「哲学」を「物理学」及び「政治学」に限定するが、第二に、「Luther 派の Aristoteles」Melancht[h]on の学的に具体化する「宥和」的「人本主義」によれば、「神」は諸〻の総ての統治形式及び法律を「十戒」及び「福音」に矛盾せぬ限り正統化し、かかる「人本主義」的「寛容」の余地は、「クリスト教徒団の絶対主義」を現実化する「Jacobin 的」Calvin の「史的よりも体系的」な教養には存せず、Castellio の神学的「人本主義」は宗教的「寛容」を主張して Calvin から逐われ、かくて第三に、Vásquez の「ローマ Stoa 的」「人本主義」は、同時代の神学では出色の形而上学及び歴史の学識に拠り「神学」抜きの「自然法」及び「国際法」を説くが、「歴史的・実定法的」に「人民団体主権」を説こうとする Covarruvias de Leyva は、この「自然法」思想を「新約聖書」の章句から読みとり(→Reibstein)、Luther 同様かかる理解に対立している Calvin の教義に改宗する Ramée〔Ramus〕は、「論理」を「修辞学」と結合・改良し「弁証学」を「其の内容を就中人間的精神の自然から受ける」実践的学科となしたが、単に「自然的な思惟能力を正しく使用する術」として其の完成を適用「習熟」に在らしめ、之により「論理」は「事物」から寧ろ離隔し、すべての知が「神」の内に基礎づけられていると考える彼の「自然的弁証学」は「神智学」に成った(→Stintzing)。之に対して(ロ)Bodin にとっては、社会学的・史的認識が「神への道」であらねばならず、だからこそ、「君主」からでなく「国家権力」から出発する「主権」論が、皇帝権及び教皇権とドイツ的領邦分裂とに対しフランスに「君主政の理想」を見ながら「主権的」

「国家意志」を「世界意志」に下属させる世界像に於て「寛容」を説き（→Meinecke）、この歴史的状況の下で(ハ)「隠忍自重」する博学な「文化人」Montaigneが、「Sokrates-Stoa的」と「Epikuros的」とを併合する生死道徳を本に、「断定」的「体系」的主張を「内観的」・「人本主義」（→Ernst Cassirer）的に断念している訳である（→渡辺一夫）。

(iii)　かくて絶対的「特殊」性に於ける法哲学として、(イ)第一に、夙にTeresa de Jesús〔de Cepeda y Ahumada〕がカトリク教的・「神秘的」表象を具体的に実現しようとしているスペインに於て、心理学及び「性格（乃至気質）学」を発展させるJ. Huarteが、宗教説でも、「奇蹟」を持出す前に「自然的因果」の細心な究明を要請し、F. Luis de Leónは、「神」との「可能な限り完全な相似」を達成すべきである「あらゆる事物」に感覚的存在性と精神的な名辞形態性とを認め、「神秘的直観」に於ける「超自然への高まり」を「詩」で表現しようとするのに対し（→Höllhuber）、第二に、Patrizziの「一元論的物活論」は、「空間」も「非物体的物体且つ物体的非物体」であるところの「汎心論」的「自然哲学」を、第三に、Weigelは「精神と自然との対立の統一」に基いて、自己を理解することにより万有を認識し得る人間の精神が神に起源している故に神を認識し得るところの「神智学」を、説いている。(ロ)神を絶対化する自己の絶対性を具体化するカトリク的・教義的神学では、Molinaが人間的「自由意志」と「神的全知」との調和を主張して神的絶対性を擁護し、Juan de Yepes〔de la Cruz〕はカトリク教公認向きの「神秘説」を「体系化」するが（→Höllhuber）、Marianaはスペイン「国民」史的自覚により媒介されて「Jesus会」士的・「自然法」的に「暴君放伐」を説いている。然るに、自己の限定を揚棄する「神」は、自己を揚棄される者であらねばならぬ。(ハ)かくてG. Brunoは、「対立の一致」の理念に基き、自己の「内」に「神を在ら」しめる「世界」に於ける「万有の普遍的一如」の「自然」的絶対性の法的自覚を具体化する。此処では「個体」の「唯一的意味」は「全・一」性への解消に在り、個体化を媒介する否定性は単に揚棄されるのみであって、絶対は絶対的否定的でなく、この法哲学の具体化は其自身に矛盾することになる。

(3)(i)　今や「具体的普遍」としての「個別」性に即して、(イ)シナでは李卓吾〔李贄〕が、「〔王〕陽明学」と仏教とを合わせて「自然的精神」を肯定し、時代に応じて「道」も変化し「古」も「今」も「等価」で、「各自」が自ら自己の是非善悪基準を有つべきことを説くに至っているが、彼自身は獄中での自殺に終った（→仁井田陞）。之に対して(ロ)第一に、インドでは、反Shankara的Vidjnyana-bhikshuが「Vishnu一神論」的立場から、「調和」し得べき正統諸派諸説の統一を試みているのに対し、第二に、Brahmanandaの Shankara派「Veda奥儀」釈義、Annam Bhattaの「正理・種別論〔勝論〕」綱要、等も廃れぬが、Shankara説の立場から「原・実体〔梵〕」及び「幻」についての諸説を数多評釈したAppaya-dikshitaは、自己主張に抑制的で、遂には「右道〔非・左道〕性力（Shakti）〔「梵」に「内属」する本性的能力〕」説に移り（→宇井伯寿）、第三に、イスラムでは、インドへも影響するAdhar〔Azar〕Kaywan〔Kayvan〕の「照明」学」はZarathushtra説を「折中」し（→Corbin）、Mir Damad〔Muhammad Baqir〕は、Ibn Sina説を「照明」主義的に解釈し、「理性と啓示との調和」を「存在に対する本質の優位」の下で追求しているが、彼の弟子Mulla〔Molla〕Sadra（Sadr al-Din [al-]Shirazi）は、Suhrawardi及びIbn-Arabiの伝統をも融合統一し、「存在の本源的実在性（故に優位）」の観点から「光明的実在」を説いている（→F. Shehadi）。(ハ)ヨーロッパでも、第一に、Taurellus〔Oechslein〕は「知と信との調和」を目的として「神学の基礎になる哲学」を求めており、Suárezの「カトリク史上最初の」「完結した」「形而上学」体系は、正に其故に若干の重要な諸点で「Thomas説」に対立せねばならぬ（「実在的」なものは「単称的」個物であり「普遍」は「精神的」なものである、等）のみならず、今や「（自然）法則」と「（規範的）法」とが分離されるが、其以上には、確定した伝統的教義は超えられず、Braheの天文学の努力は教会説との宥和の志向によって歪んでおり、之に対して第二にLipsiusは、「一切が不可避且つ悪」であるところの歴史的・社会的変遷に於て「摂理」を自覚する「恒心」によって、「Stoa哲学」を内的な「否定的自由」の道徳性に転換して「政治的」には「賢人」的に「Machiavelli主義」を「継続形成」し、第三に、Charronは「自然理論」的「懐疑」と「倫理」的「自己認識」（「Stoa的」実践智）とを「体系」的に結合しようとして、到る処で矛盾を並存させる。

(ii)　かかる個別的主体性に即した方向に対して、(イ)世界史的状況を反映して、Bodin的「主権」理論と宗教的「寛容」理念とに拠るGentiliの「実定的」国際法学は「幼稚に」「私法」的諸原理を「物理的」諸法則へ遡らせるが、Boccaliniは近世的国家乃至歴史的発展の「暗黒面」を提示し（→Meinecke）、Althusiusは「社会契約」及び「支配契約」理念により有機的「人民主権」制と連合主義との完結的体系を説いて、「契約説」の倫理的具体化に伴う諸「矛盾」を露呈した（→Borkenau）。(ロ)「経験」による「像」に於ける蓋然的な「近接知」をしか認め得ぬSánchezにとっては、「自己認識」も「真の現実的な」認識を与え得ず、“Mikro-kosmos”としての人間に“Makro-kosmos”は超越的であらねばならぬ。之に対して(ハ)“Makro-”及び“Mikro-kosmos”の「類比」の原理で「形而上学」を構成するCampanellaにとっては、「啓示」は「聖書及び自然」に在り、彼は「知」を人間の「自己認識」となしつつ「感覚主義」・「唯名論」を採り、教会的法哲学を弁じようとして到る処で矛盾に陥る。

(iii)　(イ)確かに今やF. Baconが、当代の思潮に最も即応する仕方で、「実見的・実験的」方法を要請し

「人間学的・社会的な自然主義」の世界像を説いているが、「蒐集」・「補助」にとどまる前者では（Galilei 讃にも拘らず）Copernicus をも数学の（応用を要請するにも拘らず）理論的価値をも理解せず、「神学」への拘束を脱却している後者では「効用主義」にとどまり国家観も「粗末」で、「深み」にも「新味」にも欠けた（→Ernst Cassirer）。之に対して(ロ)数学的力学的な自然認識と感覚の主観性の理解とを提示する G. Galilei は究極には「神的精神」を置き、Kepler の数学的科学も「Pythagoras 的・汎神論的」世界調和観と連結しており、Vanini の「極端な自然主義」に至って、一切の「超越」を斥け「自然」を「神」と等置し・「無限な有」としての「神」の力を「自然」となし「世界」及び「物質」を「永遠且つ恒常的」となす・「汎神論」が成立し、伝統的倫理的には「純否定的」に「世界の堕落」が法現実として法哲学的に肯定される。(ハ)「軽い思いつき」である Vanini 説に欠如している論理的主体性に即して「現実を概念として使用する」Böhme は（→Hegel）、「自然」観を「神智学」的「沈思体系」へ合一しており、此処では「始元」は「意思」的主体性であるが、正に其故に「悪」は「神的な世界根拠」の内に可能的に存し、「否」・「否定」が、神秘的主体性の絶対性を媒介する真理なのである。

II　近世中期（1618〜1714）

「本来的近世」の始りとしても規定され得る「三十年戦争」（→Friedell）から、一六四八年の「Westfalen 和約」と、一六七九年の「Nijmegen 他の諸和約」とを経て、一七一三年の「Utrecht 和約」、一七一四年の「Rastatt 及び Baden の和約」で終る、当期の法哲学史は、「論理」に於ける「判断」に対応する――「個別」としての「個別」は「個別」そのものではなく、限定されている「個別」、「特殊」的「個別」であり、従って「概念」は「特殊的諸概念」として限定され（「根源的分割」）、後者は概念の特殊的諸限定としては抽象的に等しく、この関係の有を定立する抽象的形式が「繫辞」であって、限定されている自己を媒介する「概念」は、自己の諸限定が揚棄されているところの抽象的統一を、其等諸限定を「繫辞」によって連結する形式に於て定立する。(1)抽象的・直接的、すなわち、直接的個別が特殊であるということから始まる、自己の限定を媒介する、「肯定的」・「否定的」・「無限的」、(2)限定的・本質的、すなわち、概念が自己の限定を揚棄する、「定言的」・「仮言的」・「選言的」、(3)概念的・具体的、すなわち、揚棄される其自身として概念が具体的普遍を媒介する、「実然（全称・特称・単称）的」・「蓋然的」・「確然的」。――

(1) (i)　(イ)Herbert of Cherbury の主張した「自然的理性」は「自然本能」を絶対視して「共通知識」に依拠し、(ロ)「主権」的「支配」の「現実」を概念しない Grotius の理論は、「国際法実践」に於ては久しく

「殆ど完く無効果」ではあったが、「人間的・自然的」理性に拠り「契約理念」に基いて「史的」及び「構成的」思惟を統合し、(ハ) J. Jung〔Jungius〕の、「経験主義」と「数学主義」とを合わせた「力学的世界観」が「粒子〔元子〕」理論を更新し、Comenius の提唱した、百科的「汎知」の体系による「教育」は、「自然的」手続及び発達に依拠し、Gassendi の「感覚主義」的「合理主義」は「Epikuros 的原子論」によりクリスト教義を維持しようとする。之に対して、

(ii) Hobbes の、法哲学となった Galilei 的物理学に於ては、「自然主義」は「実証主義」に発展して体系化され、抽象的普遍性に於て定立される否定的特殊性によって具体的普遍を失わされている「人間的自然」の「最悪観」的評価から「最善観」的な「現実主義」的倫理が「論理的」に構成され、「社会」的・抽象的存在の特殊的自由を「外護」する「主権」的「国家権力」による媒介が絶対化されて、「否定の否定」の「悟性的」揚棄の構成によって、絶対的否定性の自覚を欠く法哲学が限定的に具体化され得ている。之に対して、

(iii) 自覚一般から出発した Descartes に於ては、意識の存在確信から、直接的合理的「明証」と「分析」及び「総合」とを「無限判断」によって統一する抽象的な「思惟の自由」に基き、「囚われてはいないが無批判的な」「精神と物体との二元論」の形而上学が成立するが、その原理には自覚固有の絶対的否定性の自覚が欠けており、その自覚は対立〔「能動と受動」〕を抽象的に揚棄し得るに留まり、自覚として具体化し得ぬ形而上学の抽象的倫理〔「情念・自由意志・摂理」の総合〕は、「明晰・判明」な認識を待てず「蓋然性」に甘んぜねばならぬ「実践」の「暫定的」道徳性を超えず、「歴史性」無視の「幾何学風」は、現実的には、「絶対主義」と運命を共にする。

(2)(i)　当時(イ)第一に、「Jesus会」士B. Graciánの主知的な人間論の「最悪観」が「英雄及び英雄性」を要望して、之の教育及び達成に人生の理想を認めているのに対し（→Höllhuber）、「清教徒」的Miltonの「近世的個我」の立場は「抵抗権」を「人民」にも認めてCalvin的教義を超出し、Filmerが国王「父権」を絶対化するのに対して、Harringtonの「共和政」論は、「因果説」的歴史観に繫る仮想国家像に結実し、政治的経済学以外にも亘って博学なConringの「理性的且つ現実的」事理は夙に「ゲルマン法」への史的反省の開拓によって媒介されており、之に対して第二に、後出のBerkeleyを予示するGreville〔Brooke〕の・「神」の原因的絶対性だけを原因的存在として認める「主観的観念主義」の・「唯心論」と、反Hobbes的・反Descartes的H. Moreの、「非物質的延長」を説く「形而上学」とは、Cudworthの「主知主義」に至って、「感覚論」に対し「数学」を・「無神論」に対し「諸民族の合意」を・援用する「乾からびた悟性形而上学」になり、第三に、挫折した大貴族La Rochefoucauldの・内的「自愛」の原理と外的「偽善」の現実との指摘に拠り自己を媒介する・「最悪観」的「諦念」の批判的「道徳論」は、自己保存的な批判に留まって自己批判（批判の自己揚棄）の具体化を欠き、当時「法服貴族の階級運動」であった「Jansen主義」を奉ずるArnauldの一見「Descartes的」な「合理主義」は「Augustinus主義」と一体であり（→Borkenau）、後者と「Port-Royalの論理学」を共著したNicoleは、自然的・外的に対し内的・精神的を区別して現実に妥協する「道学」を亡命中に著し始め、遂に自らも諦念する（→Honigsheim）。(ロ)発展するべき、「Descartes派」の「機[会]因〔機縁〕論」は、「交互作用」的「二元論」を「神」の因果的介入によって媒介するClaubergから始まり、Geulincxに於ては「神への愛」・「義務」の倫理を基礎づけ、Cordemoyに至って、「物体」観をも一種の「原子論」になし、「精神相互の関係」へも拡大され、統一する媒介は「神」

にのみ帰する。かくて(ハ)Pascal の「懐疑」が「神秘的」と「合理的」とを分離し、「数学的思惟の限界」を指摘して「クリスト教的信仰」を媒介し、理性の「学有る無知」と「心の論理」とを確立した。

(ii) 之に対して Spinoza の「無宇宙論」にとっては、「神」が「世界」であり、「神的創造」の世界は「幾何学的」、「因果」は「根拠・帰結」であって、「永遠の相下に」「神的」「必然的実体性」が法的に自覚されるべく、「自己保存衝動」の倫理の究極、「神への知的愛」は、「神へ服従」する「偶有的である故に必然的である」存在の「敬虔」な自覚として、「信仰と哲学」を両者の「分離」に於て統一する「理性」によって、既成宗教的権威の史的批判と寛容を要請する自由の擁護とになる。

(iii) (イ)しかし、後年には改宗してカトリク教会説を擁護する Silesius〔Scheffler〕の「神秘説」的「汎神論」によれば、直接的個別性に於ける「私」なしには「神」は生き得ず「私」が「神」に等しくなるのであり、之に対して「元素」を要請する経験的「化学」者 Boyle の「機械論」は、目的論的「自然神学的」な「クリスト教的敬虔」と一体であるが、「十戒」と反 Hobbes とによって規定されている Cumberland は、理性的存在自身に諸他の総ての理性的存在が等しいという抽象的悟性的普遍の立場から、特殊的諸存在が「愛他的傾向」に基く「感情道徳」により媒介され得ると信じた。しかし(ロ)Molinos の「神への愛」の「寂静主義」を圧殺するカトリク教会に対し、Spener が「敬虔主義（Pietismus）」を唱えるところのドイツ（↓Wollgast）では Seckendorff の Luther 的「道徳化」的国家学は「絶対王政」の形態化であり、「Descartes 説」にも跨る Bossuet は、「絶対主義」と妥協した「カトリク的世界史哲学」を説いている。彼の擁護するフランス的正教になるべき教会の教義論を批判した Pascal に共感している Rachel の「Aristoteles 主義」は、「実定法」に優位する法的効力を「自然法」に認めるが、「国際法」の若干にも限定的に「実定法」的性格を認める。之に対して「史学」と「体系学」とを総合しているPufendorfは、「社会〔社交〕性」から「幾何学的方法」で「神意」的「理性法」を実定法「総則」的体系乃至国法学へ具体化し、正に其故に実定国際法の学の存在権を否認し「奴隷制」をも義認せねばならなかった（→Landsberg）。然るに(ハ)Lockeの「認識論」によれば、「自由主義」的「予定調和」の「混合」の「不徹底」体系が、新たに教義的に樹立され得た。蓋し現実的「意識」の区別・対立から経験反省により普遍・統一が直観的に導出されて、自己矛盾を看過する自覚に於て自覚的理性が看過され得たからである

(3) (i)　(イ)之に対してBurthoggeは「唯心論」的「形而上学」を主張したが、(ロ)Glanvillの「懐疑主義」は「経験的帰納」による「仮言的知識」を説き、(ハ)Malebrancheのクリスト教的「汎在神論」は、「神に於て」物体的諸理念を認識して「宇宙」と「哲学」とクリスト教とを「統一」しようとし、この「神学的敬虔」の故に、法的自覚を具体化する「哲学の論理」が欠けた。

(ii)　かくて(イ)La Bruyèreは「理性」と「善徳」との「良識」により「道徳的」批判を展開するが、Poiretの「Descartes的」二元論は「受動的感覚」・「心情」を優位させてBoehme的「神智学」に傾き、Bayleの「懐疑」的理性は「知」と「信」を峻別して、宗教的信仰を擁護する「良心」倫理を優位させた。(ロ)逆にNewtonは、「事物」のでなく「原理」乃至「法則」の学としての哲学と「自然理論」に矛盾する「神」観とを合体し、「神の存在」の「自然神学的証明」に拠って自ら「信仰」を法的に媒介しようとした。しかし(ハ)信仰を理性と調和させようとしたStoschの「Spinoza主義」的試みは弾圧され、J. G. Wachterは「Spinoza主義」反駁を後年には緩和するが、この意向を公けには否認せねばならなかったし、「物理学」を「倫理学」も基くところの絶対的学となしSpinozaに傾くTschirnhaus[en]は、すべての認識が「経験」

に基くことを原理とするに留まり、Fontenelle は「Descartes 的・近代的科学」を反宗教的に「古代」に対する「現代」の「進歩」の肯定の立場から宣揚するが、「Descartes 的物理学」は Newton 的其により超克・圧倒されるものであったし、Thomasius の「啓蒙」的「合理主義」の Pufendorf「超出」は、「常識」(「人類共通感覚」)を「理性」と同視している「効用（乃至幸福）」主義によって内容的限定を媒介し、「批判」的に区別される諸対象を統一する自覚は、近世的「主知主義」的「理論哲学」の「実証主義」的解消を告知している。

(iii)　既に Leibniz は（→河野与一）、即自的に「具体的普遍」であり感覚的にでなく知性（悟性）的に知られる「英知対象的」・個体的諸「単子」の統一の「単子」的絶対性の先験的観念論的形而上学を、「矛盾律」と「連続性」とを「充足根拠律」と客観的「神義論」とを以て媒介することによって、あらゆる「精神科学」へ展開され得べき（→Ernst Cassirer）「理性及び歴史的現実の宥和」の自覚の絶対性の「謂わば仮説の体系」として発展させており（→Hegel）、論理に於ては「判断」から「推論」への移行の法的自覚となることの「悟性的」「調和」の法哲学と共に、「近世中期」が終る（→Sandvoss）。

III　近世後期（1714〜1815）

当期以後については、対応する世界史の注記を西暦年数の頭記のみとし、代りに、論理の其をやや仔細にする。時代が比較的身近になって来たばかりではなくて、私の既刊諸著作に於ける論理（と之に対応する法哲学史と）が可成り修正されているからである。――判断が揚棄されているところの・判断としての自己の限定により自己を媒介している・概念が「推論」であり、(1)抽象的に、(i)抽象的直接性に於ける個別性は自己としての限定（自己の特殊性）を介して自己の普遍性を媒介し、(ii)同様に、普遍性が個別性を介して特殊性を媒介し、(iii)特殊性が普遍性を介して個別性を媒介する。(2)推論「そのもの」が限定されているところの媒介は直接的には判断であり、(i)「全称的」其として「演繹」、(ii)「特称的」其として「帰納」、(iii)「単称的」其として「類推」、(3)自己の限定によって自己を媒介する「具体的」推論は、(i)抽象的絶対的に「定言的」、(ii)依存的相対的に「仮言的」、(iii)絶対的否定的に「選言的」、であり、「複合的」であり得る推論は、揚棄される其自身として存する。――

(1)(i)(イ)第一に、既にイギリスでは、W. Wollaston によれば、あらゆる行為は命題を表明し、真なる思想を表明する行為が「善」、「真理」を認識して言行で示すことが人間の「究極目的」であり、「事物への従順な献身」こそ「善福」なのであった。然るに日本では、夙に林羅山は「太極」の形而上学と神道との合一に拠り「虚・私」に対し「実・公」の道を「官学」化し得ており、シナでは、黄宗羲の・「経世実学」且つ

「経史学」になる・「民本的」法理念が、王夫之の「気」の唯物論を経て、胡渭による地理及び「易」の史的解明の成立に至るのに対して、日本では、中江藤樹の「民間学」が「孝」の体系を説き、「天人唯一」を説く山崎闇斎の神道の儒学的展開と熊沢蕃山の「人倫教」的儒教と山鹿素行の武士的・儒学的「古学」とに対し、伊藤仁斎が「仁〔愛〕」中心の純「民間人的」な「古義学」的「朱学」を説いていたが、関孝和の先駆的数学は法哲学へは無影響に近く、契仲は仏教的素養に基づく文献学を超えていないが、徳川光圀の開始した『大日本史』の「本紀・列伝」は一七〇九乃至一六年に一応成形（全部の完成は一九〇六年）されており、かくて今や、新井白石の史学的合理性が「武家政治」批判と結合したけれども、荻生徂徠の「実学」は学を「辞と事」に限定する崇古の立場に立ち、荷田春満の儒学的「国学」は「古道」・「古語学」の「皇国学」であり、伊藤東涯が、儒教から「形而上学」及び「宗教性」を払拭して「人たるの道」を説く「古義学」を大成した。しかし、かかる「古学」的限定がクリスト教的・ヨーロッパ的に揚棄されるところの主体の自覚に即してイギリスでは、Tindal によれば、「自由な思惟」は制限され得ず、其のみが神及び「聖書」の正しい認識に至らせるのであり、「自然的宗教」及び「自然の法則」を回復した者が Christ であって、〔原創造〕神の「理性信仰」こそ「真の宗教」なのであった。この所謂「理神論（deism）」に対して、第二にイタリアでは、反 Descartes 的・カトリク的 Vico は、Malebranche に似る認識論によって、自然認識を神にのみ可能となして自然科学を信頼せず、無限（神との合一）への方向を本来具有する有限な人間の「堕罪」は「復活」に至り・人間を現実的にするのは歴史であり而も諸民族には共通な原理が支配する・と説くが、彼の歴史哲学の、太古からの生発展の「前史」に続く「神的・英雄的・人間的」の三段階的時期区別は、教会説と合致させるために「原始史〔原初〕」を「大洪水」直後に日附した。勿論、スペインでは Feijóo が自然学的な帰納及び実験により「スペイン的啓蒙」に寄与したし、イタリアでも、百科的教養を有つL. A. Muratoriは、資料批判的「近代的」史家であって、「Ghibellin派」を擁護し教会改革を進めているが、法律家且つ史家であるGiannoneの「Napoli王国史」は全史を国家と教会との闘争とし、国家を進歩、教会を其の逆と同視し、破門されて亡命した彼は遂に一七三六年以来終生禁錮された。しかしドイツでは、Budde〔us〕の道徳論及び神学は折衷的で、Thomasiusを排撃しもするが実践哲学では大抵Thomasius的内容を説き、同じくThomasiusの弟子であるGundlingは、認識論ではLockeに依存し、「法」と「道徳」とを峻別しつつ、「抵抗権」は「身分的憲法を有つ国家」にのみ妥当するとし、Locke・自然法・啓蒙的功利・神学的神秘説・理神論を混成しているRuedigerによれば、数学は可能なものに、哲学は現実的なものに携わり、哲学の課題は「智・義・慮」の三であって、経験こそ肝心なのであった。然るに第三に、「自由思想家」と称され自称した最初の者Tolandは「理神論」を「汎神論」（"pantheism" の少くとも「術語」的普及は彼の匿名著作"Pantheisticon"〔1720〕に由来する）に発展させ、精神・物質の無差別と「物質の本質的性質」である「運動」とを主張しており、「自立的思惟」こそ「神」及び「聖書」の正しい認識を得させると説くCollinsの「非唯物論」的理神論と、「自由思想家」的Chubbのクリスト教道徳化的理神論とは、Bolingbrokeの理神論に至って、経験により神の正しい認識に至り得・「最高の知性」の想定も必然である・と説くものになっていると共に、後出のShaftesburyに親近な彼の倫理によれば「思惟の自由」は上層階級のものであるべきなのであって、同じく「自由思想家」とされるTh. Morganの「道徳化的理神論」（「物理〔自然〕神学（physico-theology）」）は、「新約」と切離されるべき「旧約」と「Mose法」とを賞讃するが、Newtonを敬愛するClarkeによれば、「事物の本性」が「神意」、其に従うことこそ倫理であり、「唯名論・主観主義」

に対して客観的倫理的原理が、現世的応報が必然的でない故に「魂」の不死及び非物体性の要請と道義的自由及びクリスト教的神概念の擁護とを媒介するのであった。しかし、「単子論」と「美的調和」との合一を試みるShaftesburyの「教養理想主義」的実践倫理は全的調和の世界観から「神義論」に至り、自由な人格の完全な形成の理念、神学と自然機構とから独立な人間本性的道義の確立を、「情感」（自己的、社会的、合理的反省的）心理学に基け、「化育」も必要と説くが「合理的反省的」「道徳感」を「生得的」としつつ、「宗教心」をも排斥しなかった。しかしMandevilleによれば、「私的悪徳」即「公的利益」であり、社会の基礎は利害対立、強者の弱者制圧であって、利己主義的諸衝動が社会を生動的にし、「徳」により社会は没落するのであった。然るに、

(ロ)第一に、Malebranche説から出て「唯心論」に接近するCollierによれば、外物が「存在」すると言えるのは、事物表象を「神」が我々の内に生み出し其等が諸他の精神にも在るからであり、「実在」世界は不存在・不可能なのであったが、悟性的主体性に拠るWolf[f]の、「単子論」（背景に退いている）乃至「充足根拠（理由）律」に基づく「理性」の「完全性」形而上学は、其の内容的特殊化をThomasius的「効用」によって媒介されているが、「自然適合性」的「完全性」が理性的「幸福」であり「完全化」が「幸福」に導くのであって、「権利」でもある「義務」（「臣従」は強調されるが「抵抗権」も是認されるところの）から「構成」される倫理こそ、彼の出発点であり、且つ最後まで保持される「究極目的」なのであったけれども、Berkeleyは、Locke説を「現象主義」的「経験的」観念主義へ発展させ、この「主観的観念主義」の「唯心論的形而上学」によれば、「神」は「純粋精神」、「有り」は「被知覚」、現実的なのは、観念を知覚する諸精神と全一的精神であり、諸現象は神的意志の現在、神こそ法的現実的諸知覚の「原因」なのであって、従

って「自由思想家」（特にMandeville）が排撃されたが、彼の「自己意識」は其の内容を日常的仕方で受けとっているだけで、其の「理性」は自己特有の内容を有たなかった（→Hegel）。第二に、ドイツでは「Wolff哲学」が一時「流行」しているが、Wolffに賛せずLeibnizを擁護するHanschは、「幾何学的方法」に拠っており、「Leibniz-Wolff的」立場を採るが何れとも可成り異なるBilfingerにとっては、「表象的」とは限らぬ「単子」の有つ表象は、全世界を映さず「有限」であらねばならなかった。他方、シナでは、恵士奇の復古的「易」学が、江永による「宋学から漢学へ」の復古進展を介して、恵棟により本来的「易学」復興が計られているにすぎぬが（→狩野直喜）、日本では、石田梅岩の「町人哲学」の「先天良心説」が「革命に無関心」に「人の道」を「正道・倹約・心」に即して説いて「石門心学」を開き、儒教の「空理」に反対する賀茂真渕の「自然道」の主張は「古学」にすぎなかったが、安藤昌益の「自然真営道」は、儒・仏教に反対する反「封建主義」的な「農本主義」的「人本主義」の具体化を試みた。之に対して、フランス革命へ後出のRousseauと並ぶ影響を及ぼすMontesquieuの「経験主義」は、最悪観的、少なくとも懐疑的で、歴史性の洞察と節度・寛容の理念とが国家及び教会の絶対主義に反対し、諸国民の興亡に心術の力をも重視して政治的自由の法律的基礎を求め、諸国民の精神の相異に従う国制的相異の原理的要請と共に、自由な国制の普遍妥当的法としての事実的機因を説き、尊重される国制もスイス及びオランダからイギリスへ移ったが、この・法律的擬制と事実との混淆への・推移は、当時の国際法的指導的諸思想が彼の国内法（及び力）論へ持込まれていることに関るであろう（→Stadtmueller）。第三にイギリスでは、Hutchesonの「道徳感」説の体系によれば、諸激情が盲目的且つ一時的であるのに対し道義的善は「平静且つ持続的」諸傾向に在り、「普遍的幸福」を志す（故に「自愛」は全体の部分としての限りで認められる）「道徳感」は、

Shaftesbury に於けるとは異なり、能動的でなく判断的・観想的、美感に並行的であって、「無関心的好意」が行為へ駆るのであり、反省原理的「良心」の絶対性に神学的・理神論親近的諸思想を折衷する Butler は、「道徳感」説を徹底しつつ宗教性をも擁護し、「仁慈」（他の人々の福への関心）をも行為の重要動議とし、「決定論」の問題を不可決定的、「自由」観を実践的に不可放棄的（我々自らの体験と、合理的及び道徳的行態の諸原理や「責任」・「罪」等はその時にのみ有意味であることとから）と説き、H. Home の・「道徳感」或いは「良心」の主観的表象に拠る・「美的倫理」は、倫理的諸規定にあたり人自身の「福」を斟酌せずに具体化しようとし、彼の説は特にドイツに迎えられた。しかし、

(ハ)第一に、ドイツでは、Reimarus の目的論的理神論の世界観によれば、神性に矛盾せぬ唯一の「奇蹟」は「創造」のみであり、あらゆる「実定」宗教には反対されるけれども、彼には「神の全智・完全」を説く神学的観点が顕著であったが、反教会的「自由思想家」Edelmann の、「敬虔主義（Pietismus）」から出て「Spinoza 的汎神論」へ傾く合理的な啓蒙主義は「無神論」の先駆となり、フランスでは Maupertuis が、Hume 的経験主義と目的論的自然観とに Newton 鼓吹を合一して、数学の諸概念をも諸感覚に基づけると共に、「最小量作用の原理」で自然に力学的及び光学的諸法則の目的論的統一を与える理神論を（「物理神学」的に全世界の合法則性から「全知全能な建造主」を）説いた。然るに第二に、イギリスでは Berkeley に親近に S. Johnson が意識の実践的主体性を強調し（「私は知覚し行為する。故に私は有る。」）、現実を自己活動的知性的存在とし、内的認識から道徳的諸原則を汲み取り、「我々の幸せが目的、徳はこの目的のための手段である」から倫理は「正しい自己認識と徳の行使とにより幸せに生きる術」であるとしたが、ドイツでは J. J. Moser の「実証主義」的な国法及び国際法学は「主権的な国家意志」の理論に基づいており、フランス

でQuesnayが、「社会的総資本の再生産過程を其の全体性に於て把握」しようとし、自然法乃至自然的秩序を絶対視して「自由放任」主義の経済学的基礎付けを拓いた。之に対して第三に、多才な「文化人」Voltaireの、「道徳的理想主義と経験主義及び自然主義との合一により最悪観及び懐疑を克服する」試みによれば、経験が自然に於ける秩序、理性の支配を教えるが、「神」は云々され得ず「悪」の起源も分からず、正に其故に法は実践されるべく、「道徳性」は不変であり、「死ぬとき、生きたことを願うように、生きよ」と「隣人にも然為せ」とから「正義」も説かれるし、人類の発展史は困苦欠乏を通じて目覚める文化の理性的・社会的活動としての相対的進歩なのであるが、「最悪観」の概念を創始した彼が「自由」につき語るとき彼は、「愚鈍な家畜」である大衆に対する「上から」の統治による改革を期待しており、「啓蒙的最良観」から益〻疎隔した。

(ii)　(イ)然るにアメリカでは、Berkeley説に似たLocke的観念主義を説くJ. Edwards（同名の子の父）によれば、世界は神的精神の内に存し、無限空間は神、神は力、精神は活動的なのであって、神学的ではあるが「進化論の先駆」も其処に附会され得るが、イギリスでは、「論理計算」をも開拓するD. Hartleyの連想心理学は、物理的及び心理的諸行程の間の相関を説いても、後者を前者に還元しはせず、「唯物論的科学性」と宗教性とは「神秘的脱我」に帰一し、之に対し、「アメリカ的」生及び思惟の一化体Franklinは、Locke的観念主義と理神論と「フランス的啓蒙思想」とを併せてF. Bacon的に哲学を自然科学と同視し、之亦「進化論の先駆」にも加えられ、スエーデンのK〔C〕. v. Linnéは動植物「分類学」を確立し、イタリアではBoscovichはNewtonとLeibnizとに拠り動的・原子論的な「自然哲学」を説いた。

(ロ)之に対してフランスでは、非物質的・「霊魂〔心〕」的存在を認めるCondillacの「実証主義」（「自然主義」・「感覚論」であり「唯物論」ではない）によれば、「我」は感覚の統体としての統一的主観性であって「物質」でなく、諸感官が感じるのでなく霊魂が諸器官に惹起されてであり、霊魂の状態が変わる所以の諸感覚から霊魂は其の認識及び能力総てを獲るのであり、Bonnet は、感覚を外的に加えられる作用に対する心的反作用乃至反応とし、心理を神経運動に還元するが、思惟的実体の継続と「肉体復活」の宗教的信仰とをも認め、Deschamps は、Spinoza を変容して、思惟及び延長の属性二元論を揚棄、「物活論」的宇宙論によって真理を「対立の統一」であると主張した。然るに Buffon は有機的・自然主義的「汎神論」を抱懐し、La Mettrie の宇宙論的よりも人間学的な「機械論」的・「唯物論」的「感覚論」によれば、「霊魂」は肉体と共に成長し衰え、教育が感覚を発達させ、感覚的享楽が是認され、「善・悪」の別は「公的利益」が「私的」其に先行するか逆かに在るのであって、彼の「無神論」は無神論者達の「国家」こそ「最も幸福」となして Friedrich II〔大王〕を礼讃し、Holbach に至れば、原子論的・無神論的「唯物論」の体系は道徳をも包括し、彼の「夜警国家」説は大衆蔑視と表裏していた。しかし Alembert は「自然主義」・「唯物論」的立場の改造の遂行を、超経験説及び形而上学に対する懐疑（之は「経験知」自身へは延びない）から「実証主義」へ発展させ、哲学を「事実」・「現象」の学となして「経験科学」を優位させ、行為する人間には正に其故に「外界」は有意味であると説き、この「実証主義」的精神が「理神論」、「良心の自由」乃至「寛容」を主張しており、Voltaire 同様に創造的体系性には欠けるが広汎さでも彼に比肩する Diderot の、徳と美が合一するところの教養理想を以て発展する法哲学は、「合理的」な経済・国家論にも亘って「自然的適合性」を重んじ、「原子論」を放棄して、存在するのは「唯一の大個体、万有宇宙」のみであると説き、Helvêtius の「唯物論」と「功利主義」も、一方に我利的個人、他方に好意理念国家を樹てて「公共の福祉」を至上規範とし、教育と立法を重視して「フランス啓蒙哲学の具体的統一の理念」（→ Hegel）を示した。

(ハ)之に対してドイツでは、Wolff から Locke 乃至 Voltaire へ移り P. Bayle 的に懐疑的である Friedrich II は、Leibniz 乃至 Thomasius にも共感し、反「民主的」ではあるが「絶対王制」的「名君」として、周知の幾多の警句を遺す法哲学を化体した。他方で、文人 Gellert は悟性と感性と信仰との「善き心情」的調和を示しており、「幾何学流」派に属しはするが Wolff 的・演繹的方法に反対する Crusius は、経験を重視し、「最良観」及び「決定論」にも反対して、「意志」が精神の根源的な力であり、世界に於ては「絶対必然的」関連も「予定調和」も支配し得ず、だからこそ啓示及び理性は調和すると説き、Wolff 説を改造して「敬虔主義」派的に醇化した Knutzen は、「予定調和」説に対する「物理的影響」説の勝利に決定的に寄与した。しかし、第十七世紀的「観念主義」的形而上学を回復しようとする Ploucquet は、Leibniz-Wolff に従い「論理的計算」の仕上げに努力し、意識現象論から認識保障者としての「神」の認識に進もうとし、J. A. Chladenius は「解釈学」及び「史学」の「視点の被拘束性」を判明に指摘している（→ Chr. Friedrich）が、「単子」・「予定調和」説と Wolff 的倫理とを護持する A. G. Baumgarten の体系は、理論的（形而上学と物理学）及び実践的両哲学に先行する「認識学」を「感性的」認識の其（「美学」）と「合理的」其（「論理学」）とに二分し、「完全なもの」の感性的・直観的（故に不判明）な把握を「美」と規定した。

(iii)　(イ)然るに Hume によれば、「事物の形而上学」は「知の形而上学」に属し、其の原理は「現実意識」であって、「啓蒙的実証主義」と「理論的懐疑」との二面性を統一する「主観的観念主義」は、「十分に懐疑的」ではなかったにしても、「因果」の継起を実際には信じるが「因果律」の先験的妥当性を否認し、「理性」を信じるが理性の普遍的諸命題を「慣習」へ遡らせようとし、彼の「非・経験主義的な実証主義」の

「正義」論も「法律学的」其の理論であって伝統的意味で「倫理的」ではなく、後者の原理は「共感」として把握され、彼の「功利（効用）主義」は実践的生の経験に基づき感情的信を存立させるが、理神論的ではあっても「自然的理性宗教」を精算し、諸宗教の「歴史的考察」の新時代を導入、政治的視点の下での劃期的な『イギリス史』も「歴史感の深化」の具体化であった。

(ロ)「Hume 的懐疑」に反対する Reid の、数学と道徳とを峻別する「経験的心理主義」によれば、我々の霊魂は本源的に諸判断を有つ故に、「直観」が根本であり、内的観察の「一種の自然研究」（客観そのものの直接的認識）から理論的及び実践的諸原則が基礎付けられ、後者は「親切・同情・道徳心」という「根源的な感情能力」に拠るのであった。——之が所謂「スコットランド常識学派」の始りであるが、フランスでは、Vauvenargues の道学は非合理的な内的精神（「心」）の偉大、自由に発露する力感情と其の天才的統一を礼讃しており、Rousseau が、人間を信じるが現在の人間の退化していることを揚言し、理性を信じるが「進歩」と「学」を蔑視し、自然法及び国際法をも伝来のヨーロッパ的な学者及び統治者達の狭隘な世界から「人民効果」の問題へ関わらせた。

(ハ)Morelly の共産主義的な国家理想によっても私所有慾乃至財産不平等が諸悪の根源なのであり、Mably の社会観も「所有不平等」こそ諸悪の根源であるとするが、始め国際法学者であった彼の政治観は「穏健」であったし、他方で、Wolff 哲学から疎隔した Darjes は、決定論及び「予定調和」説に反対して、反「機会因説」的な「自然的（物理的）影響説」を採り、彼の国際法は「純合理的」原理によって「非・法的」諸義務から判明に区別されているが、「絶対主義」の政治及び契約実践を同化吸収し得るものであった。同様に「Leibniz-Wolff 哲学」に親近乍ら国際法的に重要な点で Wolff から離隔する Vattel は、「諸理念を加工する能才」を出ぬが、「近代的」国際法諸原理の「終結的方式化」を成す「醒めた現実論」の「客観性」に基づく「普遍的有用性」は実践に大きな影響を及ぼし、「道徳論」的ではあっても「教理主義」的ではなく・Rousseau の「不平等起源論」を酷評し・伝統的実定法と連結しての「抵抗権」を説く・彼は「理性の力」について「最良観的」であるどころか「諦念」を明示し、現実と一致する「理論的諸規則」の樹立すら狭く限界付ける。――「国際法の淵源」は、諸個人の「自然状態」同様に、「自然的事実」としての「諸国民の社会」であり、「国際法の主体」は諸侯（彼等乃至諸国家は「戦争の」主体ではある）ではなく諸国民〔国家民族〕であり、「主権的意志」を有つ後者は「他の国家の意志」にでなく「自然的法の承認済みの諸規範」に服し（国家権力の正統的行使の限界）、あらゆる権利は対応する義務から発生するが、国際法のうち「人間性の諸義務」は「不完全な諸権利」であって、国際法の全部が「強制法」ではなく屢〻「純道徳的」命令にすぎず、ある国民が「人間性の諸義務」が命じる諸給付へ有つ権利も「不完全な」其にすぎぬのであった。之に対して、民主制から帝制に到るべき「革命」を「歴史に於ける理性の遂の勝利」と祝う Saint-Lambert は、合理主義及び自然主義の立場で特に道徳論を展開し、「徳」及び「悪徳」としての評価を人間的意見一致の結果として把握していた。

(2)　当時、J. H. Zedler の「大百科事典」（1732〜50）〔フランスの“Encyclopédie”は 1751-72（Suppl. 1776-77, Index 1780）〕に於ける「戦争」説は既に、「義しい及び不義な」戦争の区別をも「懲罰戦争」をも斥け、「防衛戦争」及び「ヨーロッパ的均衡の優位」を擁護している（→Stadtmueller）が、

(i)　(イ)英仏「植民地戦争」の激化する西洋的発展の蔭に隠れる東洋では、Wahhab の初期イスラム的「純正教義への復古」主義は革命的「神権政治」諸運動へ移行し、シナでは戴震が「考証学」を基礎付け、

銭大昕〔暁徴〕が史学を発展させるが、戴を師と仰ぐ段玉裁は「訓詁」専一に留まるのに対し、本居宣長が儒・仏教を排斥して「国学」的「古道」を完成するところの日本では、因襲に甘んじ得ぬ平賀源内は反武士的な経国思想を主張するが、晩年には戯作に没頭して狂（?）獄死し、手島堵庵の確立した保守的「心学」が、上河淇水と特に中沢道二とにより弘布され、「士道」とも合致するものとして普遍化された。ヨーロッパに於てイギリス及びフランスに比し国民的存在として「後進的」なドイツでは、G. F. Meier が Locke 的に「経験」を重視しつつ「解釈学」を開拓し Baumgarten 的「美学」を発展させた。しかし、「心理主義」的な Sulzer の・哲学全域を蔽う・「霊魂学」は、「感覚」を「感性的・道徳的・知的」に三別するが、知覚を含む知的過程（「思惟」）は、道徳的感覚を含む「感情」から離されており、彼の「美学」は「道徳化」的傾向を有っていた。

(ロ)然るに「先進国」イギリスでは、Hume の発展に属する A. Smith の自己批判的理性は、「非党派的観察者」の「良心」の立場での倫理的統一を「道徳的感情の理論」として具体化し、実践での法を「共感〔同情〕」に求め、Hume よりも「動機」を倫理的評価の本来的対象として強調し、「正義」の感情的基礎を自然的「応報衝動」に置き、この「共感」倫理学を労働及び営利衝動の自由主義の経済学によって補完し、Ferguson の、「自己保存〔自愛〕・社交性〔好意〕・完全性〔自己評価〕」を統一する社会倫理の試みによれば、「自然状態」は正に現前に在り人類の性質は常に「善悪混合」であって、精神的完全への社会の肢としての人間存在の進歩的発展（「市民社会史」）は「応用」社会倫理なのであり、イタリアで Voltaire 的な Verri が、「重商」及び「重農」主義の中道を歩んで国家的及び社会的生活に於ける「害悪の除去」に経済法則研究を奉仕させ、フランスで青年 Turgot の実証主義が、「重農」主義的一面性を避けつつ普遍史の究極を数学的自然科学の支配と規定するComte的・合理的な世界史論の最良観を提示したのに対し、イギリスではBurkeは「自己保存」感乃至「崇高」感と「社交性」乃至「美」感との二基本衝動の促進及び阻害の感覚に拠る「美学」を、当代世界史により媒介されて、「保守主義」と「自由」及び「正義」論へと具体化した。

(ハ)フランスでG. Leroyが、Voltaireに対しHelvétiusを擁護して「比較心理学」を試みているのに対して、Basedowが直観的方法による人倫的・実用的教育を説いているところのドイツでは、Creutzの「心理学」は経験主義的にLeibnizとLocke-Humeとを仲介しようとするが、宗教的神秘説に傾き、当代のドイツで支配的な「折衷的」傾向の中では最も自立的なJ. H. Lambertの、数学・自然科学に亘る哲学の論理乃至認識説（『現象論』）は、「先験的」形而上学的体系を構想しているが、之はKant的「批判的」であるよりも「普遍的な対象理論」（Leibnizに劣る彼の「記号論理学」的試みは、述語の「量化」と命題の「外延」的取扱いと「関係」の論理学の組織とでは前者の超出の方向を暗示する〔→末木剛博〕）であった。Spinozaに親近なユダヤ的理神論者M. Mendelssohnも、精神能力を「思惟・意志・感覚」に三分するが、哲学の課題を、「常識」が正しいと認めていることを「理性」により明確にすることとなし、「寛容」を旨とし、この「寛容」は不寛容者に対しても寛容的であってはならぬのであったが、この絶対的否定性の法的自覚の具体化は彼の及ばぬところであった。広汎に批判的であるLessingも、「啓蒙的史観」を克服する史観（史的諸段階其々に於ける固有意義を認める）から、最後には倫理的・理性的な形而上学的統一に向い、「Spinoza的」ではあるが「自然主義」的・「汎神論」的でない「発展」倫理的信念は、Shaftesbury-Diderot的でLeibnizにも親近であったが、宗教から独立な道義的な生理想は形而上的諸可能性にも不依存とされ、法哲学的・総括的叙述には至られ得なかった（→Ernst Cassirer）。彼の最後の作品、「人類教育」の史論によれば、「第三の時代」は「完き啓蒙と徳を其自身の故に愛する心的純粋と」の「壮年期」で、之が身近に迫っているのであるが、本書の公刊は正にKantの『純粋理性の批判』とFr. Schillerの『群盗』と同年であった。

(ii)「偉大」(→W. v. Humboldt)と称されるべきKantによる、「理性」の「超越論的」「批判」の具体化と共に、「自由な道徳的法則の存在理由〈根拠〉、道徳的法則は自由の認識理由〈根拠〉となったが、「自己認識」するべき「理性」の「自己批判」であるべき『純粋理性の批判』が「入門」乃至第一部としても理解されているところの劃期的体系には、自己を哲学する哲学の「哲学の論理」が欠け、「自由」の法的自覚は法哲学の自由に揚棄されておらず、現実に「密着」している「形式」を象徴するかの如く、有名な「永久な平和」要請も結局「永久な戦争の法的裁可」に他ならなかった。（尚、直接・間接に「ドイツ観念主義」に関わる叙述は、之に抵触しない限り、私の『ヘーゲル・自然法学』の「訳者緒論」により補足されたい。）

(iii)　当時(イ)第一に、F. w. Herschelが「天文学の眼を大宇宙生成の彼方にまで赴かせ」、日本では林子平が封建制的分裂の「時代錯誤」を指摘して『海国兵談』を著す頃、ドイツではHamannの、「明示的・神学的な霊感」に依る「詩的な理性」が、「先験的と後験的」・「分析的及び総合的判断」のKant的区別を最初に批判していた。之に対して第二に、Nicolaiの、「穏健」で「改革」主義的な宗教的・社会的啓蒙による「進歩」の「通俗哲学」は、「アングロサクソン的経験主義」に親近な「反思弁的」・「行用主義」で、F. Baconを讃えるがKantを理解せず、物理学者G. C. Lichtenbergの謂わば「反時代的」な反省的考察の諸箴言によれば、「外界」の実在は不確実で、我々の事物表象を超えて我々は何も言えず、「外物」への推論も不必要で、我々は我々自身から決して出ることがなく、「行為諸動機の体系」により規定される我々に於ては「我」も実践的必要からの要請にすぎぬのであったが、Wielandは「啓蒙された人生哲学」を出ず、イタリアでBeccariaが、社会に於て人間は自由を出来るだけ少なく犠牲にするべく、刑罰は必要最小限に留まるべきことを説いているのに対し、Federの「批判的実在論」は功利〔効用〕主義的折衷であり、社会的存在の類型学に寄与するGarveの哲学的・倫理的関心は、「衝動」に基づく「生」の「快・不快」により媒介されており、「反Kant的」Jacobiによれば、「証示のあらゆる道は宿命論へ向い」、「信」こそ究極であると分らせる「自然の啓示」こそ肝心なのであった。然るに第三にイギリスでは、Beattieにとっては「常識〔共通感覚〕」こそ理論及び実践の基礎であり、Oswaldの「常識」説によれば神的本体の存在は端的に事実であって宗教確立に努力されるべく、J. Priestleyの科学的唯物論的神学（!）に於ては、心理学を生理学の一部〔神経物理学〕とする決定論が、神を最高知性的造物者とし霊魂を不死とし反唯物論的形而上学を主張しているが、フランスでは、体系的ではないが「透徹的精神」を有つRobinetが、最後目的としての人間に至る段階的発展としての・而も連続性の法則が妥当するところの・自然主義的世界像を提示すると共に、「無限な神性」については「否定的神学」的であり、イギリスで、アメリカ及びフランスの革命に共感する「進歩的」政治観を示すJ. H. Tooke〔英語語源学者でもあった〕の「連想心理学」が、Lockeの所謂「観念」は「言葉」的存在であらねばならぬと主張し、ドイツで、イギリス的「分析的」及びフランス的「唯物論的」と「同格」の経験心理学を説くTetensが、Kantと影響しあう広く深い研究及び学識に於てHumeの因果性論をも鋭く批判すると共に、「思惟・感情・意志」の三分法を確立し、かくて、Pestalozziの教育学が具体化され・心理学的Lossiusが我々への事物の関係の表象として真理の認識理論を提示する・ところのドイツで、「理性批判」の代りに必要なのは「人間的な認識能力の心理学」であるとするHerderが、Kantについては無理解であるが「人本主義」的に、クリスト教を「仁」の宗教、人間を自然の終結点

(「ヨーロッパ中心的」でない)、人類の歴史を「仁」への進歩・発展(但し、「啓蒙」の「直線的」を「循環的」と結合する「螺旋形の」)と規定し、この具体的史観が言語哲学の具体化と一体であった。しかし、

(ロ)第一に、Paleyによれば「道徳感」なるものは存在せず、「義務」は「(不)服従」へ「快(苦)」を結びつける「高位者(至高には神性)の命令」で、義務内容を規定する規準は、全体として有益である総てのものは正しい故に、「普遍的幸福の原理」なのであり、Maistreはローマ教皇権至上主義に拠り王制をも讃え、Bonaldによれば、人間の本質は知性であるが、言語も社会も神に起源し、法も神の課した義務であり、裁判も神学に奉仕、「主権」も神に由来せねばならないのであったけれども、「幸福の最大化」を説くBentham の、伝統的「自然法」思想を批判する「功利(効用)主義」は、社会的・個人的其の反面に啓蒙的・介入者的立法者像を有ち、道徳及び立法の共通の基礎としての「快・不快の分類」を提示するのみならず、「擬制」理論により「文脈定義」の可能性をも発展させたが、フランスでは、Condillac説へ結びつくCondorcet の、フランス革命の理念を擁護し理想社会への進歩の可能性を確信する歴史哲学が成立していた。しかし第二に、Laplaceは「天空の力学」を提示しており、Goetheの展開は同時の「ドイツ観念主義」発展に対応させられ得るが、Tiedemann はLeibniz の形而上学とLocke の認識論を採りKant に反対しており、Destutt de Tracy の・Condillac を継続する・感覚主義は、普遍的な科学論の基礎に「精神生理学」を置き、フランスでKant研究へ注目させた最初ではあるが道徳に於ても「憎悪と同情」を神経系統の生理的状態から説明し、Condillac を超出するCabanisの「唯物論」的な生理及び心理学の「一種Stoa的な汎神論」は、「霊魂の内密な性質」について決することをせず生理・心理的諸関係のみを追及し、「神の存在」や「霊魂の本質」を肯定的にも否定的にも証明され得ぬとし、Romagnosi はCondillac的感覚主義を論理的・

合理的意味での主観性の教理（諸感覚を分化・統合する「合理的感覚」を想定する）により修正しているが、心理的分析的考察に長じるD. Stewartによれば、思惟する「我」の存在は悟性的判断により「暗示」されるもので、感覚と直接に結合している事実ではなく、外物の存在の確信も同一対象の繰返し知覚と自然現象の不変秩序の信とに由来し、「倫理的」諸概念は「神意」にも人間的制度にも依存せぬ「理性（良心）」的形成なのであった。第三に、Helvétius的倫理を適用するVolneyの歴史哲学的試み（フランス革命を「理性支配の理想の現実化」とする）の時代は、G. F. v. Martensが、単に国家意志及び国際実践に尽きず伝統的「万民法（jus gentium）」概念をも保存している「実証主義」的国際法を提示し得たところの其であって、Saint-Simonによれば、人類は普遍的・恒常的に「進歩」し、一見「退歩」と思われている時代でも進歩的面は存し、今や「実定的（実証的）哲学」の時代（工・商・芸・学の支配するべき）に於て「社会改革」から「新クリスト教」へ進まれるべきなのであった。

(ハ)しかし、Maimon, Beck及びBardiliのKant批判の試みと並ぶ、「真・善」の国を揚棄する「美」の国を説くF. Schillerは、「自由の理念」を漸次抑制し、歴史的・国民的現実への関与から精神的・文化的永遠での勝利への参与に究極のものを看取し、普遍的「人類」の現象としての「美的」共同体である世界国家を求め、Reinholdは、「Kant派」の哲学史家Tennemann（一八一九年に「認識理論（Erkenntnistheorie）」の語を用いた）に従い「認識理論」の語を多用し、論理・言語哲学・超越論的心理学・解釈学を包括する認識論の諸原理を哲学体系の基礎或いは中点とし、Kantを以て「哲学史」第三期を開始させたが、「懐疑的」Schulzeは年と共にJacobiへ接近し、「Kant派」であったBouterwekも同様であった。之に対して、

(3)(i)「狭義での近世」の最後期、(イ)「疑・知・信」の道を歩み且つ説くFichteにとっては、「生」は非

哲学的思惟、哲学的思惟は其の揚棄であって、哲学は実践者にとって「教育的」であり、この自覚的・法哲学的行動の熱情は、超人的深みへ降りて行く「ロマン派〔主義〕」への進展をも示すが、「最後的な鎮静的総合」は彼の「後期哲学」に於ても達せられなかった。

(ロ)匆論ドイツにはW. v. Humboldtの「人本主義」が存しており、イギリスでは「常識」派のMackintoshが、「幸福」を生むのは「良心」への服従で後者は「効用」から独立であり、「良心」と之と結合している「共感」とが我々の「道徳的本性」を支配していると説いているが、ドイツ「民族」への深い信を有つHoelderlinの古代ギリシャ観は「Dionysos的救済のロマン派」の体現（→Strich）として「悲劇的且つ英雄的」に終り、之に対して、初期には「感覚説」を採るが最後には神及び魂の形而上学を志すMaine de Biranは、彼の中期の「Stoa的立場」――自己意識的存在は外的客観の如く扱われてはならず、純粋な形而上学者」と「単なる経験主義者」との中間に「自己反省」の立場が在り、意識の第一事実は「意志と抵抗」である――から「神秘的・クリスト教的人間学」へ移り、人間的生の三種（動物的感覚、人間的意志、神的愛）を具体化しようとして果たさず、Schleiermacherの「弁証法」的「解釈学」が、「客観的認識」のKant的諸否定を克服する認識論的試みを提示した。

(ハ)敬虔なSchleiermacherに対し、Fichteを超出して「ロマン派の母」となるSchellingの「客観的観念主義」は、「自然哲学」から「肯定的哲学」へ発展して、遂に絶対者の「啓示」の法哲学となった。

(ii)　(イ)第一に、Mme de Staël〔A. L. G. Necker〕は、Kant-Schelling的「進歩」を信じ、「高次の」（哲学的・道徳的）宗教、最良観的「神」信仰を以てドイツ文学に世界への道を開いたが、ドイツの「古典派」と「ロマン派」とを全く区別し得ず、Châteaubriandの表面的・心情的カトリク教の内実は「ロマン派的最悪観」であったが、F. v. Schlegel は「クリスト教的救済のロマン派」の先導者となるに至った。之に対して第二に、Fourier は、夢想と鋭い予見との混合に於て、社会の自然的目標を「快」とし、そのために社会的諸改革を要求し、S. Germain は哲学的諸体系を「思想家達の roman」と規定して、学的進歩では観察・計量により唯一的模範的「統一性」へ還元して Comte に先駆し、あらゆる相関の基づく出発点的「統一性」自身は相対性を免れ絶対的であるとして Spencer に先駆したが、Novalis の「魔術的観念主義」によれば、個体性は「我のロマン派的要素」であり、「立派な人間」を形作るのは「世界史」、永遠な変遷を貫くのは「無限」であり、「クリスト教によって合一されたヨーロッパ」への還帰からのみ救済が期待されるのであった。かくて第三に、神学者 Daub は Kant 的から Schelling 的、更に Hegel 主義へ移行するが、Baader はカトリク的教理を奉じ、Eschenmayer は哲学から「非哲学」への移行を説いたのである。

(ロ)Schelling の自然哲学への当初の敬意を喪失する A. v. Humboldt の、実験を重視する広汎な自然科学は、有機体的宇宙観によって全宇宙の科学的記述を提供しようとし、Schelling に親近な Steffens の自然哲学は世界を一有機体とし、A. H. v. Mueller は有機体的国家観を説くが、「真の民族は空間的民族ではなくて時に於ける民族、史的其であり、其の祖国は歴史である」と説く Haller に対して、P. J. A. v. Feuerbach は、「基本的人権」を認め「実定法実証主義」の自由主義的刑法学によって「法律による裁判」を要請しつつ、「法律的不法」への不服従（「正義への服従」）をも要請したが、政治家として自由主義的な歴史家 Rotteck は、ドイツ的「立憲主義」へ Rousseau 的「総意」説を結合しようとし、民選議会に「抵抗権」を承認しようと試みて不成功に終わり、B. G. Niebuhr の史学は文献学的批判的に留まり、自然法的合理主義と歴史法学的経験主義とに反対する Thibaut の「実証主義」は、Savigny の「歴史法学」の前に影が薄れた。

㈩然るに第一に、イタリアでは Galluppi が、感覚主義に反対する Kant 親近な認識論に拠る「経験の哲学」（外物を知覚する我という根源的事実に基づく）を説き、ドイツでも Kant 派の W. T. Krug は既に一八〇一年に「認識論（Erkenntnislehre）」（未だ寧ろ「形而上学」であるが）の語（之そのものは一七八〇年代の Kant に見出される）を用い、「批判的哲学」と之に相応わしい方法としての「批判主義」とを区別し、前者と Kant 哲学との、後者と Kant 主義との、混同を戒め、一八三三年以後には「高次（Meta-）」諸学をも規定しており、Fichte の弟子 E. v. Berger は「客観的観念主義」的世界観に近く「折衷」乃至「混融」的立場に親近であるが、「原理から」でなく諸個別科学共通の絆を把握して自然的及び観念的生成の現実的・運動的関連を明らかにしようとした。イギリスでは S. T. Coleridge の「文学」的哲学とロマン派的「想像力」論とは Schelling に親近であるが、倫理的には Bentham に一致する J. Mill の経験的「連想（連合）心理学」の「個体主義」によれば、認識は単純孤立的感覚と共に始まり、複雑な心理形象は諸要素に内在する連合能力によって成立し、連合の根本形式が「接触性」、連合諸表象は同時的か直接継起的なのであり、「常識」派に属するが往々 Reid に反対し・Hume に傾くが後者の「懐疑」的諸帰結には従わぬ・Th. Brown は、心的及び知的現象を区別・総合し、心理現象を「外的」と「内的」状態（感覚的知覚と知的及び道徳的諸現象）に区分し、「知的」諸現象を「示唆」概念（「単純な」其が「連合」（記憶・想像・習慣）、「相対的」其が判断・比較・抽象・普遍化である）の下へ統合した。そして、「半 Kant 的」Fries の拠る「心理主義」（「意識の事実」主義）によれば、「証明」によっては何ら新しいものは見出されず判明にされるだけであり、証明されようとする真理は既に我々の証明の出発点に暗に含まれているのであった。逆に第二に Herbart の「実在主義（実在論）」も、絶対的否定性に盲目であった。しかし第三に、Fries の影響下に Wette は神学と

「批判哲学」との提携を企てて、クリスト教義の宗教心理学的研究を為し、Solgerは「悲劇的皮肉〔反語〕」の観念に基づき神性への自己犠牲を説き、Krauseの、Kant及びFichteの主観主義とSchelling及びHegelの絶対主義とを合一しようとする「汎在神論」は、哲学を神或いは本質的存在の認識〔「向上的」及び「下降的」の二重な〕とし、倫理の原則を「神に心底親密であれ、且つ生に於て神を模倣せよ」と規定し、彼の体系綱要を閉じる歴史哲学によれば、現在、人類は教養有る諸民族では「青年期」の終りに在る。何故なら「壮年期」の始りが今や基礎付けられているからである。——しかし法哲学的には彼によってではなくHegelによってであった。

(iii)　「[論]理（Logos）が制作主（Demiurgos）である」ところのHegelの「思弁的」・「弁証法」的自覚は、根源に於て論理的且つ歴史的で、「純粋概念への方向」は同時に「現実性への」其であり、思惟〔乃至形而上学〕と「高次（Meta-）」思惟〔乃至形而上学〕との反省的区別を揚棄する統一の自覚の具体化によれば、「哲学の概念の其以上の発展」の究極は、「永遠な即且つ向自的に有る理念が自己を絶対的精神として活動させ産出し享受する」こと、すなわち、自己の限定を揚棄する法哲学としての自己の具体化、なのであった。

六　近代（1815～1945）

I　近代初期（1815〜1871）

「概念」的絶対性が揚棄されているところの否定性は、「非概念」として限定されている「概念」、すなわち「主観的概念」に対する「客観」であり、即自的には概念である「客観そのもの」の「客観性」は、(1)自己の「他態（他在）」により媒介されている「向他有」する概念の「外自在」そのもの、「空間」であり、(i)「空間性そのもの」は「広がり」としての「次元」一般、(ii)空間そのものの否定が「点」（「ゼロ次元」）、(iii)「向自的」次元が「線・面・立体」乃至「無限空間」、(2)揚棄されている空間が「時間」、(i)空間としての限定が媒介される（「成る」）ところの「時間性」は、(ii)限定的時間として時間的次元、「過去・未来・現在」、(iii)向自的に「今」乃至「永遠の今」、(3)空・時の統一が「運動」的「存在」性、(i)「空・時性」としての「運動」の・「抵抗」としての限定が揚棄されているところの・向自有が精力量〝Energie〟であり、(ii)揚棄されている〝Energie〟（其の量的「保存」）としての「場」は運動的限定により限定され、従って、揚棄される其自身であり、(iii)「場」的限定と〝Energie〟との統一が「量子」的「場」、「不確定性」乃至「相補性」であり、「客観性」は限定的客観として揚棄されている。——

「広義での近世」の第二期「近代」の始

(1)　「国際政治」的「欧州協調」時代に於て法哲学は先ず「客観」として、自己の「空間・時間・存在」

性に即して、自覚された。

(i)　一八一五〜六〇年の間の「ドイツ国民」ほど諸侯・政治家達により「誤導」され「幻滅」を味わう者は少いと言われるが、(イ)正にこのドイツでK. Ritterが歴史的地理学を発展させた。他方で、「鎖国」の揺らぐ日本では藤田幽谷が保守的「攘夷」を説き、平田篤胤の「古学」は「幽界」の唱道に堕するが、反「国学」的な頼山陽は歴史的自覚を促進し、会沢正志斎が世界的「戦国」の意識によって「国体」護持のため「攘夷」乃至「兵制改革」を唱えた。「有神論」の支配的なイタリアでTestaが孤立的に開始させる「Kant主義」は、Goethe及び「ドイツ・ロマン派」を併せ信奉するManzoniの、国民的文化とカトリク的伝統とを総合する史詩の前に抑えられ、フランスでは懐疑的Lamenaisは教会を人類的良心の内在的理性の特殊的表現にすぎぬとなして、反動的神学から「クリスト教的民主・共産主義」へ移るが、ドイツでGuentherは、「精神」を「霊魂」の上に樹て「自我思想に於ける思惟及び有の真実な同一性」を原理とし乍ら、カトリク的「有神論」とDescartesに似た二元論とによりSchelling-Hegel的「汎神論」を克服しようとしたにすぎぬ。

(ロ)然るに、Herbart的「有神論」に於てカトリク教を堅持するBolzanoによれば、道徳論から幸福論的・民主的な社会的「国家」哲学に至る倫理学は「宗教哲学」に属し、温厚な彼の「認識論」も不十分であったが、「真理」と「客観性」とを同一化し、「論理」と「思惟心理」とを分離する。――「空間及び時間」は「直観」でなく「概念」であり、「理性」の諸「要請」は其等の成就の諸前提が存する限りでのみ妥当するが、「存在判断」は「表象」が其に対応する「対象」を有つことを言うのみであり、「真理自体」の概念は「命題自体」から明らかになり、無限に多くの「真理」が存在して、一の其から導出され得ぬのであり、「概念（非・直観）主義」を採り・「非Eukleides幾何学」的でもある・数学でも彼の「無限」観はCantor（後出）的で、「観念主義的・思弁的諸体系」を斥ける「形而上学」はLeibniz的であった。

(ハ)之に対して、StendhalはCabanis及びDestutt de Tracyの影響の下に「天才」の自由権を強調し、逆にCabetは共産主義的理想を説き、Guizotが「bourgeois的・寡頭制民主主義」を説く「文明史」観を提示したが、ByronがGoethe的「ドイツ古典派」の「ロマン派」化（或いは其の逆）を形態化するところのイギリスでは、J. Austinは「功利（効用）主義」にドイツ的法学を摂取して、「法と道徳」の峻別の下に「分析法学」を発展させ、HamiltonがKant研究に拠り、「思惟する」ことは「制約する」ことであって（彼の論理学での「述語の量化」は「命題の外延的取扱い」に寄与する）、「現象」の認識は直接的であるが我々は諸「実体」の認識を有たず、制約され限界付けられたもののみが認識の対象、之を超えるものは「信」の対象であり、「信」は「知」に対立し「道徳性」に発する、と主張し、フランスでCousinの・Schellingにも「絶対的観念主義」にも近い・「心理主義」的「折衷」は、教会的諸攻撃に対しては、「幾何学流」でなく「我思惟す」原理に単純化されたDescartes説に拠って大学護持に寄与し得たが、漸次「実証的諸科学」との接触を棄てて「スコットランド常識哲学」と化した。

(ii)　(イ)逆に、講壇では「成功」し得なかったSchopenhauerによれば、「空間、時間、諸範疇（中でも「因果性」が根本的）は主観的で諸現象（「表象」）に制限的に妥当するにすぎぬが、「物自体」的実在は「不可認識的」ではなく「意志」（非有機的自然に現示する諸力を含む広義での）なのであり、「物自体」的・超越的意志と経験的諸個体的な「意志現象」との「中間」が実在的「種」としての「諸観念」（意志の客観化の諸段階。其の最高が「意識」）であり、従って、すべての「叡知」は「生への意志」に仕え、「天才」に於てこの奉仕から開放されて優位に立ち、「世界」は可能的諸世界のうち「最悪」であって（「体系的〔に〕基礎付け」られる「倫理的最悪観」）、満足させられ得ぬ意志は「苦」に生き、「道徳」の本性は否定的であり「共苦」である。――彼の哲学は外見上「体系」、現実的には「芸術作品」であるが、忘我的な芸術直観も一過的であり、其故、生きる意志の「滅」（「禁欲修行 Askese」）（「精神的目標の肯定的規定のない感性否定」）に究極されるべきなのであった。第十九世紀は「歴史的世紀」と言われるし、彼の同時代人 F. List の、「国民的生産力」に拠る経済発展段階論の経済学は国家主義・保護貿易主義的に A. Smith を批判して、経済学での「歴史学派」を開拓するが、Schopenhauer の哲学は「歴史」を欠き、彼にとっては「史学」は学ではなかった。

(ロ)第一に、当時 Hegel 哲学は Henning により倫理乃至国家学的に祖述され、「Hegel 屋」Hinrichs によれば「思想に纏められている現在は、理論的に思想に在るのみならず、現実を実践的に浸徹しようと努める」のであって、Gans は Hegel の法哲学を「自由主義」的に発展させて Savigny 的「歴史法学」に反対した。他方で第二に、Schleiermacher と Jacobi と Schelling とを結合する Brandis の「クリスト教的有神論」は「奇蹟」概念と「啓示の現実性」とをも擁護し、I. H. Fichte の、Hegel 哲学及び唯物論に反対する「唯心論的実在論」の「思弁的有神論」に於ては、哲学は神学に、思弁は経験に接近し、総合的・同一的な「有且つ知」こそ根源的、神は根源且つ理論的成果であって、諸個別の捨象が無限な有の承認へ駆り、認識論は「神の存在の形而上学的証明」に究極するのであって、経験による媒介を強調する Chr. Weiss も、Hegel 哲学を「思弁的・直観的認識」により補完し・「思弁的な神認識」を有つ・「倫理的有神論」を説いたが、比較的 Kant 乃至「ドイツ観念主義」に近く、「理性概念」こそ哲学の対象であり、神も拘束されているところの法的な存在形式が「空間・時間・数」の三なのであった。しかし第三に、Braniss の「形而上学的観念主義」は「歴史主義」をも、世界史の自覚的自己実現の基礎付けとして将来に向く歴史哲学と理解しており、「学」の名に於てCousin的「折衷」から離れてMalebrancheを再認するBordas-Demoulinによれば、理念は現実的、現実は理念、思想を識ることは現実的実体（人間及び神）を識ることであり、非有機的世界では「外延量」が、有機的世界では「力」が支配するのに対し、形而上学の対象である「道徳的世界」は量的世界を脱離するのであるが、存在を精神とするBoströmの「理性観念主義」によれば、すべての生は根本的に「自己意識」、「有」は「被知覚」であり、人間は世界に於て生きるが彼にとり世界は唯一でも最高でもなく、彼は時間及び空間から独立な「純理性」或いは「人格的世界」を有ち、この高次な意識内容により実在的に理性的・人格的であり、「実践的理念」としての社会・国家も根本的に人格的、理性的・意志的で、無限な人格性が「神」すなわち「超・時空」なのであった。

(ハ)イギリスでは、Whewellによれば、法則を求める帰納は、Kant的に、経験を形成する諸観念に基づき、倫理は演繹的体系なのであり、G. Groteは「功利主義」を緩和して「交互的効用」を説いており、Carlyleの Fichte的観念主義の実践的人生観の原理は「真理と正道」であった。しかし相変らずイタリアでは、夙に保守派から離れた「自由主義派」のRosminiの、「内的知覚」から出発する「心理主義」は、経験主義及び観念主義のカトリク的折衷の有論体系を提示し、「形式と内容」を区別しはするが、唯一の根源的形式として可能的且つ無限定的有を認め、「神を何よりも愛する」ことを規定する有的秩序の具体化を説いており、同じく「自由主義派」のMamianiは、「実在論的観念主義」をPlaton的理念説及び経験哲学と合致させようとし、真理の総体は「直観」により認識される絶対的有の統一に存するとし、かくて、「観念主義」をも「進歩思想」と結合させようとしたGiobertiのカトリク的・神学的「有論主義」によれば、「絶対的有」

（「神」）は「創造的原理」として直接に看取され（人間的理性による・絶対的に必然的な有の・直接的直観！）、「神の予感」が「道義的意識」に展開して政治哲学にもなり、啓示宗教は人間的精神と諸国民の市民的進歩とも一致すべきであるが、飽く迄「（ローマ）教会と共に」なのであって、彼に於てカトリク・教皇権・イタリア国民が混和し、事物は「神に於て合一する永遠な諸理念の個体化」なのであった。然るに、ドイツの学界では不遇であったBenekeの、術語的にも認識論的反省を進展させる経験主義且つ心理主義によれば、「哲学的諸学」は「実定的（実証的）」であるべきであり、「下落したドイツ哲学」の新生には認識論的にKant再認が必要で、論理の形式性に対する内容的認識と現存するものの知覚とが大事であり、有と知覚との合一、従って「心理学」が、論理と形而上学とに先順位する「基礎学」、諸学は総て「応用心理学」で、形而上学も心理学に基づき、後者は「内的経験の自然科学」、故に自己観察であり、「道徳」の基礎も「諸感情に於て示現する心的諸機能の自然的価値諸関係」で、我々の関わり得る総体にとっての有的価値が「道徳的善」、「人間的自然」に基づく規範に従い高位と考えられるものが道徳的に「要請」されるものであって、此処から「自由」、「良心」、「教育」も、「知と信との分離」に即してSchleiermacher親近な「有神論」も、説かれていた。之に対して、

(iii)　(イ)ドイツの法律学界で今や優位に立つ「歴史法学」の次祖Puchtaの哲学的思惟は「Hegel的」でも「Schelling的」でもなく「形式論理」的で、「本来の形式主義的な概念法学」の創始者として「法実証主義」への移行形態を呈示し、R. v. Mohlは「市民社会」という狭義での「社会」（個別者達の諸群の総括態）と区別される国家行政の「実定法学」を拓き、Rankeは「ロマン派的歴史哲学」に反対して「歴史批判」的方法と「客観的」歴史叙述との「科学的」歴史学を発展させるが、其自身「歴史神学」的となった。他方で、

「Saint-Simon 派」カトリク的 Buchez はクリスト教と「革命」との連関性を、同派の Leroux はクリスト教及び革命の相関と「自由・同胞愛・平等」とを説き、「感覚・感情・認識」と「所有・家族・祖国」と「産業・芸術・学」との三対応に即して、人間に「完全化」能力を認め、抽象による主体である「個体」よりも現実的である「人類」の内面的連帯性を説き、Comte の・同様に「革命」後のフランスに於ける「秩序と進歩とをめぐる闘争」からの産物である・歴史哲学にとって、人類の進化と諸学の新分類とで大事なのは、「実証〔実定〕性」の徴標としての「理性的予見」なのであり、「実証的社会学」の究極目標は人類を「実証的な社会」にすること、其の実現手段は「実証的」な政治、学的「道徳」は「人類」崇拝「宗教」〔而も教団組織的な〕への移行、なのであった。しかし、数学から数理経済学に進む Cournot によれば、哲学は諸学の普遍的諸原理の体系であるが、この諸原理は「蓋然性」にすぎず「偶然」は排除されておらず、数学では「蓋然性」が「無限大」、哲学では「最小」なのであって、「歴史」は人間が本能に従う「前史」と理性的原因の勝利する「後史」との「中間段階」であり、「偶然」と強い諸個体とが乱しているところの・自然法則と悟性との・不断の抗争であって、「歴史」は厳密に論理的でも純偶然的でもなく、「飛躍を除いて合法則的になろうとしている過程」なのであった。

(ロ)然るに G. T. Fechner の、「心身並行」〔故に「類比」〕論に基づく「Weber-Fechner の法則」に照応する汎神論的「汎霊化（Allbeseelung）」説によれば、我々の体が地球の一部である如く我々の霊は「地霊」の其であって、Schelling に親近なこの自然哲学では宗教的満足の感情が至高善で、だからこそ「快」感情は生じるのであり、クリスト教的宗教性を固持しようとする彼の「幸福論」は、Kant より Bentham に近い「実際論的〔行用的〕」倫理にすぎなかった。しかし、Drobisch は Herbart に親近に、有の諸形式と思惟の其等との同一視から、有と思惟との両立場を媒介する立場に進み、「神」は論理的指摘を要する故に「目的論的証明」が採用されるべきであり、道徳的な世界目的の現実化という課題の実施可能性は神によって保障されている、と説いた。之に対して、Hegel の「最も忠実」な弟子 Michelet（脱 Hegel 的な Zeller に触発されて一八六二年に初めて「新 Kant 派〔達〕（Neo-kantianer）」という語を難詰的に用いた。但し、「学派」的意味なしの〝Neo-kantianismus〟の語そのものは、一八五九年の Lassalle の J. K. F. Rosenkranz 論に現れている（↓Koehnke））は、哲学の全分野で「経験科学」を思弁哲学に服属させようとする体系目標を提示し、美学及び芸術史に於ける「Hegel 派」Hotho と共に「Hegel 右派」に数えられることもある同「中央派」J. E. Erdmann は、「時代の子」としての哲学に即して、世界史により制約されている哲学史を提示するが、当代の「政治主義」に反対して Herbart の「実在論的個人主義」を肯定的に評価し、Schopenhauer を重視して Kant を尊重した。

(ハ)「新 Kant 主義」形成を触発する Trendelenburg は、Aristoteles を Platon に対立的と見ぬ哲学史でも示される如く、「経験的」なものを尊重するが、哲学と経験諸科学との関係を「神的起源」へ遡らせる傾向が有り、彼の、「目的」的「構成的運動」の「実在論的観念主義」（「有機的世界観」）は、「思弁的有神論」に親近で、諸科学認識論としての論理は「ドイツ実証主義」への触発も大きいが、認識論及び科学論を論理及び形而上学の統一に即して（「諸学の形而上学」としての論理が「基礎的哲学」なのである）具体化し・「物理と倫理との間の闘争」を揚棄し・ようとする試みは、「綱領」を出ず、「観念主義」と「経験主義的実在論」との総合の試みは、「類型」的に「唯物論（Demokritos 主義）」と「観念主義（Platon 主義）」とに対する「Spinoza 主義」との三別によって、後の Dilthey の「世界観類型」説を先取しているが、「批判的」ではあっても世界観的に「ロマン派的」な彼の「国家」（「民族個体的形式」に於ける「普遍的人間」）及び「歴史」は、「人間的自然」の発展とされるに留まり、而も結局は宗教的信仰的倫理に終っている。

(2)(i)　(イ)アメリカで「New England 超越論」を発展させるEmersonは、「Kant 的」に思惟及び意欲の力を謳い、「霊感」と「人格的教養」と「自立」とを併せ強調するのみならず「進化論」の萌芽をも看取させるが、日本では藤田東湖が、「天地の大道」として儒教を排斥しない普遍的法＝「斯道」に拠り「尊皇攘夷」論を唱道している時、他のヨーロッパ諸国では「ロマン派的」だったものが「反ロマン派的」であった（→Strich）ところのドイツでは、「若きドイツ」の人々の合言葉は「時」すなわち「自身の時、自身の現在、自身の瞬間」であって、同時的・社会的問題が政治的・傾向的に前景に出、Heine と共に「古典派とロマン派との大対決」が始まり、「生及び行動の現実に於て自己を充実しようと欲する新たな時」、「近代性」が顕出する。之に対して、ユダヤ教からプロテスタント的クリスト教に転向し「学の転向」をも宣言するStahlは、Kant 哲学の革命的性格にもHegel の「汎神論」及び「合理主義」にも反対し、「経験的」認識論を採り、法哲学を「法及び国家を至上原因と総ての実在の最後的目標とに結合させる」ものとなし、啓示宗教的有神論（クリスト教）を固持して「神の秩序及び摂理」を基礎とし、「神的法」と「正統性」とが「共属的概念」であるところの・「多数」でなく「権威」に基づかされる・「反自由主義的」「文化国家」論に於て、第十九世紀ドイツの現実に適合的な「立憲的君主政」論として「プロイセン保守派」を代表し得た。当時、「Hegel 哲学は革命の哲学」・「諸〻の哲学の最後の哲学」であると言った「急進的民主主義者」Ruge も、晩年には国家主義に転向し、「新ヨーロッパ」の一部としてのイタリアの国民的統一のための「革命運動家」Mazzini の主張は、「国民・革命・諸国民自由の汞和（amalgam）」であり、フランスではLe Play が、「社会改良」に奉仕する「行用的・経験的」な「具体的・社会的事実」（特に貧困問題）研究を説くが、「フランス革命の諸理念」には反対して「家父長制的」秩序を擁護した。

(ロ)「Hegel 中央派」に普通属せしめられる J. K. F. Rosenkranz は明白に Hegel から離反しており、「超時間的」と「時間的」との二元論に於て、「思惟」と「有」との「対立」は「理念」に於て揚棄・統一されはするものの、固持される立場は「力動的」でも「弁証法的」でもなく、「論理」は「概念・判断・推論の理説」となってしまっている。社会的・政治的関与の故に免官される Kirchmann は、Kant に傾く「実在論的・経験論的」な「知（乃至認識）の哲学」の立場から、夙に法律学（「実定法教義学」）の・「学」としての・「無価値」を指摘している。他方で J. Martineau は、「Kant 的」に意志としての理性的存在（本体的原因性）と現象とを区別し、思惟された世界と現実的世界との対応を「当然に信ずべき」であるとして、「二元論」的に、人間に対する者としての「人格神」を説いており、ドイツでも Vatke は「思弁的・神学的」であるが「史学的」・「Kant 的」に「Hegel 的弁証法」を「批判主義により滅ぼし」て「似而非 Hegel 派」と呼ばれ、Ulrici の反 Hegel 的な「思弁的有神論」は自然科学と信仰とを両立させようとし、「理神論」と「汎神論」とを仲介しようとしたにすぎぬ。

(ハ)実践哲学を主とするが「思弁的具体化」をも志す F. Vorlaender は、一八五三年、Comte 社会学を機縁に、「学の対象」であり得ぬ領域の事柄にかかずらう「ドイツ的な曖昧な観念主義」に対して、「Comte の社会学から多くを学ぶべき」であると述べ、Krause 派の Lindemann は「人間学」（倫理）と論理を発展させ、Fortlage は、Fichte 的思弁へ Kant を引寄せて理解し、Beneke 的経験主義をも併せて、「有神論」及び「汎神論」を合一する「超越的汎神論」を説き、世界を包括する「全一者」は同時に「超時間・超空間・超歴史」であるとすると共に、Kant の実践哲学面を重視して「主体性」を根底に据えた。然るに、「現実」感に基づくFeuerbach の、心理主義・感覚論に拠る幸福論及び無神論によれば、「人類の自己礼拝」である宗教は人間の利己主義から成立し、神から理性へ・之から人間へ・進むべき法哲学にとっては、「類」としての人間の・人間との・統一性こそ最高原理なのであって、遂には、「如何なる哲学をも有たぬこと」こそ彼の「哲学」であると述べられるに至った。このFeuerbach と次出のBruno Bauer とが「忘れ」ている「唯一真な個別者」（「唯一者」・私）は私以外の何ものにも関心が無いと説くStirner〔J. C. Schmidt〕の、「倫理的独我論」と「認識論的」其との結合にとっては、脱・権威、反・国家、非・国家の個人的自由こそ肝心であり、「人道〔仁〕」観念は「狂気の産物」にすぎなかった。かかる「唯一者と彼の所有」を六〇年代には「国家」が、同時に興隆する「社会主義」と共に、脅かしていたのである。

(ii)　(イ)D. F. Strauss の、「汎神論」的な脱クリスト教による宗教批判は、哲学的よりも「世界観」的影響の方が大きく、彼の「Hegel 主義」は彼の史的研究には影響しておらず、漸次に「進化論」的「唯物論」へ移行しクリスト教的信仰を捨てる彼は、大方の「批判的合理主義」者の如く、同時に「芸術」愛好に向い、政治的には「保守派」（プロイセン的「反・社会主義」）であって、「美的・人生観的」に政治離反的であった。このStrauss に由来する呼称である「Hegel 左派」へ同「右派」から移行するBr. Bauer の、クリストの神性及び歴史的存在を否定し「聖書」を文学作品とすると共に「形而上学の破局」を説く「純粋批判」（抽象的な批判主義）は、この「無神論者」が政治的には「保守派」で、後には「プロイセン的反動」に奉仕することを妨げなかったし、兄と同様に「無神論」であるEdg. Bauer は後には教会的立場を採るに至った。既にDonoso Cortés は「啓蒙的自由主義」から教会権勢待望の保守主義に移っているが、彼の「歴史神学と預言」も「復古説」ではあり得なかった。

(ロ)フランスでは、「Saint-Simon派」のReynaudは彼岸に至る「進歩」の無限界性（悪から善へ、物体的から精神的状態へ）を説き、J. J. Ch. L. Blancは「普通選挙」による「平和的変革」の可能を主張し、「個人主義的に社会主義的」なProudhonは、権利の「自然的平等」と「権威」の排除とを主張し、「人格的品位」を尊重する「無政府的個人主義」を採るが、「連帯」原理を基礎に置くことにより、反・民主的であるが「平和的変革」を可能とし、「諸連合の連合」の体制を要請した。Tocquevilleの歴史的に自覚する自由主義も、「大衆」・「多数」の支配する「民主政」に反対し、「自由・平等・民主・宥和」の核を「自由」とした。そして、「プロイセン的ドイツ統一の史家」Droysenの、「実証的」と「実践的」とを統一する「目的論的史観」によれば、「歴史の科学説」は「歴史哲学」でも自然科学的方法による経験的な歴史研究でもなくて、「史学者自身も属する史的反省」（「史的意識」）であり、歴史研究の目標は「現在の歴史的位置を規定する」ことであり、歴史的な問題提起乃至「解釈」（過去の生関連全体に於ける本来的座の規定）には「史的天賦」が表明されるのであり、既に一八四三年に「諸〻の精神科学」の語を使用している彼は、「全に於ける個」・「個からの全」の「理解」の根本規則の方式化を試み、「人間的精神」の表現の理解に即して、歴史的有意味を規定する「道義的諸力」の「現実化」こそ歴史の「本来的内容」であるとした。しかし、

(ハ)「人格主義的功利（効用）主義」と「経験主義的論理」とを自由の法の下へ統合しようとするJ. S. Millの「効用」原理はBenthamを超えるが、「人道性」宗教を認める宗教観はComteに近く、この「論理的功利主義」に対応する「経験諸科学の論理及び方法学」に於て、「論理学体系」の第六部は「社会科学の基礎付け」を成すが、彼の「経験主義的帰納論理」は、数学的方法に乏しく本質的にはF. Baconを殆ど出

ぬのみならず、「連合心理学」的に「確固結合」（「心理的強制」）を明らかにしようとする「認識論」では「意識一般」或いは「我」自体の問題は未解決に留まった。然るに、

(iii)　(イ)Ferrier によれば、認識主観は認識されるものをと同時に「自己」認識を有ち、「物質」がでなく表象内容を有つ諸精神が真の存在であり、「不知」は、原則的に認識できるものに対して存在し得る欠如態、「絶対」は「無限な悟性」なのであったが、カトリク的 Balmes はフランス「理念論者（idéologue）達」及びドイツ「観念主義」に反対して、「意識・明証・共通感覚」を区別する「合理的直観」の立場を保持し、Vacherot の「唯心論」によれば、「形而上学」は知及び行為の最も普遍的な諸原理の学であり「心理学」が形而上学の基礎であって、「霊魂」が唯一活動的且つ自由な原理であり、「道徳法則」は絶対的で「良心」により直接に認識され、「無限な本質」は「理想」（知と道徳的活動とにより実現されるべきもの）なのであった。しかし、Krause 説を歴史哲学的にも発展させる Ahrens は、すべての人間の平等な人類性を説き、而も、「道義」及び「法」を包括する「善」を「善きもの」と等置して、「生」と「善きもの」とのすべての諸圏の「規制」の原理を「法」として規定した。之に対して、「科学的」・反「思弁的」な E. F. Apelt は、Fries 説を明晰な形而上学に発展させ、認識論に於て「帰納」理論に寄与すると共に、文化の歴史哲学（Kant-Fries 的世界観」に至る）に及んだのである。然るに、

(ロ)「折衷」を批判したが自らは「唯心論」と「実在論」との折衷である Ravaisson-Molien は、「精神と物質」の対立を超える「高次の統一」を求めて Maine de Biran 説を再認し、「愛」を「霊魂の実体」となして「直観の意志主義」を採り、思惟を意志活動、自然を精神の「鏡像」とし、万有は「完全性」へ発展し而も「芸術」こそ学に優る啓示であるとした。しかし、R. Wagner が後年に Schopenhauer 説を採るに至

るところのドイツで、Hegel 的から Schopenhauer 的へ移る Frauenstaedt は、「最悪観」を斥ける「客観的・現象的観念主義」を主張し、之によれば、諸個人の数多性は単なる「仮象」ではなく、「空間・時間・因果」の主観性も斥けられるが、「世界意志」の「一元論」的性格は固持され、意志は知性に優り行為は意志の満足なのであって、従って、諸〻の本質的な存在の「客観的福」（「事物の客観的内在的な自然目的に合致する」）を目的とせよという「幸福論」が説かれた訳である。之に対して、「Comte から Kant へ」と説いて・「思想史」の基礎を置くが「進歩」を否定する・Renouvier は、「物自体」・「本体（noumenon）界」を斥け、この「表象」外部の「実在」は認識できず・正に其故に「実在界」は有限であり・「自由」は「現象界」に在る・とする「批判主義」によれば、諸範疇は「関係」の其に支配され、現象主義の相対主義は「人格的主体的」に統一され、「自由」は「可能的・現実的」、「形而上学」は「道徳的意識の諸要請」にのみ基づく体系なのであった。

(ハ)然るに、「文化人」に対して「時代の十全な危機的現実」を体現する Kierkegaard は、「実存を忘れた」Hegel に対して、「論理の、論理的真理の、そして、すべての種類の諸〻の近世的な知表象の、批判」に於て、「根本的な反形式主義的且つ反論理的な」思惟的主体性の絶対的否定性に「自由」を基づかせ、「不安」から「絶望」への「無の貫通」にこそ「本来的自己」は存し・クリスト教も「合理化されぬ不条理」であって・「生の経歴」によって史的となった自己が個別者として自己を定立し選択決断の主体性として「自己責任」を負い罪責意識と恩寵要求とにより「クリスト教的実存」になる・という法的自覚によって、自らの行倒れを超えて再生し得たのである。しかし、

(3)(i)　(イ)第一に、「生物学的 Copernicus」Darwin によれば、「力学的根本性格」にも拘らず宇宙は発達

し、「生存競争」と「淘汰」とを介して形成されている生物界に於ける動物に対する人間の優越は、知識及び社会的諸性質に由来するけれども、この「高・下等」は程度差にすぎず、「後悔」乃至「良心」こそ重要であって、「反省的人間」の行為原理は「幸福への努力」でなく「深い社会的衝動」であり、之の目的は「普遍的福祉」、すなわち、「固有の諸性質」を所持する出来るだけ多数の「全く健全な」諸個人の「教育」なのであって、「Darwin 学説」の・「自由主義」との・「同盟性」或いは「対応性」は彼自身の倫理説にも明白である。第二に、当時フランスでは C. Bernard は生理学に於て「活力〔生気〕説」に対する「実験的」科学の勝利を確保し、ドイツでは J. R. v. Mayer が「非物質性の或る種の量」としての「〔力学的〕力（Energie）」の「保存の法則」を一八四二及び四五年に確立していたが、フランスでは Gobineau の「純血から混血へ」の人種論が、原初からの「白人優位」の「人種不平等論」の基礎の故に、「信心深い」カトリク教徒の宿命論的最悪観の世界史観を呈示した。之に対して第三に、スペインへドイツ（特に Krause）哲学を導入した Sanz del Rio の「汎神論」は「善のための善の実現」（「人間愛」に基づく共同態に於ける人間の調和的生）を説いているが、ロシアでは、社会主義的革命運動家として Gertzen〔Herzen〕、Czernyshevskii, Belinskii が顕れ、シナでは洪秀全の「太平天国」の宗教国家的共産主義が一時の実現を享受しはするが、Bakunin の「革命的無政府主義」は単なる実現運動に終っており、ドイツの政治家 Rohmer の、「自由主義的・保守主義的」な政治観と「生理学的」国家観との「救世主的自負」的な結合によれば、「哲学者は真の政治家でも」あり、「有神論と汎神論」、「大宇宙と小宇宙」は「混合」でなく「調和」されるべきもので、「大宇宙」は「神の体」であり「創られたもの」ではなく、「創られた」有機的世界の各人は神固有な理念であって死と共に大宇宙的「質料」へ帰るのであった。

(ロ)然るに Vogt にとっては「思想と脳髄との関係は胆汁と肝臓、或いは尿と腎臓との其に同じ」であり、J. S. Mill の論理及び道徳説を精錬する Bain の「連合心理学」的哲学によれば、「生命の力（energy）」の「自己保存の法則」が「快・不快感」と行動程度との間の関連を規定するのであったが、Moleschott によれば、「力無き素材無く」・「素材無き力無く」、「特殊な生命力」なるものは存在せず、人間は生理学的感覚の総体であり、思惟（脳活動）は燐を含有する脂肪の存在に由り、意志及び思惟は栄養等々により決定されているのであった。之に対して、Ruskin は「美」を「世界創造的精神」の顕現とし、Vera は「イタリア的」「有論主義」に対して「Hegel 絶対主義」を採り、B. Spaventa は比較哲学史的にイタリア哲学史と他のヨーロッパ哲学との親縁性を認めて「Hegel 主義」を採った。しかし、哲学史的・神学的な Zeller は「Hegel 的」から「反 Hegel 的」、「Kant 的」且つ経験論へ傾き、「諸科学の認識批判」としての哲学を重視し、「経験的な仮説的認識」としての形而上学を可能とし、「Kant 復帰」を要請すると共に、「合理主義と経験主義との独断論（教義主義）」を揚棄する哲学の「認識論的転向」を促進した。

(ハ)歴史及び国家社会の（就中「社会統計学」的）研究に携わりつつ政治（就中「ドイツ統一」形態の問題）に参与する G. v. Ruemelin は、「Hegel 流」に批判的であるが、人間は心情的に「十全な統一的な生共同態」への「静かな憧れ」を有つと考えており（→Meinecke）、Hegel 説を変容する L. v. Stein は Kant 的「法概念」と社会的現実の「生概念」とを区別（「国家」は普遍・概念、「社会」は特殊・生なのである）し、後者の諸〻の「法化」として法の歴史的具体性を「理念的法」との緊張関係に於て観、「社会的民主政」の「労働する国家」の理念を説いた。之に対して、「目的論的観念主義」と「力学的世界像」とで「有」及び「価値」を体系化する Lotze によれば、「形而上学」は諸〻の「霊魂単子」の体系化で、其等の交互作用は「神」を通じて起り、「永遠」なのは「神の不変な作用諸形式」としての論理的諸法則のみであり、「善」は「無制約的に有るべきもの」として世界の真実な実体であって、之の運動・移動・展開に於てのみ世界は其が其であり其であるべきところのものであり、従って諸〻の「真理」及び「価値」は「妥当なもの」の象面を形成する。――「価値」は体験する個人のうちに「快感情」を起す・事物の・諸性質で、其故「客観的」なのであり、従ってLotzeの「価値哲学」は最後には「快」状態に帰するが、彼の「国家・社会」説は「反・時代的」で、「代議政体」にも反対であった。しかし、Comteの就中「諸学位階及び三期発展」説を排斥するSpencerの「総合的哲学」の原理は、究極的には宗教的諦念であるが一種の「合理的功利主義」で、政治的には「自由放任」主義に近縁であった。――「取得された（後天的）」諸性質の「遺伝」を認める彼によれば、真理の普遍的規準は「反対［事］の不可解性」、精神活動は意識諸状態の分化及び統合であるが、「人間社会」は「有機体的」ではあっても「社会有機体」には「感知体」は無く、倫理的「善悪」は行為の「合目的性」、終局的には「種の保存」、最高的には「生の最大総和」に在るのであった。

(ii)　(イ)之に対して第一に、Czolbeは「感覚主義」的「自然主義」であるが反「唯物論」で、「世界霊」の存在を確信するに至り、与えられた世界への自然主義的な自己制限を倫理的要請とし（彼の遺稿によれば、世界全体の実体は「空虚な空間」、其の第四次元が「時間」、諸感覚は意識の質と感官特質とに浸透された「空間部分」である）、Buechnerによれば、力と物質とが唯一実在の両面であり、精神は脳髄作用であって、すべての現象は因果法則に支配され「目的」・「自由意志」は存在せぬが、Tyndallは、「進化論者」ではあるが「究極の力」を不可認識的とし、「精神と物質」の対立を捨てて「物質」概念を「生命」の前段階とすべきのみであると説き、Kantを摂取したMansel によれば、「無制約者」・「絶対者」は不可知で、其故に「信」も

「クリスト教の啓示」も承認されるのであり、「無制約者の哲学」は「無神論」又は「汎神論」に導くが、「実体」の不可認識性の例外が自らの「我」であって、私の実在的存在は意識の直接的事実、意識は其自身私の実在的存在なのであり、「ドイツ観念主義」（特にHegel）のイギリス的了解を発展させるStirlingは、「Hume以後停滞している」イギリス哲学を「揺り起す」べく、主として倫理的・宗教的見地から「敬虔な人格性の内面的要求」を満足させる「自我の弁証法」（故にFichteに近いが、「より静的」な）を主張した。第二にドイツでは、「機械的」自然観の有力な時流に反して、K. C. Planckは「観念主義」的体系形成傾向を継続し、Spencerに親近な「発展」説に於て、人類化されたプロイセン的・ドイツ的精神の有機体的な自然及び社会観を提示し、諸概念の分析に法学の本来的な使命及び進歩を観るWindscheidの、「立法者の理性への信によって緩和された合理主義的な法律実証主義」は「立法者意志」を「理想化」し「客観的な理性性」を肝要とし、一八七二年に初めて「講壇社会主義」を書名に掲げたH. B. Oppenheimは、「Hegel右派」の法哲学を「自由主義」的に継続したが、Feuerbachを継承するKnappの、自然科学的に基礎付けられる法哲学によれば、「筋肉的に強要された下属」が法の原理であり、「自然諸過程の機構」に拠る「法学的虚無主義」として「知の高等警察」である法哲学は諸〻の「法幻想」を破壊すべく、遂には自己自身をも破壊すべきなのであって、かかる状況のもとでJheringが、「概念法学」から其の反対へ移行し、「目的」を重視して「利益法学」に先駆した。しかし相変らず、第三に、J. Cairdは「Hegel的・思弁的」宗教哲学を進め、「Hegel派」に属せしめられ・主として宗教哲学的関心を有つ・L. Noackは、Fichte的・「ロマン派」的なKant「歪曲」をも斥けて、「Kantは経験主義者である」とするBeneke的解釈を採るが、W. Rosenkrantzも宗教（従って神学）に親近で、Schellingの「肯定的哲学」とカトリク的「有神論」とを合一して、根源的な精神的一如（神的有）と客観的な有的要因（諸力）との「哲学的総合」を説いていた。

(ロ)之に対してMarxによる「資本主義社会の批判」は、「法」及び「国家」を揚棄する「類」的人間の「人本主義的歴史哲学」の実践であって、「唯物弁証法」の「史的唯物論」は、揚棄される「階級」的限定の具体化であった。

(ハ)J. Burckhardtの「人本主義」的史観は、後述のNietzscheに親近に古代ギリシャ人の「普遍的な自明的に最悪観的な背景」をも銘記させる「全文化史」的考察に拠っており、Mainの法史学は、突き詰めて「検証」される真摯な研究が「真理」の発見になると説き、Harmsは、Fichteに親近であるが「経験」及び「歴史」を概念的に重視し、『純粋理性批判』の「方法」に帰り諸科学との再結合を志す学的体系の志向は、後の「新Kant的」・「方法論的」・「批判的」な哲学性を予示し、Dilthey的「歴史的理性の批判」の先駆でもあった。然るにEngelsによるMarx「発展」は「前・批判的」思惟への逆戻りを露呈し、彼は晩年には益〻、「内容的」に対する「形式的」精練に傾注した。しかし、「Hegel中央派」Schweglerは、時流に即してHegelの核心を「発展」理念に観るが、「自由と必然との互入」に基づいて「哲学史と論理とのHegel的対応」を拒否し、「偶然」の大を強調した。――彼によれば「哲学体系」は「抽象から具体へ」として「総合的」、「哲学（思想）史」は「具体から抽象へ」として「分析的」であらねばならず、後者の「構成的」性格を彼は見失ったのである。ところが、一八七〇年前後に「新Kant派」運動はドイツの諸大学で迅速に確立に向っていた（→Koehnke）。

(iii)(イ)第一に、「Hegel派」であるが「Kant遡及」の必然をも説くPrantlは、「ドイツ観念主義」と「後・観念主義」的「批判」との総合の最後の試みに属し、彼によれば、人間に特有な「時[間]感[覚]」により「概念」が「想起」的に作られ、将来的・目的意図的に諸「理念」の領域が基礎付けられ、後者の実現が「倫理的」諸存在なのである。――主観的意識の諸機能が客観的な世界認識の規準を与え、主観的なものと客観的なものとの本質統一的関連の意識は人間の専有であり、「話す」と「思惟する」とは本質的に一であって、特定の文化諸段階及び諸国家の普遍的な史的・文化的諸条件と事物的・体系的其等とが様々な諸哲学に於て自己を啓示し、歴史の創造的過程には終結は有り得ず、其故に「論理」は「史的学」としての「論理学史」として新たに基礎付けられるのみならず、人間の本質が彼の歴史からのみ認識できるから（従って Feuerbach も、彼の反宗教的感覚主義の一面性には反対されるが、高く評価される）、「歴史主義」は「真の人間学主義」に統合されるのであって、哲学的「世界観類型学」の先駆的形態（「実在論」・「主観的観念主義」・「真の人間学主義（客観的観念主義）」）が提示された。他方で第二に、スエーデンの「正統的」Hegel 主義者 Borelius は後に「実証諸科学の諸成果」に接近する立場に移るが、イタリアでは P. Ceretti は、Hegel に親近に事物をのみならず「精神」をも根本の「絶対的意識」から導出する「絶対的な没激情的な体系」を構想して哲学及び市民社会の改革を意図し、フランスで P. Janet は「唯心論」と科学とを媒介する「反唯物論」的自由主義の立場で「自然法」を説いて「国是（国家理性）」説に反対し、Durand〔Durand de Gros〕の反「実証主義」的な「観念主義的進化主義」によれば、学は必然的に形而上学に導く（何故なら「事実」は説明しようとする「精神」に意識されて説明されており、あらゆる「物質」は発展せる「精神」的・「力」的なものであり、其の自由な相互適応的発展が「調和的世界」なのであるから）のであり、L. Ferri も「力動的一元論」に与し、「事物の・力且つ原因として考えられる・本質」という有論的形而上学と結合された「唯心論」で、当時のヨーロッパ諸哲学への「イタリア的接合」を計った。しかし第三に、既に「Energie 保存則」の数学的形成を果し「唯物論」批判の「生理学的」Kant-Fichte 復興に寄与する Helmholtz の反・形而上学の認識論によれば、諸学の総体は「自然科学」と「精神科学」とに二分され、「哲学」は物体界に由来するものを切離し、精神自身の活動に属するものを純粋に取出そうとし、自然科学は精神に由来するものを切離し、諸法則の求められるところの現象界に属するものを純粋に残そうとするのであり、「表象」と「現象」とは対応し、「感覚」は触発する客観の表徴で、現実の合則性は表徴世界に反映し、「空間・時間」も事物自身に帰属するのでなく、自然の「因果法則」も結局は単なる「仮説」であって、因果性概念の先験性と意志自由の信仰とは両立し、意欲及び思惟は「自由」の国へ、感性のみが「必然性」の其へ属するのであり、同様に形而上学的「統一学」を拒否する Kym も、諸学総ての「世界観」的帰結性を指摘し、Mill-Comte 的「実証主義」に類似の問題意識で本質的に「実証主義」を批判し、「世界観」同様に「学」も「自然」及び「精神」両学に区別され且つ結合が計られるべく、諸学は限定的である故に「普遍的学」（覆包的な「学理論」）すなわち「哲学」が「学の論理」乃至「認識論」として存在せねばならぬ、と主張し、同様に形而上学に懐疑的な Haym の、「教義的・形而上学的から超越論的へ」を主張する「ドイツ精神史」は、Hegel 軽視に、間接に Kant 復帰に寄与し、彼の、次出の K. Fischer と共に Fichte 的・「自由主義的」な「自由」概念は、「国民性の鼓動」と結合しており、六〇年代終りには Bismarck へ転向するが、之は正に「Kant 復帰」の政治的・世界観的契機の顕出に他ならない。之に対して、

(ロ)第一に、「認識論的自己制限」と Darwin 的進化論との「実証主義」的宥和を計る Th. H. Huxley（「不可知論（agnosticism）」は彼の新語である）によれば、「物質」・「力」は或る種の意識状態の名称であり、倫理的進歩は宇宙的過程の模倣でなく、その過程に対する闘争に依存し、Ritschl の・Kant 的に知と信とを分

離する・神学的哲学は「体験に帰れ」と説き、「有限性」を知覚する故に「無限性」を知覚するのであると説くF. M. Muellerによれば、宗教発展の三段階の最後は「神智学」である共に、「言語」が「思惟の不可欠条件」なのであり、博学な言語学に拠るLagardeの「反・人本主義、反・自由主義、反Marx主義、反ユダヤ」民族意識からする「Protestantismus改新」の実践的な宗教倫理にとっては、学の唯一の価値有る対象は「人間」であって、正に其故に「ドイツの民族共同体」の形成が志されるのであったが、RenanのDarwin的実証主義の歴史主義に於ては哲学も暫定的術であり、「懐疑」気味の「蓋然主義」を採るに至る合理的人本主義の「貴族的」道徳観によれば、「神」は世界内在的で「精神」が優位し、人間は不等価であって、(貴族的)徳と(人民的)喜悦とが、何れも人間を自由且つ生動的にする故に、等価なのであった。しかし第二に、Hegel哲学を「唯一真な哲学」とするLassalleは「国民的な社会主義」を主張し、経験主義的認識論から「弁証法的唯物論」に近縁になるDietzgenの「万有的相対性」説の「社会的倫理」は「社会民主主義」を説き、「Hegel派」的ユダヤ人Lazarusは、「すべての個別者達に共通な」内的・活動的紐帯である原理として「民族精神」の本質を明らかにしようとし、ドイツ統一の「愛国精神」とKant倫理の「定言命法」との連合を指摘するが、「排外的愛国主義」には寧ろ遠く立ち、「民族心理学」の基礎を据えた。第三に、日本で吉田松陰が李卓吾をも喜んだのみならず「世界への開眼」を求める頃、Taineは、形而上学への傾向を護持して宇宙を「必然的法則に密結された諸部分の体系」とし、方法的には自然科学的な芸術的史学の根本を、感覚論の決定論的・唯物論的な「人種・環境・時機」説に置き、Cziczerinによれば人間的思惟は四様に発展し、其の三を通過した近世哲学は今や「質料から形式へ」、「現象から法則へ」赴かねばならぬのであったが、Ueberwegの、「認識論的論理」を推進する・「観念・実在主義」は、倫理的でも「汎神論」的でもあったが、否定的・批判的に未体系化に留まり、後には「自然主義」乃至「唯物論」に傾き、成程、彼の拓いた「大」『哲学史綱要』は、西洋的限定に於て、Stintzing の「近世ドイツ法学史」と共に、斯学の「標準」的参考書に成って行くが、既に数学乃至物理学では Riemann が理論的諸革新に寄与していた（→田辺元）のである。

(ハ)「自由主義」と「Fichte 熱」とに寄与する K. Fischer によれば、論理は同時に形而上学であり、「弁証法」は「発展」の方法であって、彼は「Hegel 派」ではあるが、其以上の発展には（Fichte 化された）Kant の回復を必要とし、「純粋哲学の Kant 的体系」を Fichte 的「知識学」的に（其故に Kant 自身からは遠く構成し、「Kant の実在論的要素」を退却させて、「南西ドイツ学派」への道を拓いた。之に対して「Fichte 的 Kant 派」から反 Fichte 的になる J. B. Meyer は、「機械論的唯物論」に反対しつつ「批判主義」を導入しようとし、学的・世界観的な「批判的節制」を説いて「実証主義」的な学了解を推進し、Comte を評価しつつ「しかしもっと Kant を」と主張した。そして、「教養的独断論」に反対する A. Lange が、Kant の認識論を「感覚生理学」的に解釈し（故に「自然主義」に近い！）、「物自体」を「限界概念」（故に H. Cohen に近い！）、「学としての」形而上学を不可能とし、「理論と実践」を峻別するが、「全的真理の像」が有たれるところの「観念主義的形而上学」を固持し、彼の、実践的で「理想の立場」を採る「倫理的観念主義」は、宗教をも認めるが、クリスト教学についてはKant よりも Hegel を評価し、Kant の実践哲学には寧ろ賛しないけれども、彼の、Kant の「永久平和論」の線上に在る・「すべての諸国民の仁愛」への・「理性と道義との名に於ける」・檄に明白な如く、「自由主義」から「講壇社会主義」的・「社会民主主義」的になる最後まで彼の「顚覆か現状停滞か」の実践的関心は変らず、其の解決手段が「唯物論」の克服――「自然素質」

に遡らせる「心理物理的決定論」である「唯物論」（故に「Marx 主義」の其でなく、資本家、Schulze-Delitsch, Ricardo, A. Smith 等の「倫理的」其）と、更には「体系的形而上学」としての（自然研究でのみ妥当な）「唯物論」との克服なのであった。

II　近代中期（1871〜1919）

限定的客観を媒介する否定は即自的には「概念」であり、否定的に限定されている「或るもの」としての客観が「客体」、⑴「客体性」の、(i)抽象的個別性、「物体」は、概念に外的、従って概念は内的、(ii)限定されている物体は其自身に外的、従って其自身が内的、(iii)外的と内的との統一、「形態」は、揚棄される自己限定（「位相」）である。⑵向自有的「形態」が揚棄されているところの客観的客体が「物質」であり、(i)物体的に限定されていないで物体を媒介（「構成」）し、(ii)限定的物質として「元素」、(iii)揚棄されている元素的限定として絶対的否定的に「素粒子」である。⑶自己の限定が揚棄されているところの客体の自己媒介、「有機体」は、(i)揚棄されている「分肢」の機能的限定により自己を媒介するが、(ii)有機体の限定は「非有機体」的、従って(iii)揚棄される非有機体は、揚棄される有機体自身である。——

⑴(i)「帝国主義」角逐の激化する当代に、揚棄される物体性に於ける法哲学の限定に即して、(イ)第一に、日本では、西村茂樹が「忠孝」の「国民道徳」を説き、津田真道の実証主義的国法学と西周の法哲学的西洋法思想摂取とが進展して、中村正直・福沢諭吉・加藤弘之等が批判的「初期啓蒙」を果すのに対し、「西洋」では Tolstoi は「クリスト教的人間愛に拠る自己の道徳的完成」以外のものを撥無するに至るが、Hamerling の「生を悦んでいる最良観」は「存在感情」こそ根本であるとし、Duboc によれば、「至高財を得よう

と努力する幸福衝動を十分且つ事実的に肯定する」ことが「人間性を完成する」こと、すなわち「道義」であり、「倫理的格率」は「汝の欲することを為せ」、すなわち「汝の人間的意志の内容を成就〔履行〕せよ」であったが、既にHaeckelの・自然科学的に完結した・「一元論」は、「二元論」の支配的な現実を「非理性」とし、倫理の全分野にも亘る総てを生物学的な自然諸法則へ遡らせ、「汎神論」的「一元論」的宗教として、「神・即・世界」を、内在的・内世界的な「真・善・美」三理念を説いていた。しかし第二に、「Hegel弁証法」を「Schopenhauer形而上学」と合一しようとするBahnsenの無神論的「意志原子論」の最悪観によれば、「反・論理的」な世界の本質は世界のあらゆる個別点に於ける意志の「自己分裂」であり、「救済」も「世界の論理的認識」も不可能なのであり、之に対して、Lachelierの「唯心論」は、「原因」〔因果系列関連〕を「目的」概念が媒介し・原因及び目的が悟性的「先験的」である・と主張しており、Noiréは、世界の諸存在の根本的諸性質は「内的」に「感覚」、「外的」に「運動」とするが、「感性的認識」を理論的に再回復しようとするSigwartは、論理を心理に関係させ、学的思惟の「普遍的方法論」としての論理を「概念」のでなく「判断」の論理から始め、其の「内容的」倫理は「目的論的・有神論的」であって、W. M. Wundtの「主意主義的一元論」に至って、世界は諸「意志個体」の活動的関連〔故に発展・具体化の其〕であり、個別諸科学の・普遍的世界観への・総括が哲学の課題であって、「本来現実的」なものは「心理的」で、「物理的」なものは「現象」であり、両者の間には「普遍的な並行性」が在り、而も「心理的」なものの特質は「創造的総合」であって、「心〔霊魂〕」は「実体」化されてはならず、「心の無い心理学」にとっては「民族心」も「心的諸経過の関連」であって、「実験」心理学が揚棄されているところの心理学は「民族〔従って諸文化〕心理学」として具体化された。然るに第三に、「経験的唯物論」と「観念主義」とを「最良観」的に混合するDuehringの「実証主義」は、反クリスト教・反ユダヤ的な「人類改革」の「現実哲学」を説き、「自己指導」を強調し「主観的」と「客観的」との「分離」に「進歩」を見る彼の「唯物論」も純「機械的」でなく特殊な「生命」原理を含むけれども、概念体系は自然体系に対応せねばならず、「我々の思想の観念的体系は客観的現実の実在的体系の像」であり、「完成した知は、思想の形式に於て、事物が現実的存在の形式に於て有つと同じ形態を有つ」のであって、彼自身、社会主義から「反セム」、「過激愛国主義」、遂に「宗教」設立へと遷移してしまった。しかし、

(ロ)第一に、Teichmuellerのクリスト教的人格主義によれば、我々の「自我」の意欲、思惟及び行動のみが「現実」世界なのであったが、Lombrosoのイタリア的「実証主義」は「人類学」的・「精神病学」的に『天才と狂気』を「素質」的に結縁し、〔隔世〕遺伝的「犯罪人」類型学を開拓しており、A. GeyerはHerbart説を「法哲学」で継承しようとするが、Comteの「実証哲学」から出て「ドイツ観念主義」（特にHegel）に接近し「社会改革的な国家的介入」の「現実」に棹さすSchaeffleによれば、「実力無き法は成立し得ず」、「法と習俗とは諸力として、生ける諸実力として、観られねばならぬ」のであり、「反時代的」に「古きHegel伝統」を護持するA. Lassonは、「自由主義」的政治理念から出発して、「ドイツ神秘説」を含む博学に基づき「精神の創造力の告知者」となるけれども、彼の体系的主著ではなく「機会著作」であるにすぎぬ『法哲学体系』も、「時代を反映」してHegelとは著しく異なり、「法」を「国家的な強制諸規程の総体」とし、「法哲学」を「倫理（Ethik）」の部分としていた。第二に、イギリスでは相変らずVennの論理学はJ. S. Millに近く、L. Stephenの・「進化論」と合致するべき・倫理学は、個人でも社会でもない「有機体としての社会」を説いて「功利主義」を修正し、FowlerもJ. S. Mill的に論理及び「修正功利主

義」的倫理を説いているが、ドイツではMerkelの「一般法学」は法律の「進化」思想とも合体して、法に於ける「実力」の契機を不可欠とし、従って又「妥協」の性格を必然とし、「正義」実施の倫理的満足としての「目的」を「法の創造者」とし、「ドイツ国民の神聖ローマ帝国」史にも通じたBryceが「法と政治」論を「民主政」に即して史的・批判的に具体化した。しかし第三に、後者の対象に属したアメリカではW. T. Harrisが「Hegel主義」乃至「思弁的哲学」を推進しているけれども、Th. H. Greenの「批判的観念主義」によれば、Kant的・超越論的「我」によりHegel的体系は改造されるべきであり、我々の動物的有機体が発展過程を通じて「無限な意識の担い手」になり、之の対象である総体認識が現実的世界と同一で、従って「十全な認識」へと継続的に接近されるべく、自己の満足を見出すと共に未熟を自覚している行為が「善」、「道徳的」努力の終局目標は「理性に従っての生」、「国家」価値の唯一規準は「人間の価値」であり、「戦争」は「不完全な国家の属性」であって、「国際道義」と「世界同胞」観とが信頼され「国際法廷」の実現も信じられるのであったが、しかしE. Cairdは「KantからHegelへ」の発展を必然的とし、「宗教的」を本質的に「神思想の発展」とする宗教哲学を展開すると共に、他の国及び時代への単なる「Hegel輸入（乃至再生）」を不可且つ不可能と説いた。之に対して、

(ハ)当時の通俗的「Hegel像」を修正したDiltheyにも、「認識論」的或いは「科学哲学」的な「方法」概念の厳密化は未存であり、「精神科学」の「対象」は「歴史的・社会的現実」であって後者を彼の所謂「生」は限定的に意味し、「体験・表現・理解」と簡約されるに至るところの「理解」も「構造理解」を意味しているが、経験的自己省察（従って心理学）を基礎として提示される「精神諸科学の認識論」が「生」の多面性に拠る形而上学批判と「世界観の理説」或いは「哲学の批判」とに発展しても、自らは「体系」を成さず

「諸体系」を概念するに留まり、「歴史的理性の批判」の本質は「解釈学」なのであって、哲学は「現実的なもの」（「歴史的・社会的な人間存在」）の学であっても、「現実」は非合理的で諸矛盾を含み、哲学・宗教・芸術は「生の謎」を解き得ぬ限り大差無く、従って、史的な相対・有限性意識こそ「人間の解放（自由化）の最後の歩み」なのであった。

(ii)　(イ)Dilthey に親近な Yorck v. Wartenburg によれば、「歴史」は（況や宗教的信仰は）「観」られるのでなく「生き」られるべきであり、哲学は歴史的生の「自己反省」なのであるが（→R. Koenig）、「自由主義」的な神学者 O. Pfleiderer は、Hegel にも親近であるが Schleiermacher 的に、究極は「神との一体感」であり「学」による哲学・宗教の宥和は可能と説き、H. Sidgwick は、「批判主義」を加味して「功利主義」を緩和し、「欲求に値するもの」という概念を導入して自己の幸福と普遍的幸福との統一を計り、結局は懐疑的であるが、「人類」は「神無き世界に適合し得ぬ」故に「神」信仰は人間的福祉に本質的であると観念した。しかし、「認識論としての論理」を主張する経験主義的 Schuppe の「自我の内在哲学」によれば、すべての現実は意識に、後には更に普遍的其として内在的であり、之に「客観的世界」が所属し、Baumann によれば論理法則は自然法且つ規範であり、Bergmann の「客観的観念主義」は「意識一般」を原理として形而上学を放棄せず、総て「有るもの」は「表象可能なもの」であるとした。然るに、「対象」の「志向的内在」（後には独立的存在が認められるが）を主張する F. Brentano によれば、「現実的存在」は心的現象（例えば「色」でなく「色を見る者」が存在する）、「普遍的本質性」（例えば「有り」）は言語的擬制であって、「有るもの」と異なる「有り」の概念の存在は斥けられるべく、この言語分析と並行する形而上学によれば、「先験的な現実認識」は有り、「明証」の「体験概念」が基礎で、「認・否」の心的行為が「真・偽」判断の可能根拠、「判断」は「心的衝動」であり、判断の肯・否定性による論理改革は全「形式論理」を「矛盾律」から帰結させ（「すべてのAはBである」＝「非BであるAは存在せず」）、彼は経験主義的な概念基礎にも拘らず「学的形而上学」乃至「哲学的神論」へ進み、「体験」に求められる「正しい愛」（故に「愛憎」）の価値倫理が倫理の肯・否定に対応するが、倫理では「比較級の善悪」（「優先格率」）が存在するのであって、「愛」或いは「優先されたもの」を現実化する力を有つことが、「自由」であり、「無限な創造神」の存在は「無限な進歩」とも一致するのであった。

(ロ)しかし、哲学史の本質を「Platon主義」対「実証主義」と観るLaasによれば、「実証主義」の基礎は「外的及び内的知覚」という「実定的事実」であり、従って主・客観の相関性、知覚客体の可変性であって、「感覚主義」でなければならず、動的に相互依存的な諸実体の多数の統一的・自足的な世界体系に拠る倫理も、「この生」のための此岸的道徳を「快苦」に基づけ、而も社会的・環境的に制約されしめるが、全体としては「最良観」的で、「黄金時代」は「背後にでなく前に在る」としており、「経験の節約」としての認識の「経済主義」を主張するMachの、「批判主義」に反対する「素朴な実在論」と「思弁的方法」に反対する「一元論」とに拠る・「感覚を精確に記述」しようとする・経験主義によれば、「我と世界」は連続的であり「物自体」も「外・内界の対立」も無く、この対立の彼岸に感覚される現実に拠られるべきなのであり、Avenariusは根本的に生物学的な「純粋な経験」を彫琢し、感覚と思想との「強度区別」の他に「性格」その他の特殊性（生物学的生起に依存して変動する存在特性）を認め、諸〻の伝統的「仮象問題」を排斥して、心理学的乃至民族心理学的解明を要請した。しかし、

(ハ)第一に、「批判的」伝統を捨てぬPeirceの、彼によりKant哲学とHume的経験主義との発展として

規定される「行用主義（pragmatism）」（「行用的」乃至「行用主義」は哲学的概念としては Ch. Wolff 乃至 F. W. J. Schelling にも既に存し、Peirce 自身は後に W. James の其に対して「行用論主義（pragmaticism）」と改称した）は、「諸観念を明白にする法」（故に W. James よりも「理論的」意識を重視する）であって、「理念の規制的意義」を拡張し、諸範疇も経験と共に改造されると説き、概念の真理は経験にとっての意義と人間的行為にとっての有用性とに存せしめられるが、単なる「行用主義」を超克し、「唯名論」を批判し、Hegel にも近かったけれども（→K.-O. Apel）、Goering は、「経験」を超えては認識は不可能であり・経験されぬものは現実的でない・と主張し、「感覚」こそ元であるとし、G. C. Robertson の「経験主義」的「心理主義」は Leibniz に親近な「原子論」的世界観を説き、Hoeffding の「実証主義」的「経験哲学」は、哲学と「精密科学」との関連を重視して形而上学から離反し、心理学的・史的な基礎付けに努力しており、「行用主義」を認識論乃至形而上学へ適用する W. James によれば、現実の生の経験の具体的直接性に即することこそ肝要であり、「真理」等々は「証真（verification）過程」等々の普遍的「名」にすぎず、「有用な生促進」という規定は「真理」を「善」の一種とし、「自由」を擁護するが、「宗教性」をも擁護した。之に対して第二にドイツでは、「無意識者」的統一の論理化を企てる〔K. R.〕E. v. Hartmann の「孤立的」試みは、Hegel-Schopenhauer-Schelling に拠る「帰納的」・自然科学的方法、「実証的」な観察諸事実に基づく形而上学的方法として、「帰納と演繹との統一」を計り、「力学的自然観」を排斥して認識論的に「超越論的な生気説」を採り、「進化論的最良観」を「幸福論的最悪観」と融合させようとした。Kant〔の『純粋理性の批判』〕を「哲学的最悪観の創設者」とする彼によれば、世界は「可能な限り最良」ではあるが「存在するに値せず」、「無意識者」の「意志」面には「重荷」になるが、其の「知性」性の故に「目的論的」構造を有し、世界の

「究極目標」は世界の存在の再揚棄、「神的救済」であり、「救済手段」（世界の自己撥無の手段）が「意識」と「文化過程」であって、彼の現実的道義は「苦と救済との道の短縮化での共働」なのであった。しかし第三に、現実性をHegel的、Herbart的、「史的唯物論」的、そして「事物の哲学」と遷移する立場で把握しようとしたA. Labriolaの、博学・広汎な関心の目標は、「諸観念の歴史及び生」を「事物の歴史及び学」によって説明するに在り、之によれば「史的唯物論」は「科学的」其でなく、「歴史」は「形而上学」的構造から解放されるべく、「学的な歴史学」は「目的論」を排除するべく、「時代錯誤的」な「議会主義」的結合に対しても批判的な客観主義が実践的意義を有つのであった。然るに、

(iii)　(イ)第一に、Gumplowiczの「社会的Darwin主義」の「自然過程としての人間史」と「理性的断念の道徳」とは、Gobineauに対して「科学的」であるが「生物学的」方法を共有しており、其処には「歴史」は無く、「社会的諸力」の「保存の法則」を主張する原理的方法は「類推」にすぎず、国家に於ける乃至「権力」的地位をめぐる「社会的諸群の諸運動の体系」が「永遠不可変な諸法則」に従っているとされるのみであり、逆に、Fouilléeによれば、「動因観念（idée-force）」（機制と自由との実在両極を媒介し理想を物質に於て現実化しようとする傾向）が「作用観念」により浸徹して「進化」が生じ、人間的自由のあらゆる外化に、「決定論」に対する「自由の進歩」が看取され、「哲学」は主として「動因観念の心理学」にこそ存し、而も「我思惟す、故に我々有り（cogito ergo sumus）」であるから、「動因観念」の倫理は「自由・平等・正義」の其なのであるが、Postは「法の自然科学」から「法民族学」乃至「民族学的法学」を発展させた。しかし第二に、Karl Bindingの「法実証主義」は「一般法学」から出て之を超え、「国家的権力」の本質を「法的諸命法の告知者」とし、後者が違反者に対し強制的に実現されるとし、Bierlingの「心理学的法理論」

は「法原則の承認説」を採るが、R. Schroeder と H. Brunner との法制史学に対し歴史的・理論的に「団体法」論を開拓した Gierke は、「法と力との統一」への渇望を人間の精神及び自然に於ける深い相となし、自らを貫徹できぬ法は「総体意識」から消失し、法であることを止めると説き、Schmoller の「歴史主義」・「講壇社会主義」と K. Menger の「反・歴史主義」・「限界効用学派」との対峙する状況のもとで、「社会的人本主義者」A. Menger の「法曹社会主義」が、「社会法」を顧慮する「立法的・政治的法学」を法学の最も重要な分肢とした。第三に、Ratzel の、「力学的・生物学的」方法に拠る「人文地理学」は、地球上での人類の諸運動の叙述、これら諸運動の法則の探究であり、人類の歴史を他の動植物と全く同様とし、「国家」も地球上での「生物分布」の一形式にすぎぬとしたが、Vidal de la Blache は地理に於ける単に生物的でない社会的・歴史的人間存在性を重視し、Ratzenhofer の・Gumplowicz 説を発展させる・「社会的 Darwin 主義」によれば、社会学的法則は化学的自然法則と同一、本来的不平等は自然的で、全面的に成立した不平等により習俗は法となり、「革命」理念は「非学的」であり、社会発展の物理的原理は「原力」であって、政治学が優位し、倫理的感情の内容は「類のための個体的放棄」であり、「善悪」は「公益」性に依り、人間に於ける倫理的「力」が「良心」なのであった。然るに、

(ロ)第一に、Liebmann の『Kant と亜流』（其の内容は決して勝れていないが、「Kant への復帰」の標語の反復の故に喧伝されている）と共に、「新 Kant 派的綱領」時代が「始まった」のではなく「終った」（→Koehnke)。——Fichte 的に、「批判主義」の「文字」でなく「精神」を肝要とし・「実在論的」と「心理・生理的」との両 Kant 解釈を全くは切離さず・Kant の「主誤謬」である「物自体」を消去して「意識の事実」に基づく・彼によれば、論理も倫理も、起ることが無いにも拘らず起る「べき」もの（悟性及び意志の）を扱い、

「法則」と「現実」（其故に「価値」と「無価値」）は対立し、人間の思想及び感覚が初めて価値有るものにし、何ものも其自体では善でも美でもないのであるが、彼の「規準」は「常識の明証感覚」であって、哲学は再び「実定的」になった。——この、当時典型的な「平均的ドイツ人」は、プロイセンの軍隊規律に「定言命法の精神」を看取し、「ドイツ国皇帝 Wilhelm」が彼の理想であったし、「祖国、法、真理、人類福祉」のような諸「大理念」への熱狂の持続が肝要で、「道徳性と合法性」の差別は、「法と道徳」の領域分離にも拘らず彼には存在せず、「国家」・「実定法」が前面へ出、「性格」が可変だから「意志自由」が保障され「絶対的な義務履行の客観的可能性」も存し・倫理の根本（「自己の義務として認識したものを個人は実行せねばならぬ」）は「道徳的良心」だけでなく「実定法」へ義務付ける・のであって、この倫理は晩年には「理性と愛」の其になった。他方で第二に、Cantoni も哲学を科学と一致させようとして Kant 主義を開拓するが、「自然」も「偶然性」を有ち・だからこそ「自由」が擁護される・と説く Boutroux によれば、学は現象界の認識であり、「形而上学の必然」は思惟及び行為の諸条件から導出されるのであり、J. Ward の「唯心論的一元論」によれば機械論的（力学的）構造は精神的主体的活動の「外皮」であったが、「Schopenhauer 派」の Deussen にとっては「真実在」は「超空間・超時間・超因果」的で、この「否定の原理」としての「神」が「超世界的な力」として「世界救済原理」なのであり、之に対して、「経験の真の本質」を認識する試みとして Hegel を「超越論的」に理解する Wallace は、「根本的・統体的経験」により媒介されている「多様の統一」を説き、Bradley の「絶対的観念主義」によれば、認識の要素としての「判断」と心理的事実としての其とは峻別され、「現象」は依存的、故に自己矛盾的、故に非絶対的で、従って「絶対的現実」ではなく、「絶対者」は「個且つ体系」であって、其の内容を形成するのが「経験」、之の統体として自らを呈示する絶対者は、正に其故に「主体的」であり、従って「現実的真理」へは「接近」され得るのみなのであり、Bosanquet の「Hegel 主義」にとっても、「体系的全体」を成す契機は「矛盾及び否定的なもの」であるが、「整合及び無矛盾」が「哲学的論理」の「標準」なのであった。「思弁的」なものの退潮する時代に於て、第三に、Tarde の心理学的社会学が成立し、E. Pfleiderer は「進化主義的最良観」に於て「利己的でない普遍的な幸福主義」を採り、社会改造を願う社会主義に傾く Th. Ziegler の「新 Kant 的実証主義」によれば、「道義」は衝動と理性的考慮との・個と類との・交互作用から成立し、道義的諸要請は無条件妥当的でも不変でもなく、「社会〔最後的には全人類社会〕」に「善」〔「有用」〕と見做されるものが「善」で、クリスト教の存続も疑わしいのであり、認識論では J. S. Mill 派であるが形而上学では「観念主義的世界観」に傾く Read は、倫理では「功利主義」を諸他体系と合一しようとし、「最高財〔善〕」を「文化」乃至「哲学」とし、この「文化」に「幸福」及び「徳」をも属せしめるが、人本主義的 Justo Sierra は「Spencer 的実証主義」から「懐疑」へ移らざるを得なかった。

(い)かかる状況の下で Nietzsche の、古典的なドイツ的「文化観念主義」と Darwin 的・生物学的自然主義とを合一する法哲学は、「神の死」を知る此岸的・普遍的ヨーロッパ的・貴族的な精神倫理として、「死の深みを欠く生肯定」に於て「価値転換」を主張し、哲学者は「文化の教師」であるべきではあるが、「弱者の同情」は排斥されるべく、クリスト教と社会主義とは「頽廃的な賤民運動」として、「国民主義」は「野蛮な民族我慾」として、共に峻拒されるべく、かくて「超人」理念が、「永劫回帰」説と結合する「価値転換」に於て「実力〔権力〕意志」を謳うに至るが、「ロマン的」「最悪観」をのみならず「古典的」其をも「克服」する彼の真面目な「遊びの倫理」の「能動的な虚無主義」は、『この人ぞ〔この人を見よ〕(Ecce

Homo)』に具体化する彼自身を蹉跌・破滅させていた。

(2)(i)　今や法哲学の「構成的」的性格と其の限定とに即して、一八七九年前後からドイツの諸大学での「新Kant的哲学」の「実践的哲学への転向」が顕著で、之は「相対主義・経験主義・実証主義」から「観念主義」への其と一体を成しており（→Koehnke)、(イ)「集合論」を開拓したCantorは「数学の本質は其自由に在る」と言い（→B. A. W. Russell)、論理により数学を構成し近代的「形式論理」を基礎付けるFregeは、言語を手段としての思惟の迷誤の危険を警め、言語使用により殆ど不可避に生ずる諸詐欺の発見により人間的精神に対する言葉の支配を破るべく、論理に於ける「心理主義」を排斥し、「経験的」でない「論理的型式」の構成を必要とし、諸言表の「量化」乃至特別な論理的諸記号を導入し、「文脈」関連を重視して「文脈定義」説を発展させるが、Martyは、「言語」哲学を重視するが、言語研究を「思惟心理学」の決定的淵源とせず、寧ろ先ず「思想自身の構造」が認識されていなければならぬと主張した。逆に、Rehmkeの「所与そのものの哲学」としての「根本学」によれば、「すべての所与は個別か普遍かで」あり、Kant的「当為」説に反対に「当為」要請主体の「愛」関係の倫理学が説かれた。しかしEuckenの、自然主義にも社会的幸福論にも汎神論にも反対する・「ドイツ観念主義」に親近な・「精神科学的形而上学」は、超主観的な「精神界」の存在を信じ、之の具現・省察に「生」の課題・意味が有るとし、正に其故にクリスト「教会」に対しては拒否的であった。之に対して、

(ロ)Feuerbach的・人間学的な「人本的実証主義」の「一元論」を採るJodlの反「形而上学」的な経験主義は、認識論では「批判的実在論」を主張し、倫理的には「人類宗教」（旧宗教に代わる倫理的其としてComte-Mill的である）に進むが、「進歩の思想」を脱して「社会悪」と闘うSorelの「革命的な組合主義

(Syndicalisme)」は、「社会戦争」に於ける「暴力」の倫理性を説き、その際に「選抜き〔選良〕」を重視し、「社会的不平等」と「選抜きの循環」との理説で「政治の社会学的基礎付け」を為そうとしたParetoにとって、「形而上学の精確は幻想であり、経験科学の接近〔近似〕は実在」であった。

(ハ)然るに、H. Cohenの「Kant主義」は、「論理主義・方法主義」的に「対象産出」定理（「対象の産出」こそが「経験」であるところの）に於て、新たな「客観性」概念を提示し、「物自体」を消去して「心理主義」に反対し、「経験的」制約を承認しつつ、「直観」をも包括する「思惟」による論理的制約を明白にし、「哲学に於ける先験的諸認識」のKant的「構成」から「経験一般の構成」へ飛越し、理論的体系化が彼の思想全体を規定して「世界観」的諸前提をも包括し、倫理も「経験」から独立に「純粋意志」に基づけられ、「人間品位」に即して「社会的・人道的」に具体化され、「社会主義」に傾く社会改革的・社会倫理的綱領を提示し、此処では「国家」も「自己目的」でなくて社会の道義化のための組織にすぎず、法を国家理念に適って形成せねばならず、従って、諸〻の国民性を維持する「世界主義」が是認されたが、「文化意識」としての自覚的存在の体系的統一は、具体化されずに終った（↓平野秩夫）。彼を継承する「Marburg派」に対して、

(ii)　(イ)「Brentano派」のStumpfは「新・批判主義」を批判して、心理学と認識論とは相互に不可欠と主張した。Duehringに影響されて「実証主義」的にKantを把握するRiehlも、学的哲学を「精密科学の認識論」としつつ、Humeを尊重するKantの「実在論」的半面を尊重・継承して「物自体」を固持し、経験及び連想により形作られる「相対主義」に拠り、形而上学を主観的として排斥、客観的妥当を有つものを現象の学の「算術的関係」とし、すべての学は形式的で法則学であらねばならぬとするが、而も「先験的」

なものを数学及び数学的自然科学の其に基づけず、「すべての」諸科学の論理的諸前提の問題とし、之を「認識」ではなく「意識の統一」に基づけてFichteに接近し、更に、「純粋な認識」でなく・創造的に諸「価値」を意識させ「価値諸理想」を創る・「超科学的」な文化作因としての意義をも哲学に認め、反カトリク的に寧ろ宗教超脱の道徳を説く。——「我」は「意識」の「形式」であるから、Kant的な普遍的道徳性が肝要なのであった。之に対して、Cohenに否定的（殆ど無理解）なVolkertの、純粋経験の確信と思惟必然性との統一に拠り意識の論理的仕上げを計る「批判的実在論」によれば、実在は超主観的で、結局は「明証感覚」が認識論的及び道徳的確実性を保障するから、純科学的な哲学の彼岸に「生哲学」（学が開く仮説的諸可能性に留まらず確実性を求める「生」の其）の場が在り、直観的な「信」が思想的に明白にされるべく、「絶対的精神」の形而上学及び宗教の認める諸価値のうち、「絶対的価値」と最も親近なのは「愛」であって、自然と美的享受との一致は「絶対者に由来する世界調和」に基づくのであった。しかし、

(ロ)「伝記的・文献学的」Kant把握に基づいて「形而上学的Kant」を承継しKantをJ.S. Mill親近として「実在論的な新Kant主義」を基礎付けるPaulsenは、Kantの認識論を「生物学的」に「改釈」し、「心的」なものの核心を「意志」（「主意主義（Voluntarismus）」は彼の新用語である）、哲学の理念を普遍世界的な現実認識、すべての学的認識の総括とし、この理念は不可実現的である故に「最も蓋然的な世界像」の提示へ自己を制限し、Langeに触発されて、「自由主義的な文化闘争と新Kant主義との独自な汞和」に於て、「最も内的な人的自発性の事柄」である宗教を国家権力の関与に対して護ろうとし、Kantの実践哲学的功績を重視する彼は宗教でも変らなかった。「Marburg派」的「批判的経験主義」から「二元論的形而上学」へ移るSchultzeは、批判主義を生物学と結合し、「先験的」なものを「生得的機能」と解していた。哲学を

「厳密科学」同様に「確実な」基礎に築こうとしたB. Erdmannの「絶対的な現象主義」によれば、形式的・規範的に把握されるべき論理も、思惟の心理的諸経過のための諸規範を扱うのであるから、「心理学」を欠き得ず、論理的諸原則自身も我々の経験的思惟の其等にすぎず、後者を「永遠に」拘束するとは限らず、若い頃の反「新Kant派」的なKant理解は「Humeに親近なKant共感」に移ったが、彼の実践哲学も「自然主義」的思惟に於ける倫理的観念主義に進むに留まった。之に対して、

(ハ)若い頃には「行用主義」・「相対主義」的であったWindelbandは、論理及び倫理の「自律」性乃至当為的・規範的必然性を説く「価値哲学」(Fichte親近を示す「価値理論的批判主義」)を成形し、認識論を倫理及び美学と結合させ普遍的・必然的妥当を以て「真・善・美」の価値を有つ学を綱領化した。――哲学は諸価値の批判、哲学の客観は「評価」であり、諸学は「個性記述的」か「規範〔法則〕定立的」諸判断であり、「物自体」は解消され、認識論は「価値理論」となり、哲学の課題は、必然性及び普遍性を有つ諸価値（「絶対的当為」に対応する）を見出すこと、客観的に妥当し主観的意識に於ても実現されるべき諸規範の体系を然することであり、この規範的意識の存在は「直接的明証」、人的信仰の事柄で不可証明的であるが、正に其故に、絶対的諸価値を承認せぬ「相対主義」に反対して人類の精神史からの絶対的諸価値を採り出すことが要請されるのであって、哲学史家として勝れた彼の「新Kant主義」は、「Kant理解」を「Kant超出」となすことにより、「新Hegel主義」(この表現そのものは恐らく初めて1875年に、W. TobiasのW. M. Wundt論難に於て軽蔑的意味で用いられた。→H. Kleiner)へも繋がり得るものであった。

(iii)「構成」の絶対的否定性に即しては、(イ)Brentanoから出て「批判的実在論」に近いMeinongの反「心理主義」の「対象論」の論理は、対象の「存在」を問わずに「現実」に向い「経験的」で、対象そのも

のに関する対象説と「対象把握」の説とを併せて、「認識論」に心理学的基礎付けを必要とし、「明証」も現実では殆ど「推測明証」にすぎぬと指摘した。Fechner 的「心理・物理並行論」を具体化した Ebbinghaus と、「形態（Gestalt）理論」に対し「複合（Komplex）理論」を唱えた G. E. Mueller の、「高等な」精神作用の「精神物理学」とが活動する頃、Th. Lipps の「観念主義的形而上学」は、「心理主義」を避けつつ哲学を心理学とし、寧ろ心理学のうちへ反「心理主義」的諸傾向を導入し、現実的な総てに於て作用を現すものを「意識我」に超越的な「実在我」となし、あらゆる個別的意識を「点」として、「感情移入」原理を主張したが、物質的自然を単なる現象とするこの哲学自身は結局「生の哲学」に帰着した。Lange により触発されて「科学的哲学」から『かのようにの哲学』に発展する Vaihinger は、「現実」の客観的認識を断念して感覚主義を固持し、この「観念主義的・行用主義的な実証主義」によれば、「論理的機能」も「活動」、「思惟機能」も「概念加工的活動」であり、主観的な「思惟諸経過」が客観的な「世界諸経過」へ変移されてはならず、認識は諸「擬制」から成り、「現実的性質」は分らず、出来るだけ「生を促進する」諸擬制が承認且つ促進されるべく、擬制の蔓延する「法学」と数学とは論理的領域として「原理的に親縁」なのであった。しかし、

(ロ)第一に、「実証主義」的 T. G. Masaryk の・具体的現実を志向する・社会倫理は、「唯物史観」に反対して「精神的」なものを強調するのに対して、Solovjeff〔〜viyov〕の、「心情的」なものに基づく「新Platon 的」精神の「反・経験主義」・「反・合理主義」的世界観は、「神秘説」へ移行して「挫折感」となり、Kohler の自称「新 Hegel 主義」法学の「文化的最良観」が、Jhering を「哀れな非哲学的頭脳」とし、「新Kant 派」的「Kant 復帰」を「哲学的不毛の時代の説教」と斥け、「経験科学」の結果に「尚一層深い意

味」が内在するかを研究するのが「哲学の仕事」とするが、法が「文化現象」である所以のものと「法生活」の認識論的基礎とを概念せず、「当嵌め」の「事実問題」に終始した。之に対して第二に、Bernsteinは Marx 説を「経験科学」とし Hegel 弁証法を斥け Kant 復活を主張し、市民的徳としての「禁欲」の承認に於て「人道と自由」を説き、Bergbohm は反「自然法」的「法実証主義」を採るが、Staudinger は Locke 的経験主義と「実在論的 Kant」とに Marx 主義を併せ、「事実的なものの規範的な力」を認める Jellinek が、社会学的と法律学的との両契機を統合する「哲学的」国家学を具体化し、「社会主義」への道が「民主政」の主張になるところの Kautsky によれば、我々の諸直観の「若干」は「環境〔周囲世界〕」の「反射」であるが、「若干」は、特に、我々が自分に措定する諸目標は、環境への対立から成立し環境への「矛盾」を形作るのであった。しかし第三に、「新 Kant 派」と次出の E. Husserl とに反対し「健全な実在論」を説く W. Jerusalem の「経験的・発生的、生物学的・社会的」立場によれば、「分業」の結果出現する「社会的分化」と同時に「心〔霊魂〕」の「知性化」が完遂され、「思惟及び思惟諸形式」の「社会学的被制約性」のもとで、論理学の成立は「大なる統一としての全人類の理念の形成」と密接に関連するのであって、Fraser によれば、人間的な生の最高形式は道徳的な信及び信頼であり、「理性」の究極的基礎は信の権威であって、哲学は「善き心」と「義しい意志」との不断の研究的な生なのであり、Guyau の最良観的な世界発展肯定の「進化主義」によれば、自然法則的道徳法則に従い、「生」展開こそ根本概念、「最も内包的な生」は「最も外延的な」其であり、「義務と制裁」を語らずに人間の社会的存在の「事実」を展開するのが倫理であらねばならなかった。

(ハ)然るに第一に、Poincaré の「決定論」批判の基づいている「数学批判」によれば、数学の諸原則は適宜な「習律」限定の「約束定義」であり、経験からの抽象ではなくて精神の自由な創造であって、「科学」の理論的諸原理としての「仮説」も、同様に経験の統制を脱し、物理学の諸原理は寧ろ「先験的な精神的定立」なのであり、Schubert-Soldern は「内在哲学」に親近な認識論的（形而上学的ではない）「独在論」を主張するが、E. v. Hartmann 的から Hegel 的へと移った Bolland によれば、我が現実に於て・現実が我に於て・思惟し、絶対者は相対者の内部に在り、すべての相対性に於て自己を開示し自己自身に来、「真理」は「概念」にのみ在るのであったし、この「絶対的観念主義」は、Royce の「絶対的行用主義」に於ては「主意主義」的で、之によれば、世界を包括する「神的意志」を意識することに存在の真理性が存し、道徳的秩序としての力動理念の絶対性が生の内的論理を成し、其の洞察が絶対者・神・理想共同態に於ける統一の直観に導き、共同態の倫理的根本は「誠実（忠実）」なのであったが、Natorp の・「経験」に「絶対」を承認せぬ・「真の経験主義」によれば、哲学は認識論、思惟内容は全現実で、而も認識は不完結であり、従って「発展」性を有つのであり、彼は晩年には、論理の背後の「非具体的なもの」（精神的な「原・統一」の絶対的否定性）へ遡る学をも説くに至った。しかし、第二に、Freud の反「普遍主義」は有論的には自然主義・唯物論、研究技術・方法的には非「自然主義」的で、「自己創作」の私的倫理と「交互的合意」の公的倫理とを峻別し、両者間の架橋の総合を拒斥したが、社会の「前・論理的な」な「参与（融即）」的契機を指摘した Lévi-Bruhl は、道徳も社会的・歴史的で其の法則は法的であるとし、言語に於ける「個人的と社会的」・「静的と動的」の区別を強調する F. de Saussure は、「限定言語（langue）」及び「言葉（parole）」と区別される「言語態（langage）」が其自身としては研究対象になり得ぬとしたが、Durkheim の「実在論的社会学」によれば、「経験的・分析的な因果科学」（「目的論的」説明に反対な）としての社会学の対象である

「社会的事実」は個人的意識に対し「義務・禁止」を有ち「強制的」（其処では「犯罪」も「正常的」）、而も「集合表象」的で、この意味で「精神的」であり、道徳・法・宗教等に「結晶」し得、「学」は実践乃至倫理の基礎になり、「諸事物の本質」から行為の仕方が抽象されるからこそ「理性」は「理念論（idéologie）」へ陥らぬことを得、「学的道徳」は「道徳的学」になるのであり、「本質的結合的」「共同態」と「本質的分離的」「社会」とを対比させたことで有名なToenniesによれば、「個的」或いは「集合的」な「合理化」への傾向は社会及び国家に本質的であり、この「合理化」傾向は、「合目的的な諸概念の自由な形成」への其として、「学的思惟」にも本質的なのであるが、この「傾向」は全存在と同定され得ぬのであった。然るに第三に、E. Meyerの確立する「ドイツの正統的な古代史学」は、古代と中世乃至近世との本質的差異の軽視に於て具体化されたが、文化史及び精神史を重視するLamprechtの史学は、歴史に於ける「進化」の理念を強調し、Stammlerの「批判的」法哲学は人間存在のすべての運動及び変遷を「社会的経験」の無制約的統一に於て認識しようとして、形式的な意志理念の具体化を提示した。之に対して、

(3)(i)「有機体」性（揚棄されている構成の具体化としての）に即して、(イ)「新Kant的」Hannequinの「批判的一元論」が「原子論」を数・物理学の基礎とし、P. M. M. DuhemのMach的「科学哲学」が「全体論（holisme）」的物理学理論を主張し、反Mach的M. K. E. L. Planckが「量子理論」を開拓し、他方で、K. Burdachはドイツ語（及び文芸）を「精神史の一環」として概念し、Dannemannは西洋的「自然科学史」を総合し、LandsbergはStintzingの「ドイツ法学史」を継承・総括したが、H.S. Chamberlainの、「新・生気説」に親近な「生の自律」説は、「人類」でなく「人種」の「ゲルマン主義的」世界観的な「反セム的」・「新クリスト教的」理論を唱えた。日本では井上哲次郎が東西思想の「融合」を志すが、M. Blondelのカトリク的「近代主義」は「有」を「活動」乃至「行為」として、精神的生乃至思惟活動を行用論的に把握しつつ、人間の「究極的課題」は「超自然的なもの」の介入へ自らを開くことであると説いており、之に対して「後進国」に相応しく植木枝盛が「自由民権」を唱道し・法律学で穂積陳重‐梅謙次郎‐穂積八束が前景へ出る・ところの日本では、内村鑑三は「精神的クリスト教」を実践し、清沢満之は「修養・自律」を説き、大西祝が「プロテスタント的批判主義」によるKant的「理想主義」的「啓蒙」を展開したが早逝した。しかし既にDeweyの「アメリカ的」精神は、「新Kant派」から出て「反・観念主義」・「反・存在論」（故に又「新・実在論（neo-realism）」批判）に移って、「行用主義」を「道具主義」に発展させ、「道具」を「自己改良の」其にもならしめることにより、「成長」を唯一の道徳的指標とした。

(ロ)然るに、心理学的に解された「批判主義」を相対主義化するSimmelは、初期に於ても歴史学の構成的性格を強調し、「真理」と「類的合目的性」とを同じ一つのものとし、「先験性」説を「史化」し、「規範賦与的」でない「記述的」道徳学と「形式」社会学及び「社会心理学」とを通じて、一九〇〇年頃に、観念的「妥当」乃至「客観的精神」及び「理念的要請」の承認をも加え、単なる「相対主義」から離反するに至り、あらゆる人間的運命の発展はその運命が義務付けと自由との不断の交替に於て経過するという立場から叙述され得・我々が「自由」と感じるところのものは屢〻「諸〻の義務付けの交替」にすぎぬ・とし、彼には「理解」は「人間的精神の原・現象」で「論理的に不可通約的な性格」を有つのであったが、「生以上」である「生」の外化・客観化・疎外に即して、存在の「文化の悲劇」の歴史的社会哲学に進んだ。他方で「実定法」教義学に対して、E. Fuchsの「自由法」論によれば、「真の事物的〔即物的〕な法学」は「二つの真正な学」（「法学的心理学」と「社会科学」）に拠るべく、而も「真の」法律学は単なる学でなく、「真の」哲学の如く「同時に心情」であり、「公共に有害な法律学」の如く「神学的・構成的」ではなくて「魂・人間・生・取引の学」であるべきなのであり、Heck の「利益法学」により「社会的現実」への法律学の「決定的転向」が拓かれ、M. v. Ruemelin も「反・自然法」的「利益較量法学」を主張した。かかる社会的・歴史的状況のもとで Ehrlich は、論理的・方法論的欠陥は大きいが、法の包括的な「社会学的理論」の基礎付けに傾き、Duguit の「実証主義」は法の根拠を「社会的連帯」の事実に置き、「国家主権」の概念を斥けて「奉仕的国家」の地方分権と職能代表制を提唱し、根本に「自然法」的観念を有つ Gény も、社会的現実を重視する「社会学的」傾向に於て「科学的な自由探究」を説いて、「自由法」運動の「一環」を成したのである。

(ハ)Cohen 及び Natorp を承継する K. Vorlaender によれば、Kant に「形式と内容との対立」が在るように見えるのは仮象にすぎず、認識的意識の合法則性が内容を「産出」するのであって、個人から全人類までの「威力」になるべき Kant の哲学は「社会主義」の基礎をも成すべきであった。しかし Bergson は、精神の外的生に対し、創造的活動の内面的知覚により捉えられる根源的生を法哲学的に具体化しようとしたが、最後には（生来のユダヤ教でなく）カトリクを受容した。この「カトリク化」の露呈する法哲学的自己喪失に対して、E. Husserl は「超越論的」我から「間主観的」其へ、世界から間主観的「生世界」へ進み、思想的な世界撥無から「超越論的観念主義」に至った。――すべての有が相対的であるところの「純粋意識」を対象としている「超越論的哲学」は、意識的存在に内在的で「経験の充実」と合一しており、而も反「心理主義」的に、「形相的還元」は「超越的形相」を（「有論」）、「超越論的還元」は「超越論的事実」を（「形而上学」）開示するのであり、「すべての従来の哲学は未だ学でない」として哲学に「厳密な学」性を要求した綱領（一九一〇年）は、原理的には最後まで保持されるけれども、既に初期から認識のうちに「直観的なもの」を而も「反省的手続」を通じて求めた彼は、「主観共同態」・「間主観性」の説になっても「自我論」的性格を払拭されず、一九二一年の「歴史的」主観性の説に登場した・超越論的な間主観性の客観性の・史的性格は、超越論的現象学自身の・自己批判を介しての・正当化になり、一九三六年には、「生世界の超越論的基礎付け」、「底礎」する主観性と諸「生世界」との相対性が、「経験的」及び「超越論的」我を統一する「個人格的生」が、核心となり、この自覚は、諸〻の「不可通事及び逆理」に究極することの自覚、「知慧としての懐疑」への譲歩の自覚、従って、「超越論的認識自身の超越論的批判」としての「最後的批判」になった（→Stroeker）。

(ii)　(イ)既に Hilbert は「数学的公理論」（古典的数学の形式化）と「高次（Meta-）数学」とを総合し、「直観主義」と一致する方法で、「日常言語」により方式化された内容的理論を展開し、「幾何学的数論」に拠る Minkowski は「相対性理論」にも貢献し（→田辺元）、Couturat は「数学と論理との統一」へ前進していた。しかし、L. Busse は「主観的に思惟必然的なものの客観性」を主張するが、全現実の論理的構成の可能性を否定し、Steiner は、超感覚的直観による超物質的実在の把握の「人智学」を説くが、Westermarck の社会学・人類学によれば、道徳的判断は諸個別者の「心術」に基づいており、「普遍妥当性」を有たぬのであった。然るに Rickert によれば、すべての有は「意識に於ける有」、「現実」（之と「実在」との Hegel 的区別は彼にも無い）を「諸価値」と関係させるのが「評価する行為」（「意味の国」）で、「価値関係的」学の方法的区別の基本が「普遍化的」及び「個別化的」であり、「非合理主義の流行的潮流」に対して学は「合理的思惟の明白性及び浸透力を信奉」せねばならぬけれども、「合理的諸作因」は「世界の一部」を成すのみで、

「史的」叙述が「学的」と呼ばれ得るのは「普遍的（或いは文化）価値」により導かれる場合であり、普遍的な文化諸価値の「客観的に妥当な体系」が要請される訳であったが、時と共に彼は「客観的価値体系」形成の限界をも諦念的に承認し、「歴史的な文化諸科学との緊密な接触」に拠りつつ「史的なものに於て超史的なものに接近する」ことを説くに至った。

(ロ)第一に、「批判的実在論」と自称するKuelpeは「二元論」的形而上学に傾き、「無神論」は「理論的」には反駁できぬが「有神論」は「我々の実践的関心には最も適当」となして、非・法哲学性を露呈し、G. H. Meadの「社会心理学」の「社会的な行態主義」は、「社会的な個人化」（言語的・生的）と「我」の客体化の必然とを説き、「単純な構造化」を避けて、「社会的結合の無い個人」「個別化の無い社会化」も不可能とするに留まるが、Ratzelを継承するKjellénは、道義的組織としての国家と自然的有機体としての其とを（国家学及び地理学を）総合する「現実的な国家科学」を主張し、全体主義的国家観と地理的決定論とが「有機体説」的に合体しているところの「地政学」を創始した。然るに第二に、[S]chestov〔Shvartsman〕が「神秘思想」から「反・理性主義」を強化してカトリク教へ接近するのに対し、F. C. S. Schillerの「人本主義的行用主義」によれば、「行用主義」は形而上学の否認でなく認識論的方法であって、一種の「多元論」が「進化論の形而上学的基礎」を成し、諸単子の数多性から調和的宇宙を作出する「神的精神」に起源する世界過程は、「完全な共同体での完全な諸個人の完全な活動」へ進むが、「有論的統一」は発展の「終点」であって「出発点」ではないのであったが、スペイン的クリスト教と人本主義との統一の「悲劇的」性格を自覚するUnamunoにとっては、哲学も人間の存在及び生の「悲劇的」意識の表現であり、「ヨーロッパのスペイン化」と共に説かれる「不死への渇望」の求める最後の「肯定的」本質存在は「予感」されるべきものにすぎなかった。しかし第三に、Joëlの・生と思惟とを統一する有機体概念に拠る・世界観は「ロマン的精神」を復活しており、Erhardtによれば「先験主義」は「現象」へではなく「物自体」へ関わり、形而上学は「経験」から出、諸学同様に「経験」を踰越してよいのであり、「二律背反」乃至「逆理」を登場させぬ「階型」理論を後出のRussellと共に考察したWhiteheadは、動的な世界存在性（思惟と一体的に「生起」する「経験」の「現実」）の論理的・形而上学的具体化を構想した。之に対して、

(ハ)第一に、H. Pirenneは特に中世に即して実証的史学を前進させ、近世ヨーロッパ史の最も重要な「徴表及び酵母」としての「国家理性」を究明しようとしたMeineckeの根底に在る自由主義的立場は「現代文明の破局」の「最悪観的な憂愁」を窺わせ、Diehlの「制度論的経済学」は「限界効用学派」に対して経済現象を社会的・法律的基礎の上で捉え、F. Oppenheimerの「社会的」自由主義は「社会的過程」理論を核として社会学の「体系」化を試みたが、Sombartによれば、すべての社会は精神、すべての精神は社会的で、精神科学は社会科学であるが、彼の社会科学は最悪観的な文化哲学になった。——彼にとっては、第一次大戦と共に「高度資本主義」は終り、今や「資本主義の老衰」と共に其の「精神」も変り、「資本主義からの転向」にのみ「希望」が在り、原動力は努力・目的・意志の有る「生きている人間」に求められねばならなかった。第二に、生理学的心理学をFichteの「倫理的観念主義」と結合して「価値体系」樹立を志すMuensterbergは、「学」の現実態から「生」象面（未だ客観化されていない「体験」経過として「時間」外に在る「自由」）を区別し、認識作用をも（「有」と「関連」との）「価値」定立としたが、アメリカ人的反感により斃され、W. Nestleは、古代ギリシャ哲学史に即して「人道」理念と「語り（神話）から論（理）へ」とを指摘するに終り、「新Kant派」的Troeltschは、「宗教性」評価の基準でもある「宗教的・先験的」な

ものを説くと共に、原則的な「価値相対性」を承認しつつ「現在的総合」（「現在的な文化理想」）により相対主義・歴史主義を克服する試みに於て、「時間的と永遠的、生と理念、相対者と絶対者」の問題を根本として之を「過去的及び異他的諸文化の評価には、正義と事物〔即物〕性、生きている自己自身の其には、自由な未来信仰、総てのものの総括には、世界一般の理性性への信頼」によって解こうとした。しかし、第三に「新Kant派」により寧ろSimmelに近いM. Weberは、「史的諸科学」のSimmel的「主観主義」的解釈に対し諸「社会科学」の限定的客観性を樹立する理論を提示し、当時流行の「解釈学」的潮流に対し「意味的適合的」と「因果的適合的」とを限定的に統合し、「理解」には「因果的説明」も不可欠とするが、社会学を自然科学的・法則科学でなくて「理解社会学」であらねばならぬとし、人間的・具体的現実を可能な限り概念的に理解する手段的概念が「理念型」（乃至其の体系）なのであって、「法社会学」と「法教義学」（彼は「概念法学」を流行風に一概には排斥しない）をも峻別する彼の・「物凄い対立」を強調且つ考慮する・「二重天賦」の貫徹は、「非合理的-合理的」と「実質的-形式的」との組合せで「実質的・合理的民主制」の方向での歴史哲学的諸傾向を窺わせ、「ヨーロッパ的合理主義」を「運命」として引受ける彼の「歴史的・社会的宇宙の普遍的支配」は「古典古代的意味での哲学者」的に統一されており、この統一の具体化はその統一の限定であったが、後者は「思弁的」に揚棄されてはならなかったのである。

(iii) (イ)然るに第一に、Kantに従い認識論的「観念主義」・「現象主義」を採るAdickesの経験主義的「不可知論」は、「形而上学」を「人間類型に対応する信仰確信」とし、自らは、「統一的な精神的生」が世界を支配しているという「汎神論的・実在論的」一元論によって決定論と倫理的な幸福論及び相対主義とを結合し、H. Maierは、認識的と並ぶ感情乃至情意的思惟の存在を強調し、後者を包括する「論理」を心理学的に基礎付けて「目的表象」に関わらせ、後者の論理的諸機能を意志的な思惟行動とし、歴史哲学でも「個体化史学」に於ける「直覚的抽象」を強調し、Croce の「精神科学として哲学・史学を統一する観念主義」は、精神を唯一の現実、総ては其の現示とし、超越的神に対する内在的神としての「客観的精神」の唯一的表現を「歴史」とし、「自由主義」的・「最良観」的「進歩」思想を説いたが、顕著に「非・弁証法的」であった。他方で第二に、当時興隆する「Thomas 主義」に反対する Le Roy の「約束（習律）限定」主義（conventionalisme）的哲学は、「行用論」的な「反主知主義」的「生哲学」に拠って「力動的生に於ける対象の合致」を説き、Driesch の、純粋論理と心理主義との「中間」に立つべき「秩序」理説は、「自己省察」の方法に拠って、「体験整序」の実在的目的論的な形而上学を説き、Reininger の超越論的「意識一元論」は、無時間的「原体験」から「批判的な自己省察」を通じて、「絶対的無前提性」の理想に出来るだけ近づく学としての形而上学を説いたが、其の倫理も、事実的に現存する価値意識の記述であった。之に対して第三に、Vierkandt は、「社会成員の内的結合」を基礎としつつ社会的諸事実の「超個人的性格」を強調し、「純粋社会学」と並ぶ「史的社会学」を重視し、「形式社会学」面での主方法は「現象学」的であるが「経験論」的で、特に「帰納的」方法が「史的社会学」では主となり、諸〻の「高文化」を脅かしている「悲劇」性（危険及び没落の虞れ）を「克服」する「精神諸科学の論理」に従う社会学を説いているが、K. Breysig は、歴史的・社会的発展に「創造的人格性」を重視しつつ、「世界史の発展的法則性」の把握を志し、Alfred Weber の「文化社会学」は、Bergson 的基調で「合理と非合理」との総合を志すが、「文化」は人間存在の「頂点」ではあっても「将来は秘」である故に、「現在」に定位し「悲劇的なもの」を看取する「世界史」観は根本的に諦念的であらねばならなかった。

(ロ)第一に、日本で高山樗牛の美的・文学的な「矛盾・煩悶」の「生哲学」的法哲学が、「日本教」に始まり且つ終る本質を露呈して挫折した頃、スエーデンの Haegerstroem の「合理主義的自然主義」によれば、精神的諸現象は自立的対象でなく、外的行態と時空的に制約された表象とへ還元されるのであり、フランスでは Alain の「批判主義的・合理主義的」な「道徳学」は「良識」的理性の「人生」論に基づき、ドイツでは R. Otto が、「現象学」的方法を以て、「宗教」は「合理主義的・合理化的」であるが「神理念」には「超概念的・神秘的」なものが存するとしたが、「批判主義的・合理主義的認識論からの脱却」を説く L. Brunschvicg は、諸学の批判としての哲学の根本課題を「経験と要請」・「事実と理論」の分離に在るとし、すべての精神的諸実在（諸範疇も）は発展的であり、学的・哲学的な総発展のうちでの其等の変遷こそ「現実」である、と主張した。しかし、第二に、「運命世界」に於ける「体験的生」の「一回性」へ「発展教義」を揚棄する Gottl-Ottlilienfeld によれば、「与件」を対象とする「自然」科学に対し「事実」を然する「生」科学の「固有な方法」は、「理解による作因（Kausation）」であり、「自己自身を思惟する思惟の論理」に対する「自己自身を思惟する生の論理」に於て、「思惟〔の論理的〕正当」及び「事物〔の目的論的〕正当」に対する「〔人間的〕生-」・「〔人的〕心術-」乃至「有〔の有論的〕-」正当性が区別され、「有-正当の意味」は「生きているものの有」と一致し、人間社会的諸形象の「有と意味」は和合し、「歴史」的・「社会」的統体の学的具体化の原理は「生-一致」（「共同態」）・「生-不和」（「団群」的「勢力態」）・「生-必要」であって、この第三のものが、需給を一致させ「生の存立」を計る「経済」を「終結的」形態であらしめるのであるが、Berolzheimer の「新 Hegel 主義」は、「文化」を基礎とする歴史的研究への粉飾に留まり、Lenin の「唯物弁証法」では精神の強大な役割が顕著であった。之に対して第三に、Haeckel を継承する「一元論」者 Goldscheid は、Darwin 的進化論を社会的生活には不妥当とし、人間を批判的思惟に基づく自律的目的から文化及び世界を支配すべき存在となして「平和主義」を説いているが、孫文は「三民主義」のために戦い、Haushofer は「地政学」を擁護しており、Beling によれば、「社会的生活の秩序」という「先験的な意味形象」も「法」と等しくはなく、法が「集団心理学的」所与である限り、「如何にして法学は可能であるか」という「認識批判」的問いの答は可能であるが、「法の概念」が規定されるのは「法学」からでなく「超・法律学的」にであって、而も「法律家」にとって存在するのは「経験的規範」としての「実定法」のみであるから、「自然法への移行から復旧」すべき「実証主義」も「法理念による法価値考察」の補完を要するのであり、Pound は「進歩」に規定的な諸利益のための「社会的工学」を説き、Renner は「社会民主主義」を擁護し、Natorp 説を発展させて『世界史の批判としての倫理学』を「社会性の哲学」とする Goerland は、「あらゆる新たな現象複合体状況に応じる新たな問題形態化形式」のその都度新たな方法学として、交互化的諸契機の相関性に於ける「経験」を媒介する「哲学一般」（「第一哲学」）としての「新たな〔Platon的〕弁証法」（「序論理（Prologik）」）を唱えた。

(ハ)第一に、「Platon 的・中世的」設問へ遡る K. Dunkmann の「社会哲学」も「社会的理性の批判」に基づいたが、「厳密な学」としての諸学統合を志す Eleutheropulos は、実在論的基礎の上に自足的な「当為」界を樹て、社会生活の三形式（氏族、部族、国家）と「法」とは相互に何ら因果関係も限定的な前提関連も無いと主張し、J. Cohn の Fichte 親近な「批判的弁証法」は、「我が自分自身を認識しようとするや否や、我は自分から疎外される」故に、「合理」と「非合理」とに即して、後者を「合理的」形式と必然的に結合していて而も其とは異なるものと解し、「新・観念主義」として、「自然主義・功利主義・機械論」を斥け、

「批判的経験主義」から「二元論的形而上学」へ進んだ。しかし第二に、H. Gomperz は、Avenarius に親近に、諸概念を「感情」へ遡らせる「実証主義」的な「情経験論（Pathempirismus）」に基づく「印象」体系学に拠って、「意味」の「説明及び理解」の分析により「精神科学」の反省に寄与し、A. Pfaender は他人格への行態の様相としての人的な心術の記述的・心理学的な「理解」的「現象学」を推進し、「Goettingen 現象学」の中心であった Reinach は、「本質直観」に拠り「先験的基礎」を捉えようとし、「本質性」の分析から本質諸関連の「本質諸法則」に進み、後者から逆に諸〻の本質性は十全に解明され得るとし、E. Husserl の「論理的研究」に対し「時間性」を強調し「社会的行動」に於ける「内的と外的」の「同一」を主張して、「間（Zwischen）」の「社会的有論」の先取りに於て Husserl を超出していた（→Theunissen）。既に第三に、若い頃にも「前・学的な概念形成」の考慮を概念的に定立していた「新 Kant 派」Lask は、「哲学の論理」を「諸範疇の諸範疇」（形式の形式）の学とし、「正誤の彼岸の高次域を樹てる高次範疇（及び判断）論」を主張して、「精神の新たな形而上学」を志し、文化哲学的原子論を歴史哲学的に「史的なものの論理的概念と個性的なものの非合理性とによって克服する」道を拓いた Fichte を「Kant 派」のうち「最も偉大な者」とし・Hegel の「絶対的合理主義」を「非合理性の誤認」でなく「克服」であったとする・法哲学の具体化の道へ入っていたが、第一次大戦に於て彼も Reinach も歿した。

III　近代後期（1919〜1945）

揚棄されている有機体として存在する客観性が「世界性」、⑴其の存在性の抽象が「生」であり、(i)個体的「生命」（「有機体」と同一ではない）は、(ii)「死」に至る「老化」として限定され、(iii)この限定が揚棄されているところの生が「生〔産〕む」であり、生むものは生れて有り、直接的生は揚棄されている。⑵抽象的「個」の「類」的生が限定されているところの限定的世界性、「種」は、(i)直接的には生の「行動性格論（Ethologie）」的限定であり、(ii)「棲態論（Oekologie）」的限定により媒介され、(iii)其自身としての（「向自的」）種が自己限定を揚棄（「淘汰」）するところの発展が「進化」である。⑶揚棄されている種、「世界」は、(i)抽象的には「実存」の「場」の絶対的否定性、(ii)従って限定的諸世界の全体であり、(iii)「存在」が揚棄されているところの「無」が、揚棄される自己を媒介する。――「絶対無」――

第一次大戦後、絶対的否定的な「客観性」に即して、論理的範疇は漸次、対応する法哲学の定立する原理的限定となり、

(1)(i)　(イ)第一に、夙に「相対性理論」を「量子論」的にも発展させていたEinsteinは、「人権」及び「平和」の思想家でもあったが、G. E. Mooreの「実在論」は「形而上学理論」には根本的に懐疑的で、先ず、答えられるべき問いの規定（「事柄」）を学に要請し、世界は諸概念から成り後者が認識の「客観」であるが、

諸概念は諸〻の表象及び事物の抽象ではなく、この後者は既に諸概念の集成であって、ある概念の本質は他へ遡らされず、他の諸概念に特殊な関係に在るにすぎず、「善」という述語も、唯一特種としては定義されぬ端的な思惟客観を意味し、「真〔理〕」は「存在」より根本的ではあるが、此処でも「常識」真理と其の分析が大事であり（蓋し「誰もが、真である諸言表をはっきり知っている」から）、「自然主義」（物理学主義的「有論」）に対し「経験主義」的・「目的論的」（というより「結果論的」）「価値倫理」が採られるべきなのであり、之に対して、B. A. W. Russell は論理から数学を導出し、数学を諸相関の普遍的論理の特殊的適用とし、経験主義を加味する「新〔普遍〕実在論」の学的方法は「新たな論理」に在り、「哲学」の職分は「批判」、従って「論理的分析」であって、後者の方法は、生物性に於ける存在の法に揚棄される限定なのであった。しかし、第二に、K. Heim の「神〔原・汝〕」の超越と論理的な不可把握性を説く哲学的神学は、「我・汝間の緊張」に拠る「間主観性」論から「超越」を説き、Berdjaeff〔～ev〕の「クリスト教的神秘説」は「生の不条理」を説き、Huizinga の、「現代」の「非合理主義」的傾向に対する諦念的自覚は、「文化」的人間存在の「遊び」的契機を指摘したが、Gobineau を復活する Woltmann は「反動的」「生物学主義」により「ドイツ民族優越論」で「人種衛生」を説き、E. Horneffer の「汎神論的」な「一元論」の精神・文化哲学は、Nietzsche に共感して反教会的に創造的「生の宗教」へ進んで、社会主義反対の「人格主義」を唱え、A. Horneffer は兄の亜流にすぎぬが、Klages の Nietzsche 的「反理」哲学は、「性格」の両動因のうち「自己主張」を「精神」（理性）に、「自己献身」を「生」（心）に配当して、「生」への「精神」の依存を主張した。之に対して第三に M. Adler は、Kant の「認識批判」と Marx の「唯物史観」との「方法論的結合」に拠って我々自身の「存在」の「社会的・先験的なもの」を確立しようとした。――自然科学と異り社会科学では「発展」の契機が「社会的合法則性」の本質的分肢であり、「認識方向」は「階級所属性」により制約されており、「経験の先験的・社会的なもの」が「すべての経験の形式」に属するのであった。

(ロ)然るに第一に、Scheler は「現象学」を寧ろ形而上学に基づけ認識を「有的相関」として解釈し、「情的」なものを重視し、之の限界付けに「精神」を持出して、「先験的な目的論的倫理」（「先験的」或いは「実質的」な「価値倫理」）を唱えたが、「現実」は「客観的な価値位階秩序からの偏異」、更には「本質的逆倒」であって、「悲劇的分裂」を整序する「精神」も最後には「精神の無力」に至り、「精神と衝動との根元的対立」に於ける人間は、「愛」に基づき「世界」へ献身するべく、「最高価値」は「人格価値」ではあるが、「人格の学」は不可能で、「人格そのもの」でなく「間・人格的な諸関係」（依存性）が前景に出、「知識社会学」を超えて更に「人間とは何か」の形而上学的核心に迫ろうとする努力は、結局単に「生」肯定の人格的「実践」を説き得るにすぎず、「カトリクの Nietzsche」で終った。第二に、元来 Hegel に近かった Kant 主義者 Binder の Hegel 主義化は、「民族精神」を重視し「有機体」的「生共同体」としての「統体的・権威的」国民国家（従って「指導者」Hitler）をも讃えるに至り、Kant の影響下に Somló の経験主義的実証主義が、「承認説」に極めて近い「法実力説」を唱えつつ、「哲学的基礎付け」に於て Bolzano 乃至 Reinach に接近したのに対し、M. E. Mayer は法規範の効力根拠として、「文化規範」の国家的承認を主張し、H. Isay が「裁判＝決断」説を採り、Mueller-Erzbach が「因果科学」としての法学を「利益法学」親近に発展させて Ehrlich に接近し、後者に反し M. Weber に親近な Nussbaum は「法事実」研究を「法教義学」の補完とし、この「補完性」を Sinzheimer も主張し、W. Sauer の社会倫理的形而上学は、「理念は事物の、合法則性は現象の、形式は素材の、」論理的に「先のもの（Prius）」であると共に其の逆でもあり両者は相互依拠的な「不可分的統一」を成すと説いて、「社会哲学」を具体化した。然るに第三に、Del Vecchio にとっては、「理性の見出す自然法」の漸増的現実化が「歴史」であり、この目標に仕える限り「戦争」も「正義」であるが、「社会的現実を参酌」する「自由法学」を唱えた Kantorowicz の認識論的「三元論」は、対象考察方法の三（現実としての経験、意味形象としての構成、評価）を峻別し、Radbruch は限定される相対主義の法哲学を発展させた。

(ハ)揚棄される相対主義は、「実証主義・新批判主義・行用主義」を斥け Hegel を批判的に「克服」する Gentile の「能動的」観念主義の、Fichte に親近な「我の絶対的主観性」・「主観的な精神弁証法」としては、「常に新たな現在」の絶対性の主張であった。しかし、R. Michels は「社会学的法則」に拠り、特に「政党」社会学に寄与し、「講壇社会主義」に属する R. Wilbrandt の歴史的経済哲学は Kant の「実践理性の優位」を奉じ、A. Walther の、「社会心理学」に拠る「理解社会学」は、M. Weber を「余りに歴史家でありすぎた」として批判的に継承しようとしており、Wiese〔u. Kaiserswaldau〕は「関係及び形象〔成形体〕」に即して「文化」にも亘る「個―社会」の「人間」理論を説き、Hoenigswald は、「精密科学」の認識論から思惟心理学や教育学をも「新 Kant 的」に総合する体系に於て文化的人間存在の「厳密学」を説いた。之に対して、「Marburg 派」から出た Ernst Cassirer は、世界理解の根本的諸形式の把握と現実の全的認識の方法的確立との精神哲学的具体化を志した。――我々は学の諸前提を「生成せるもの」と見る故に、其等を思惟の諸創造として認め、其等の史的な相対性及び被制約性を見通し、かくて其等の不断の継続と生産性更新との展望が開けるのであり、「数学」も「量」の学でなく結合一般の諸〻の可能的仕方と其等の交互的依存性との普遍的叙述であって、「数学の論理」は Cohen 的「根源の論理」であり、「客観的」の概念も「実在論」的意味を喪失し、「象徴的諸形式」（其の哲学は包括的な「文化の批判」である）も「客観的精神の諸形式」であり、超越論的意識の根本方向のうちに其等の方法的基礎を有つべく、「文化-」或いは「精神-」哲学の認識論的基礎付けは、「文化諸現象の史的多様」を「超史的な」「すべての人々に妥当的な」諸前提から体系化すべきものであったが、後者を超越論的・体系的に導出することは果されないままに終った。

(ii)　(イ)Bauch によれば両「新 Kant 派」は「有論」的に統一されるべきであった。Meinong 派の Mally は「判断」と「意欲」（従って又「当為」）との両論理により「義務論」の開拓を試み、原理的な「我」に基づき心理学及び哲学を統合しようとする Oesterreich は「新 Kant 派」の全体像を初めて概説し、Haeberlin の先験主義的「有一元論」は、「人間存在」論に先行する「普遍的有論」に於て、根源的「有の知」の完結的世界像を試み、之によれば「個」は「有るもの」の様態であり、一の有るものが各「個」のうちに在り、「人間」存在は「有るもの」の「問題化」であって、「原悪」は人間であろうとすることに根づいており、論理は形而上学的其、哲学は有理念の省察として絶対者の表現、従って、文化的諸対立を克服しようとする世界観であり、理論的並びに実践的に絶対的真理が存在するという「信」なのであった。「鋭敏な方法意識」の故に Husserl により極めて高く評価された J. Daubert は自らの現象学的研究の公刊を決心し得ず、W. D. Ross の「先験主義的・直覚主義的」な「客観主義」的理論の倫理によれば、個別的・具体的場合に即して命じられていることは常に「問題的」で、結局は「直覚」であり、諸義務を原理へ還元することは不可能、其故に精々「最良者達の道徳的諸直観」であり、Liebert によれば、「合理的」なものの力をも其に勝る力により基盤作りし自己を越えさせることは人間的精神の不可抗的諸努力に属し、ある解決は問題創造的である時にのみ正しく、ある問題は厳密な体系的精神から現れ出る時にのみ形而上学的に正しく、形而上学は

「弁証法」として可能、「真の形而上学」は「生哲学」であり、全「生」は「運命的弁証法」と「弁証法的運命」との不可揚棄的相貌（「悲劇的」弁証法に基づく「悲劇的」調和）を担うのであった。

(ロ)Dilthey 派の Misch は「生哲学」を擁護して具体的・歴史的生の解釈学的・超越論的論理に進み、Frischeisen-Koehler も Dilthey 説発展を試み、「有るもの」が与えられているのは「体験」に於てであるとし、Groethuysen も歴史的人間の「自己省察」に拠ろうとしたが、H. v. Kayserling は H. S. Chamberlain 親近な非合理主義に行用主義を加味した。之に対して Buber は、「其〔もの〕」への「我」の志向性の象面を越えて「我・汝」の対話的行為関係を原理とし、此処から「神（永遠な汝）」への関係を考え、「間」（其故に「間・人間的なもの」）を原理とする有論により「超越論的」地盤を克服しようとし、「神」へ直接に関わる現実そのものの不純・矛盾性に於ける「我・汝」論理を、「主・客観の論理」に先立つ「対話的生」の其とし、之を人間と「原根拠」との間（其の形而上学的事実」が「出会い」である）にも及ぼすが、この「純粋行動」の直接性の立場は、「同一性」的統一を達成し得る神学的神秘主義を出ず、「人間的分裂・矛盾」（「二重自然〔本性〕」）の統一こそユダヤ教とする立場から宗教的「社会主義」が説かれても、後者は、人間が彼の人格的生の具体性に於てこの生の根本事実（人間が神の前に世界の内に立つ、という）を真面目に扱うというだけのことにすぎず、他方で、K. Buehler の「言語理論」は、「志向主義」及び形式的「意味論」の一面性を克服し、「言語行為」の形式的・「語用論」的（「機能図式的」）分析に於て、後出の「通信行為」論の先駆を示しているが、E. Grisebach の・「創造的思惟」としての・「我・汝哲学」は、Heidegger 的な「超越論的・基礎的有論」に於ける「循環」説に対して、「超越の侵入」と「隷従」とを説いた。しかし Muench の史的・批判的な超越論は、「体験」に於ける対象性及び意味の構成的生起を概念しようとし、世界を原理的に把握可能として、単に「社会哲学」をでなく「歴史論理」及び「歴史倫理」（従って歴史哲学）をも要求し、歴史及び文化全体の法哲学として Hegel に多大の共感を寄せ、「実定法学」をも「法事実」の純化された意識、「法哲学」を其の「批判的な自己意識」（「法概念及び法理念の学）とした。之に対して、

(ハ)第一に、Spann の、歴史哲学的にも具体化される「運動的普遍主義」の「カトリク的」な「有機体説」（其故に Nazis 的 Rosenberg により拒斥される）によれば、「個人主義」的意味での「個人」は存在し得ず、「全体」こそ「本来的現実」であり、「自由」は諸「身分」により構成された全体に於ける生であって、「支配」は「上から」「賢人」的に為されるべく、「自由主義」も「Marx 主義」（個人主義と普遍主義との「混合形式」である）も M. Weber（「主観主義的・自然主義的・心理主義的」である）も間違っており、精神・諸価値・文化こそ昂揚されねばならぬものであったし、Stalin も「上構」（従って又、国家及び法）の能動的役割を強調し、O. Bauer の「新 Kant 派的社会主義」は、Marx 主義の立場からの・資本主義社会史を「反映」する・世界像史を提示して、国民的諸特性に即した「社会民主政」の実現を説いた。第二に、法律学的及び社会学的な法概念を峻別する Kelsen の「純粋法学」の具体化に対しては、彼を酷評した Erich Kaufmann の、「新 Kant 派」の「抽象的な形式主義」及び「先験的合理主義」の「法哲学」に対する批判は、内容的具体化の観点の欠如の「単なる批判」に留まり、この「反 Kelsen・反 Marx 主義」は、神秘的「ドイツ的精神」への「信」に於て、「生き生きした生のみが生を可能にする」と説き（但し Nazis には反対であったことは見失われてはならぬ）、E. Lederer は「新 Kant 派」親近に、社会主義的な資本主義批判を説き、Mezger は「新 Kant 派」から出て、刑法に於ける「旧新両派」の総合に寄与したが、F. W. Jerusalem によれば、「個人主義」の時代には「合理主義」が精神的世界を支配するが、個々人の精神生活は「非合理的深層」に

根を下しているのであり、心理学的基礎に拠るLundstedtによれば、教義的法律学が扱っているのは「真理」でも「正法」でもなくて「政治的」目標定立にすぎず、法律学的・規範的叙述は「無意味」、「法学」は「非学的」なのであり、「形式主義的な国法学」に反対するSmendは、「国家」の「動態的」把握によって「統合」概念を導入した。然るに第三にSpenglerは、西洋的世界が揚棄されるところの世界史を「自然主義的・生物学主義的」な「形態学」に於て具体化していたのである。

(iii) (イ)「真・偽」の他に「第三の真理値」として「不定」を樹てたLukasiewiczは就中「多値」論理学の基礎付けに寄与しようとし、L. E. J. Brouwerの「構成主義」乃至「直観主義」の論理及び数学によれば、「無限」は「無際限な進展の可能性」であり、「排中律」の普遍妥当性は拒否され、「二重否定は肯定である」ことも「間接的な存在証明」も妥当せず、「集合」は精神的構成の結果であって、其の存在が前提されてはならぬのであり（→Stegmüller）、H. Dinglerは自然科学及び数学の認識論的基礎を明かにしようとし、就中「測定装置」による制約を指摘して、理論乃至哲学の実践的・意志的、自己構成的・主体的な行為的性格を反・経験主義的に強調した。科学を「生物学的な問い」とするBecherの、心〔霊魂〕的なものの「批判的実在論」は、超個人的なものの生命的原理を想定する「生気論（Vitalismus）」を説き、L. Binswangerの人間学的な「族愛（Geschlechterliebe）」（「性愛」以上である愛の完全形式として「我-汝」的に「二元」的な「我々性（Wirheit）」を原理とする）的存在分析は、「二元性・多元性・単元性」の「間（Zwischen）の有論」を展開し（→Theunissen）、「生」の絶対性を説くOrtega y Gassetの「理性生気論」によれば、「文化」は「生」に奉仕すべきものであったが、老衰した彼は、屢〻見られる例の如く、カトリクに復帰したらしい。「新Fries派」のNelsonの直接的な自己観察的認識も、「認識の客観的妥当性」の問題を不可解決的として否認し、「認識論」に反対したのであった。

(ロ)然るに「Dilthey 派」の中でも特に諸「精神科学」の「人道的な生機能」（「人間への配慮」）を強調する Litt によれば、歴史学が「共同態の想起させる自己確認」に寄与すべきように、精神科学も「認識と生」・「学と生世界」を媒介すべく、「人間の自己認識」は「普遍人間的なものの認識」、「人間一般の自己把握」であり、「人類」の其と合し、其故、「個と全」が重大問題なのであって、「我に於て社会的世界を、且つ同時に社会的世界に於て我を」見る共同態論が「歴史的な自己形成」に繋り、「立場の被拘束性」に肯定的意義を賦与する「歴史主義」がその「被拘束性」を「立場自由」に変化させ、史的に特殊的なものから人間的に普遍的なものへ高め、精神科学に於ける普遍の特殊性を評価する「具体的普遍」の「弁証法的哲学」として、国際的「統合」論を展開した。他方で、M. Geiger がアメリカへ架橋する「Goettingen 現象学」に、Th. Conrad は Th. Lipps 説を加味し、A. Michotte は「形態（Gestalt）心理学」的な「実験的」現象学を発展させた。かかる心理学的方向へ流れぬ（特に M. Scheler 的な）現象学へ近世的「批判哲学」と古代・中世的形而上学とを結合した N. Hartmann の「批判的実在論」は、現象分析を出発点として「問題学（Aporetik）」から認識の形而上学に進み、「主観の客観化（Objektivation）」と「客観の対象化（Objektion）」とを区別して、「認識」の諸範疇は「有」諸範疇であり諸〻の「世界原理」と少くとも部分的に一致（「対応」）するとして、「最後的」諸問題についての不可知論と宇宙的「気（Gesammtstimmung）」の概念化とを有の成層構造に於て精神哲学的に具体化した。脱・宗教的な彼が「Marburg 派」脱却者であったのに対して、若干の「有力」な哲学者達が主として「南西ドイツ学派」に学んで来たところの日本では、ドイツに於て「形而上学を究極的に基礎付けた者」Kant を強調する M. Wundt と異り「絶対無」の哲学が成立した。

(ハ)第一に、朝永三十郎は「自由民主主義」的、桑木厳翼は幾分「懐疑」的な「批判主義」の自由主義者であったが、波多野精一は哲学史的研究から夙に宗教哲学へ移り、宗教的体験を「生の最高峰」と説くに至った。しかし第二に、福田徳三、河上肇、吉野作造や、美濃部達吉、佐々木惣一、牧野英一等の活動する時代は、日本乃至シナに即して津田左右吉の文献批判的史学及び思想史学の成立する其であり、左右田喜一郎はRickertを超えて経済及び文化に亘り「人格主義」的に「価値哲学」を具体化したが、柳田国男は民俗学を発展させ、速水滉による論理学及び心理学の促進に対して、紀平正美のHegel研究は国家主義乃至「日本主義」へ変移した。之に対して第三に、「禅」的反省により媒介された西田幾多郎の、「純粋経験」としての「生」が、「能動的・発展的・体系的」な「具体的普遍」の概念に近い「内面的個体性の原理」として、「自覚に於ける直観と反省」を介して、「無の場の弁証法」から「歴史的形成の論理」、従って「世界史的理念」へ発展したのである。しかし、

(2)(i)　(イ)第一に「絶対確実」な認識理想の要請から精密科学の批判に堪え得る「純粋経験主義」を説くSchlickによれば、「現実」は一つであり、原理的に等しい仕方で認識され、万有の認識に要する「諸概念の体系」は原理に於て一であるという「信」に於て「体験及び直観」から「認識」が峻別され、「諸命題は哲学により説明され、諸科学により証真される。後者で扱われているのは諸言表の真理であるが、前者では、諸言表が本来言おうとしている意味であり」、哲学は「意味」を発見する「行動」となり、「倫理学」も心理学の一部なのであるが、実際の彼の其は大部分「高次（Meta-）倫理」的で、而も最後的には規範的諸言表も登場するという自己矛盾を呈示し、Marx主義的に「自然科学と精神科学」の二元論が「神学の残部」であり「社会科学」も「自然科学」的（「統一科学」の一部）であらねばならぬとしたO. Neurathの「自然主

義」的「全体論」の「多元的経験主義」は、「記録調書命題（Protokollsatz）」も修正改廃を要するものとなして、「理論動学」の史的視圏を有つ「整合的な容謬論〔可謬主義〕」を説き、Leśniewski の唯名論的論理学は、Twardowski と E. Husserl とを併せ有論をも支配して、諸「集合」の「位階論」を使用しないでも「全体集合の二律背反」を許さぬ「〔全体-〕部分論（Mereologie）」を発展させた（→K. Lorenz）。他方で第二に、Maritain は「Thomas 主義」的に「存在の階層秩序」を説いて宗教的・非「有論」的「実存主義」をも認め、Lavelle の精神哲学は「純粋現実」としての絶対者を説き、Le Senne は精神哲学を「現実」形而上学になして人格による価値実現の倫理を説いた。しかし第三に、Broad の「倫理現象の学」は単なる「分類」的其〔判断・感情・意欲〕にすぎず、阿部次郎の「人格主義」的「教養主義」の「自由主義」は、安倍能成と天野貞祐とでも法哲学的には格別に発展せず、A. Baumgarten の「幸福主義」的「経験主義」は「反・国民国家」的「国際社会」主義を説くに留まった。

(ロ)成程第一に、Reinach により影響された「現象学」は、K. Stavenhagen に保存され、H. Conrad-Martius で体系的に、而も漸次「有論的・実在論的」になり、「契約」を「心〔霊魂〕間」的存在とする法律家Schapp は、「我・汝関係の普遍化」に於て「名」の理論、「話すこと」の重視〔何故なら「他者」へは彼の「物語」を介して連結されねばならぬから〕へ移り、現象学から漸次離反して反「志向主義」へ、更に、人間の多様な生諸関係の歴史と「我・我々」の根源性との立場へ進んだ。しかし第二に、Ansermet は現象学を「美学」化し「音楽」的意識を「純粋な意識の原型」と主張して、「現象学」の一面的限定を露呈し始めており、「学と詩」の相補関連から詩的夢想の「現象学的」法則を見出そうとした G. Bachelard に於て、「概念と像との無結合的並存」に於て現象学は「現象工学」と化するが、J. Wahl による現象学弘布は「実存主義」哲学の形成にも寄与し、G. Berger は現象学を性格・教育及び将来論でも固持し、精神病学から「道徳の精神医学」に進んだ Hesnard は、「精神病」の人間的意義を「無意識な罪責感情」に置き、「罪無き世界」との対置から「社会倫理」・「社会衛生」へ進み、後には「間・人間的」拘束説を前景に出して「間主観性」を重視するに至った。この「フランス流」（→Waldenfels）に対して、第三に、H. Lipps は「Goettingen 現象学」を拡大・具体化し、Osk. Becker の現象学は「歴史性」の普遍性を疑い、現象学を数学的・記号論理的に拡大すると共に、主観を「人間存在」化するが、Reinach 的分析に連結する D. v. Hildebrand のカトリク的・Scheler 的「価値倫理学」は、「人格的な社会・共同体の形而上学」に於て、「志向性」象面の彼岸に「間（Zwischen）の根源的現実」を捉えようとした。

(ハ)法律学をも含めて研究及び知識の「類型」乃至「思惟様式統一」の社会学を説く Honigsheim は、国家乃至社会の特定諸層（群）が「実在論」を、別種の其等が「新・唯名論」を代表すると規定するが、Malinowski は「構造主義的」な「文化人類学」を発展させ、F. Strich の「様式史」的な近世ドイツ文学史は、無限な自由欲にも拘らず「美しい形式に於て自己を制限しようと願う」「ドイツ精神の倫理的要求」と「最高の自由が理性法則の自由な承認に在る」という「ドイツ観念主義」との対応を認め、この「ドイツ的なもの」が世界の諸他文化の助けで自覚され得たと指摘した。「生哲学」的・「類型学」的な Mueller-Freienfels は、全体の認識は非合理的な認識可能性を導入せねばならぬとし、この意味での「非合理」（寧ろ「超」合理）主義によれば、叙述と加工との形式のみが出来るだけ合理性に努めるのであり、非合理的哲学の統一は、認識されたものにでなく認識するものに存し、「主観的な生きている人的な統一化」であって、哲学は「生の一形式」、全人的「調和」の生であり、認識が生に従属せしめられねばならぬのであった。之に対して、「人間類型」をDilthey的に体系化するSprangerによれば、「合理的線を生の関連を通じて引く勇気を有たぬ者には、学及び思惟への勇気が欠けている」のであり、「精神科学」的研究を規定するのは具体的には「国土」と「民族」、従って「歴史性」であらねばならず、「学の無前提性」の主張は斥けられるべく、「世界観的・先験的原理」は「学的中立性」を意味せず、学的研究の「客観性」は「真理意志」・「倫理的な根本態度」に基づき、「理解」は、実在に拘束された「引受的理解」のみならず「あるべきものの理解」でもあらねばならず、かくて「仁〔人道〕」理想に基づく倫理乃至教育学が具体化された。しかし、

(ii)　(イ)「商品の物神性」乃至「物化」論に拠ったLukácsの文化批判によれば、「形式的合理主義」が「市民的文化の根本性格」であり、其故、「市民社会」の総体性自身は非合理的になり、「Platon化するKant主義」が「市民的な世界劃期の総括的表現」になるが、M. Weber的な「批判的・相対的合理主義」の代りに「剰すところなく現実を主体により克服する」「絶対的合理主義」は、単に理論的でなく実践的な「実存的合理主義」として、「未来・将来」が根本的意義を有つところの歴史的総体性を把握する「弁証法的な歴史哲学」とならねばならぬのであった。之に対してR. Kronerの弁証法の絶対性は「精神」の其であった（→平野秩夫）。Korsch同様に「実践」を強調するE. Blochの、Marx主義を新生させようとする実証主義的唯物論が「希望の原理」を出ぬのに対し、Th. L. Haeringは「現実の理解」のための哲学的、科学方法論的、史的な考察を進めたが、Schumpeterの「経済発展の理論」は、「資本主義から社会主義へ」の「社会化」過程の冷静な理論的・史的分析を提供した。

(ロ)然るにJaspersによれば、存在は常に自己自身との争剋であり、不可代替的個別者＝人間には「究極的知」は不可能で、「〔神的〕超越の体験」は「宗教代用」としての「世界観学」から、人間に理性及び実存を

目覚ます機能に於ける「領得させる形而上学」（「芸術」でも「宗教」でもない）に進み、「現実を根源に於て看取し、其を私が思惟しながら私自身を取扱う仕方によって――内的行為に於て――把握する」「哲学」にとっては人間の本質は「無制限な課題」の中に存する故に学的な世界克服の制限を証示する「限界状況」に於て「実存」概念が確立するが、この「実存哲学」は、次出の Heidegger の如く「有」を「二次元」（内在と超越、等）的にでなく「三次元」（可能的実存として人間は世界と超越との間に立つ）的に考え、「対象」的存在としての「（現）存在」から峻別される「実存」は「真理」を「信」に於て経験し、客観的知を媒介することを要せず、「実存の真理」は「本来の現実意識」として自証し、思想も「表徴記号」なのであって、Nazis に面しては、「例外と権威」の前でも止まぬ「哲学的真理の道」（「一者」を求める「理性」）が重視されるが、第二次大戦後には、反 Marx 主義的「理性」が前面に出ると同時に「神話」乃至「非合理主義」的半面も強化し、「現実性」が「歴史性」として現れる故にその時々に完成且つ終焉である人間的歴史の「実存的緊張」に即しての「大哲学者」達の哲学史的揚棄も、断片的且つ未完に終った。

(ハ)之に対して、根強いクリスト教的神観に即して、K. Barth の「危機（岐機）（或いは弁証法的）」神学は人間に対する「神」の超越・自由を強調し、「社会的」諸規定を拒否し、「クリスト教的な国家理論」を認めぬが、同時に、「帝国主義的戦争」をも拒否し、「人権」・「法治国」を是認しようとし、等しく「弁証法的神学」に属しても初期 Heidegger に影響された Bultmann は、「理解」の契機としての「事柄の前・了解」を指摘し、本来的な神学的言明に対して史的学をも神話的思惟をも包括しようとする「（随意）処理可能性」概念を定立し、『新約聖書』の「実存論的」解釈法を提示してクリスト教の「非・神話化」を提唱し、Gogarten によれば「我は汝によって有り」、「汝によって現実的に我になり」、「汝」が主体、「我」は客体であるのに対し、Barthに於ける如く「我」が主体であるところのE. Brunnerは、「Christの人格」を核とする「弁証法的神学」（「信仰」は「内在的思想」に対する「逆説」である）を体系化したが、Barth説に親近なThurneysenは寧ろ実践的に留まった。かかる「弁証法的神学」の「超自然主義的」傾向に反対するTillichによれば、「哲学と神学」は「問いと答え」の「相互呼応」の方法で関わるべく、之が「護教的神学」に「文化」問題の摂取を可能にするのであり、「認識」が「有」に深く根ざしていればいる程、其は「理念論（Ideologie）」として「根こぎ」され得ず、「真の認識」は「好機（Kairos）」からの・時代の運命であるところのものからの・其に於て時が担われているところのものからの・「無制約者についての認識」であらねばならなかった。しかし、四十歳でカトリクに入信するMarcelの「実存」（寧ろ「現存在」）哲学は、寧ろBergsonに触発された「超（hyper-）」現象学であって、主観の内に「有への義務」を見、「原根拠」を開示しようとして、「弁証法」に始まり「愛」と「崇敬」に終ってしまった。

(iii)　(イ)C. Brinkmannによれば、あらゆる精神科学乃至社会科学は諸〻の「生の法則性」に基づき且つ遡るべきで、「発展」に於て「精神的・心的な世界行態の諸常数」が看過されてはいけなかったが、Freyerの、「人間的文化の構造連関」を媒介している「（意味に充ちた人間的）現実」の学としての「気風（Ethos）学」的社会学は、脱「経済化」に於て「理法（Logos）学」の揚棄を説き、非合理化に於てNazisへ結合し、C. Schmittは「決断」及び「例外」を法の規範性及び実践的政治と関連させ、法理的「例外状態」を重視し、「自由主義」と「民主主義」との対立を判明にして、法哲学を具体化するが、「友‐敵原理」に拠る政治理論も抽象的・「実存哲学的」であり、反「議会主義」も原理的には非合理主義的であって、彼自身、哲学と自称しないと明言した。

(ロ)之に対して第一に、Mueller-eisertの「南西ドイツ学派」的・価値哲学的な法哲学は、「絶対的な法価値の実体は法現実である」とし、史的状況を重んじて目的論的な歴史哲学をも顧慮するEngeによれば、体系の至上概念は「根拠付け」できず論理的に単に「看取」できるにすぎず、すなわち「絶対的に非合理的」で、之に対し、諸前提からの義認が有意味的に要請されねばならぬが論理的諸根拠からは可能でないものは「相対的に非合理的」で、之が「経験知」の全領域なのであり、「Kelsen派」のFritz Sanderによれば、法社会学と区別される法教義学のすべての概念は「法の法学的解釈」を目指し、過去の「法行動」の論理的反省と未来の其への論理的要求であり、特殊的社会論としての法学は、あらゆる社会的行動を法行動に特殊化する「本質徴表」を考察し、この特殊的社会論としての法学のみが「純粋な法学」として構成され得るのであった。しかし第二に、Kelsen及びSanderに対する論争でも有名なMarckは「新Kant派」的に「社会民主主義」を説いた。――「対象産出」の批判主義的「Copernicus主義」の反「有論主義」・反「実体主義」の「相関主義」・「機能主義」こそ肝要であるが、「内容遠離」・「概念的空虚」は克服されるべく、法理的構成は数学的其の産出力を有たぬけれども、「精神的・文化的」なものは端的に無成形的ではないのであり、「法の客観的概念」は倫理学の内に、純粋な文化諸価値の体系の中に自らの場所を有ち、M. Weberの所謂「目的合理性」の原理が法学による法秩序の解釈を支配し、政治的・歴史的諸分析とM. Weberの所謂「価値合理性」原理とにより自らの補充を見出すのであって、成程Hegelの「絶対的合理主義」に対してKant哲学は生内容を概念するという要求を為さぬ「反省哲学」ではあるが、Kantの論理は「学・道義的行為・国家・芸術・宗教」の論理であり、他方で、普遍的世界観或いは哲学としてのMarx主義の限界は、純観念的妥当に於ける諸価値が「物化」でなく「理念論（Ideologie）」でないことに由り、「二元論」は哲学から抹消され得ず、「弁証法的」方法は「哲学的一元論」を揚棄しようとするのであり、このMarckよりもC. Schmittに近いHellerの国家学も、「決断」主義的国家観を「人民主権」に関わらせRousseauの「総意」説に近付けたが、Rothackerの、広汎な精神諸科学の哲学は、特に「法学」的及び「神学」的「教養学」に注目し、就中「法学」を「法の哲学・教養学・歴史」に三区分し、この三部門を諸他の「精神科学」にも肝要とし、「精神科学」的な諸〻の概念及び方法を其等の「世界観的諸根源」・「精神的諸関心」へ遡って究明すべきであるとしたが、「理」を見出すのは「常に全く具体的な境位に於ける人間」であるということから、「民族的具体化」を説くことになった。第三に、Hegel研究者Rosenzweigが「哲学と神学との協力」を説くのに対して、反Hegel的なKoellreutterの「民族的」国家学乃至国法学によれば、「Nazis国家」は「ドイツ民族の生命統一体」、「民族的な本質統一体」は「民族を政治的意志共同体に形成するための基礎」なのであるが、Schindlerは「弁証法的思惟」のみが「具体性」を可能にするとし、Schwingeはドイツの法学（特に刑法学）にGény的「非合理主義」からの「脱却」を説き、Brunner的神学に親近なSchoenfeldの弁証法的法哲学によれば、学は無限な課題であり、学の対象及び方法は交互的に制約し、歴史は体系の歴史であり、従って体系の歴史を有ち、絶対的体系は歴史の「絶対的条件」、「理念」である。——すべての現実性は歴史性であり、人間悟性のみならず全人間が歴史に参与するところの現在こそ我々の「場」、概念を体系として・体系を概念として・有つことが「認識」であり、全体者へ向う限り学は「弁証法的形而上学」であって、「実定的なものを通じて実定的なものを超えて」の認識の始まり且つ終りは「信」、「実定法」は「法理的最小限」、法の中心に立つものは「正義」、従って究極的には「神」なのであった。

(ハ)然るに第一に、G. Ritter によれば近世史の関心事は「実力〔権力〕」の倫理的問題であり、E. Friedell によれば、「生存闘争」で勝つ者は、通俗的見解に反して、「最も危険であらしめられた最も不安定な最も精神的な者」であり、「最適者生存」でなく「最不適者」の其こそ発展原理であって、「あらゆる劣等者がより高い生形式なのではないが、〔従前の生活世界での〕あらゆるより高い生形式は劣等なので」あり、Spengler の博学な「亜流」である A. J. Toynbee にとって、静的から動的状況への文化の史的移行は「非合理的な不可思議」であった。第二に、かかる「西洋的合理性」に対しては Radhakrishnan が東西共通の思想的基盤を指摘して共同態の現実化を説き、Tilgher のイタリア的「Kant 主義」の反「形而上学」は非合理的・相対主義的に多元論且つ類型論的な最悪観的文化哲学を説くに留まるが、宇井伯寿と村岡典嗣とがインド乃至日本の思想史学を進展させるところの日本では、北一輝、高畠素之、大川周明等が、単なる国家主義を圧倒する帝国主義に限定的世界性を装わせる教義的発展を媒介した。之に対して第三に、高橋里美が「全体の立場」を「包弁証法」へ発展させ、九鬼周造が人間存在の現象学的・解釈学的分析を拡大・深化し、田辺元が「種の論理」を「類」としての人類的「国家」により揚棄されるべきものとして「絶対無」的主体性の法哲学へ具体化しようとしたのである。之に対して、

(3)(i)　Heidegger は先ず、「有るもの」により「隠蔽」されているから「現象」にならねばならぬ「有〔り〕」への「有るもの」の入り方を「現象学的」と解し、Husserl 的「志向性」の根拠〔「有」〕を問い、之を「実存性」に見出し、「基礎的有論」は有限な人間存在の「超越論的」分析学〔「人間存在の自律」の「解釈学」的「理論」〕となり、「有り得るへの有り」が「死への有り」として「無を開示する」ところの存在理解に於ては「真理」概念も「実存論的」で、人間は「真理」或いは「不真理」の内に在るから「世界」につい

ての「真・偽」判断が可能なのであり、「生起」は「迷誤」を内含し、「本来性」と「非本来性」は「共属」し、「理解」とは人間的「現存在」（其の時間性及び歴史性に其自身が参与しているところの）の基礎的な遂行様式であり、「解釈」によって「非明示的に理解されていた」ことが「明示的」にされ、史学の前提は「史家の実存の歴史性」であって、人間が「有るもの」の尺度及び中央になることによって規定され「主観としての主体」が支配するところの「近世」の「近世的理性」は根本的に破壊されねばならなかった。かくて一九三〇年頃にHusserl的「学的哲学」からの離隔が判明になり、現象学は、「学的認識」を自ら目標とせぬ・有の限定の・考慮になり、三六〜七（公的には四九）年頃に「転向」（寧ろ自己限定）が起る。――「民族」尊重はNazisとの連結で現出し間もなく幻滅・挫折し、三五年頃からNazis乃至fascismoを「技術の形而上学的支配の表現」として整理して「形而上学の克服の客観的に二義的な局面」に所属せしめ、事柄を根本的に「有らせておく従順な情」が前景に出る。――人間の〈現〉存在から全体としての存在的有そのものへの「転向」によれば、「超越論的」自己把捉では足りず、意識からでなく有から、「有を問う存在」から、然されるべく、「有の出来事（本有（Seyn）自身の現成（Wesung））」は「心凝らして経験され物語られ」、世界解明的な意味創造の生産性は有自身へ移行し、存在は「有の意味の権威」に従い、本来的に「有の命運（Geschick）（他者と共存する限定的存在の生起）」が「時熟」するのであって、今や「言語」的諸「世界像」で「言語の意味創作的勢位」が絶対化し、予め規制されている意味諸関連の枠内で「運命論的」に思惟の根源へ進まれ、「脱・超越論的」に「有の諒解」から「有の生起」へ移られ、四〇年代半からは「基礎的有論」の語も用いられず、六〇年代の彼は、「形而上学」が「有に於ける時の届を認め得ず」、「有を命運として思惟し得なかった」とし、「命運として理解された有」に拠って、六二年頃以後、「出来事を言う」ことを目指し、「思惟しつつ出来事へ掛り合う」言表を為し、「形而上学的及び学的認識でない適切な言〔言うこと〕」の問題が前面へ出、「有を形而上学への顧慮無しに思惟する」ことが志され、所謂「事〔事物〕自身へ！」は、「思惟の事」が肝心な所では「現象学」は終りであると自覚させた。六九年の彼には「現象学的哲学」は既に過去のもの・史的であり、「思惟されるべきものの要求に応じて変遷・持続する思惟の可能性」ではあるが「称号」としては消失し、肝心なものとして残るのは、自己の明認性が飽くまで秘せられているままであるところの「思惟の事」なのであり、概念の具体化が限定されてしまうところの後期では、「ヨーロッパ」或いは「西洋」が「[現]存在」に代ると共に、「正[当]」の代りに「善」〔「純粋な」「善き生」〕の「諦念的道徳」が支配していた。

(ii)　限定されている世界性一般に即しては、(イ)第一に、夙に「認識論」の「形而上学的」問題を排去し「形式的〔科学的〕言語」の論理を志したCarnapによれば、すべての経験的概念は体験的所与へ遡らされるべく、「記録調書命題」で「検証」されるべく、体系化されるべき「帰納的論理」は「実質的話法と形式的話法」・「客観言語と高次〔Meta-〕言語」を区別し、其々の後者の記号を前者の其として解釈していることが哲学的伝統の大部分の決定的誤謬であるとして、「科学的経験主義」を媒介すべきであったが、この後者は、「観察可能」な内容を有つ概念へ一般に遡らせ得ることが放棄され・「予言」関連重要性も説かれる・ことにより緩和されざるを得なかったし、彼の「形而上学克服」もKantの「言語の論理的分析」の方法の再発見にすぎず、「分析的」及び「総合的」諸言明の区別は単に「行用的」区別になってしまっていた〔→Jos. Simon〕。然るに、「論理的経験主義」親近を脱してHeidegger同様に「教祖」化され「経典」的に釈義されているWittgensteinの、「前期」は「証真主義」、「後期」は「言語遊技説」、「転期」は一九三二～三三年、という曽ての通念は修正され、哲学が夙に識られているものの総括であり・言語表現の論理的「深層」文法としての概念的分析であって・哲学の有意義が其の「治療的」性格に在り・自然科学とは異る・とされていることには変りは無く、「前期」の彼も既に「言語批判」の綱領の実現の有り方を素描し、言語「使用」を重視し、三一年には「哲学的文法」を構想しているけれども、就中「後期」では、「理想言語」要請は放棄され「有論的措定」が批判され、「我々が分析するのは現象（例えば思惟）をでなくて、概念（例えば思惟の其）を、従って語の適用を、である」と主張されて、哲学に於ける言語の「棲態論的（oekologisch）」問題意識が前面に出る。――彼の「言語遊技」概念は一義的ではないが、「遊技」超越的な「妥当」関連は喪失され、所属「遊技」の規準と「概念の場の産出の手続の諸性質」とへの依存が、「事実確定的な話」の「真理」関連をも喪失させており、「内容的」諸洞察と「方法論的」諸考慮とは相制約せしめられ、「数学的証明の客観性」への信仰も排されるに至り、人間は（判断で、言語で、生形式で）「事実上一致」し、規則に従うことは「集合的」性格を有ち、従って、現象学的「本質」発見主義に反対されて、諸〻の「使用規則」こそ肝要とされた訳である。尤も、彼の所謂「規則」と「規則に従っての使用」とも、「規則について語る」ことも「行為」であるから、屢〻混用され、彼の言うことと為すこと、哲学の「課題」と称することと彼自身の為すこととは屢〻「矛盾」しており、哲学は「何ら新しいことに導かぬ」と共に「発見」の重要性が説かれ「新しい考え方」が要請されており、「哲学者はすべての説明を放棄」し専ら「諸〻の言語使用の記述へ集中」なねばならぬと説かれても、如何なる記述でも構わぬ筈がなく、彼自身、事実的に現存する諸〻の言語使用を「確証」するだけでなく其等を「評価」することをも重視している。彼を貫く「哲学的努力」は哲学を哲学の妥当の検討のための手段に留めることであり、内容と遂行との自己矛盾的関係は、哲学に於ける

「理論化」を「変造」とする彼の・「約束〔習律限定〕主義」的な体系構成を許さぬ・批判的主体性に於て揚棄されていた（→Arno Ros）。かかる自己限定を揚棄しようとするReichenbachの「論理的経験主義」は、論理及び数学の諸原理を「分析的」且つ「内容空虚」とするが、経験的帰納により正当化される数学的・合理的理論の「反思弁的」な「科学哲学」（其の論理が「量子物理学の三値的論理」である）を主張し、「正当化の脈絡」と「発見の」其とを区別し、幾何学と物理学とに於ける経験主義を復権し、「先験的・総合的」なものを駆逐し、而も勿論、「認識」から「意志」は導き出せず、「真理」でなく「指示命令」である倫理的諸公理は認識的言表とされ得ず、「べし」という句の「道徳的意味」は「話し手」照準〔参照〕と不可分であり、従って、科学哲学の側からM. Weber風に説かれる倫理は、「自由民主主義」的な人的意志の道徳的要請以上の「学」的具体化を許さず、価値的「目的―手段」の「技術的」選択は「各人が自ら」為さねばならぬのであり、この世界には「我々が自ら賦与する」以上の目的や意味は無く、科学哲学も「絶対的確実性」断念に於て其自身として発展するべく、「哲学史」は「問題乃至其の発見」の歴史として寄与せしめられるべく限定されねばならなかった。之に対して第二に、Reinach及びScheler説を摂取したE. Steinの現象学は、「感情移入」論による「異他心」理解問題から「個と共同体」乃至「国家」論に進んだが、後にはクリスト教的・神学的関心に支配され、而も「〔ユダヤ人〕燔滅」の犠牲になり、現象学を擁護するFritz Kaufmannは、「歴史的本質」としての人間に即してDilthey的「生哲学」とHeidegger的「実存論的解釈学」とを摂取して『現在の歴史哲学』を反省し、「言語の創造性」にも着目したが、米国亡命後は主として「芸術」の現象学に身を委ねてしまい、E. Husserlに親近であったが批判でも率直なIngardenは、「実在的」なものの「有の自律」に基づき「認識論」に対する「有論」の現象学的優越（「実在論的現象学」）を説き、「話す主体の志向」を考慮して現象学と言語学とを総合し、「分析的再構成」による文法的・解釈学的「具体化」を主張したが、Plessner の・現象学と超越論的批判との共通な根元の学としての・「哲学的人間学」は、「知」が「力の源」（西洋的「学形式」では「中世」の「教権制的・封建的」、第十七・八世紀の「自然法的・絶対主義的」、近世（第十九・二十世紀）の「進化論的・民主的」）であるとする「知（乃至研究）の社会学」から、限定的世界を媒介する社会的・歴史的存在に於ける「弁証法的均衡」の主張に進み、Fr. Heinemann の「実存的人間学」は、「事物」・「人格」と区別された人間存在的に具体的な「状況」に即しての「理解」の深化を志し、原理としての「精神・生・実存」の発展連関に即して、「自己に於て形式と形成諸原理とを担い且つこのことを意識するに至る」・「理解する」・「場」的人間存在者としての「実存」の人間学に於て、同時に実存の歴史的な発展段階を思想史的に展開したが、之の究極は、「永遠に自己を改新する時代」の意味での「神話的世界」へ人間を渡らせる「済度」なのであった。然るに第三に、Th. Geiger の「集団類型学」の実証主義的・経験主義的な「自然主義」的「社会学主義」は、感覚的に知覚出来る世界をのみ識り、この「外化」的「行態主義」によれば、「個人」存在の前提は「社会的相互依存」であり人間の概念は「実体的」ではあるが、個体の其（「我」性）と集合体の其（「我々」性）とは「等しく機能（関数）的」であり個体性及び集合性は相関者として「等しく重要」なのであり、規範定立は規範適用と本質的に切離せず、諸規範は裁可・制裁により特徴付けられ、其の裏面が「順守」であって、規範的なものは「操縦」機能を有つにすぎず、「規範」と「自然法則」とは区別され難く、「理論的な価値虚無主義」が「実践的」其を要求し、「判断の対象」としての「善」は「無」や「無意味」ではなくて馬鹿々々しい「幻想」とされ「道徳」は主観主義的にならねばならなかったが、H. Heyse にとっては、哲学することと生とは根本に於て合一しており、「理念」は「実存の表現形式」であり、「理性」は「歴史的実存」と合一しているのであって、「近代人」は「現実」に於て生きず、然るに「真理」は実存的に体験される「生そのもの」、「歴史」とは「運命の完遂」、「哲学」は英雄的・貴族的な「時の理の自覚」なのであって、哲学と政治を等置するGramsciのMarx主義的歴史主義は、「人間主義」と合一した「現実主義」の「実践の哲学」を具体化しようとした。しかし、

(ロ)限定的諸世界の特殊性を媒介している規範的存在に即しては、第一に、ソ連のPashukanisの「法の一般理論」は、社会的・経済的・政治的な階級的対立関係と、之に基づく、法に於ける権力的・強制的・階級的な本質的契機とを見失っており（→松下輝雄）、米国のLlewellynの「法律的実在論」は、社会学的「行態主義」と一致して、事実的な法実践（就中、裁判活動）を対象とし自然科学的方法学に重点を置いて「経験法学」へ進み、ドイツでは、Felix Kaufmannは「科学理論」一般からする諸「社会科学」の方法論として「記号」の理解乃至解釈に遡って『論理と法学』を説き、Fritz Schreierも、現象学的・「純粋法学」的に「経験主義」を排斥し、法社会学は自然科学であるが法規範学・法規則学は数学と本質的に等しいとして、法理論を数学の「多様体」論に平行させようとしたが、G. Husserlの「法の現象学」によれば、「法教義学(-dogmatik)」（後に「法理論（-theorie)」と改称される）の課題は、「法の先験的な諸可能性の領域を形作る純粋な超時間的な根本諸概念の体系の作出」で、「法一般」の本質法則性（純粋な法諸前提の体系）から離脱出来る如何なる法も無く、法教義学は、常に過誤の可能性を自覚しつつ法の諸ゝの本質態を純粋性に於て際立たせ「法論理的な存在性」に於て提示せねばならぬけれども、「法の妥当」は「個体」的「意識体験」に対して「超越的」ではあるが、「論理的妥当」（理論的命題の妥当性）が「真理性」のことであるのに対し、

「法妥当」（法命題の妥当）は「意志」命題の其（行為主体からの承認の要求）であって、法規範の「論理的」根本構造と「本質」構造とは全く異り、「法は、其の禁制に服属しているすべての法主体が夢も見ずに眠る時にも妥当する」という彼の片言隻句が人口に膾炙しているが、「法の妥当」は空間・時間的に拘束されているのであって、「法共同態の意志」である法の有つのは「抽象的時間性」であるが、法は「適用」され「時間化」され「二段階的」なのであった。しかし第二に、滝川幸辰の自由主義的な法律観すら弾圧されるところの日本で発展する法律哲学は、田中耕太郎に於ては「カトリク的自然法学」により媒介され、小野清一郎の文化史的・道義的其は「日本仏教」的に媒介され得るにすぎず、恒藤恭により「批判的」法哲学の具体化が計られ、広浜嘉雄の「法の三重構造」説を媒介する「法理学」の方法論が「絶対弁証法」を認知しようとした。然るに第三に、「自由と平等」に即して「法と（実）力」を統合しようとするH. Mitteisの「法理念」論は「弁証法」及び「自然法」の再認へ接近し、Dabin, Messner及びVerdross等による「カトリク的自然法学」の伝統的具体化も相変らずであるが、Kantの「形而上学」的傾向を再認し其のBaader的継続形成を再評価するSauterは、倫理学を当時の「自然（物理）」学に対応させて「自然法」の「内容変遷」の哲学史的検討を提示した（→Borkenau）。

(ハ)既に限定的世界の自己限定に即して第一に、「外・理論的」な有諸因子が思惟（其の形成と形式及び内容）を決定的に規定するところの「有への被拘束性」を主張する「知の社会学」を説くMannheimは、「合理—非合理」の「二元の折衷」に対し「中間」をも認め・「発展の三類型」説に於て「弁証法的」なものをも示す・が、「歴史的・社会的」裏付けを心掛ける彼の立場は、「相対主義」でない「相関主義」と自称しても、其の到達する「統体的な理念論（Ideologie）」概念は、「（現実化）空想（Utopie）」をば動的「主体性」

の存在を媒介するものとしていることによって、「自身の世界観の絶対化」に帰し、「有への被拘束」というMannheim 的概念を「甚だ素朴」とする Schelting によれば、「認識理想としての行用主義」は夙に片付けられ且つ不条理を証されており、M. Weber 的な学的「正直及び精緻」に見られる如く、限定的・内容的知と「諸〻の知り方・知の妥当の諸基礎とその妥当の諸限界とについての知」とが結合されねば、「本来的意味での教養及び学」ではなく、「社会構造に関りない客観的に妥当な認識の可能性の前提」（「超・分殊的な社会科学的認識」の其）、「この認識の妥当を担う普遍的拘束力の有る論理的構造が存在する」ことは、決して忘れられてはならぬのであり、G. Gurvitch は、Bergson 及び E. Husserl を超える「第三の道」を、「統合的経験」に拠る「弁証法的な超・経験主義」に求め、「国家法実証主義」に反対して「法の社会性」を強調し、諸〻の社会形式に対応する法種類の諸「深層」から「法構造」に於て「発生的」に把握しようとし、「社会的実在の内部での規範的なものの自立性」を認める「法社会学」によって、「社会学的な法理論」（「実証主義」的及び「自然主義」的）を排斥すると共に「法哲学」の正統的機能をも認めようとしたが、「法と社会」の「適切な結合」の理論には至らなかった。第二に、自然科学的な考察方法を社会的世界へ転用してはならぬと言う G. A. Walz は、哲学的・歴史的な「社会形態学」的な法及び法学「批判」を唱え、Laski の「多元論的」国家観は、国家を社会的団体性の一限定となして個人的自由を尊重・擁護したが、Rosenberg は H. S. Chamberlain 的「人種」論を直観的（従って恣意的）に限局し、毛沢東の登場するシナ（乃至東洋）について、其の「専制及び官僚制」の「社会科学」的究明を計る Wittfogel は、米国亡命後には Marx 主義を離脱した（→Wiggershaus）。之に対して第三に日本では、福本和夫は日本の「共産主義」の「哲学化」を計り、荒畑寒村・猪俣津南雄・大森義太郎等の「労農派」に対し、服部之総・野呂栄太郎・平野義太郎等の「講座派」が対立したが、佐野学等は「転向」し、加古祐二郎は早逝し、永田広志の「唯物論」的日本思想史開拓を受けて、風早八十二の歴史的批判的具体化と三枝博音の日本思想史及び科学技術史とが存続するに留まり、河合栄治郎の自由主義すら存え得ず、西洋哲学的伝統の枠内に留まる務台理作・三宅剛一・出隆等は第二次大戦後へも存えるが、三木清の「Marx 主義的人本主義」は、「歴史的社会的な基礎経験」に基づき民族的全体主義をも自由主義をも揚棄する「正しい弁証法の論理」を求めて、夙に Heidegger が Kant 哲学の核心とした「超越論的創造力」に近い「構想力」の論理を、「西田哲学」に親近に、「協同主義」の哲学的基礎としようとしただけで、其以上の発展を断たれた。

(iii)　絶対的否定性を有限・相対の場で自覚的・倫理的に実現する解釈学的法哲学を具体化した者が、和辻哲郎であった。

七　現代（1945〜）

I　現代前期（1945〜1970）

揚棄されている「客観」の「概念」的絶対性、「理念」は、この意味で「概念と客観との統一〔一如〕」、「真」であり、(1)「真」そのものは(i)かかる「概念」性（「知」）であるから、真「そのもの」（限定の捨象されている直接性）としては「真」でなく、(ii)「真」の否定として限定され（「弁証法的」）、(iii)揚棄される自己限定としての（「思弁的」）真は絶対的否定的（「対象」の「認識」）である。(2)「主観的」認識に対する「客観的」真として限定される「真理」の(i)「存在」性が「妥当」、(ii)限定されている妥当が「間主観性」であり、(iii)主観的認識の限定（「理念型」）が「認識の客観性」を媒介する。(3)自己の客観的限定を揚棄する「真」、「自覚」は、(1)自己認識であるが、認識される自己は認識する自己ではなく、(ii)自覚は限定的であり、揚棄される自己限定として自覚され、(iii)従って自覚は自己を「体系」化する。——「哲学的」——

自己を具体化する法哲学体系が其自身として絶対的否定的にならねばならぬところの現代（其の「大区分」は第一期「最古代」の「始元、前・後期」の逆である）に於て、

(1)(i)「真」としての絶対的否定性に即して、(イ)夙にPiagetの「生成的認識学」は知性乃至科学的判断力の生成及び発達の諸段階を（心理的）欲望と行動との密接な概念的相互関連の解釈に基づいて提示していた。Zubiriは「客観・事物」を而も「人間の内在的」として、「存在」を「共・存在」として把握したが、Ey

は「意識」を「意識する（意識的になる）」こととして高・低次機能の連繫に於て把握しFreud的「精神分析」を揚棄しようとし、Lacanは、意識のすべての諸対立に予め与えられている秩序の「再発見」を「心理分析」と解し、「無意識」の言語も「構造的」である故に、「現象学」的な「精神分析」から「構造主義」的に反「現象学」へ移り、「向他有」こそ根本的であるとして、言語乃至対話を重視するに至った。Benjaminの「ユダヤ的」歴史哲学は、「今の時」に拠り「過去」を回復し「未来」を待望し、過去への現在の債務の償却を未来定位の責任とし、そのために「非暴力」の「言語」による「意思疎通」を重視し、M. WeberをE. Husserlへ揚棄して「社会的行為」を分析するSchuetzの「哲学的人間学」は、「現象学」を社会科学化し、「社会的世界」に於ける「意味賦与」の問題とその世界の「構造分析」及び「段階的具体化」とを「自我意識」の「生世界」化と「周囲世界（環境）」分析とに拠り解こうとし、後期Husserl現象学の発展を殆ど識らず専ら「日常経験」の世界に注目している彼によれば、社会的に具体化された共同態性としての「間主観性」は前以て与えられている世界に於てのみ可能であり、「間主観性」問題は現象学に「構成的」ではなく、「間」を求める代りに「我」の「志向性」の「投企」(Heidegger的“Entwurf”)性格と之への「世界」の関係とが基本になり、「周囲-」及び「共-」世界性も「世界的に有るもの」により媒介されている間接性なのであり、「新Kant主義」を貶価するLoewithの哲学的人間学が「歴史と実存」に拠り定立している「共-」人間、「共-」在、「共-」世界も、結局「超越論的」・「我」中心的で、「他者」は「我」の後見ではあるが「周囲世界」的とは「配慮されている共-世界」であって、「周囲-」及び「共-」世界は不明晰に混淆していた。

(ロ)第一に、日本では高桑純夫が「Marx主義に於ける主体的自由」を説き、古在由重も「人間的主体性の解放」の哲学を説くに至り、羽仁五郎は「自由主義」と「共産主義」とを揚棄する論理を「動態的史学」で具体化しようとするが、Hayek は「方法論的個人主義」に拠り法的に擁護されるべき「自由放任主義」を説き、「Dionysos 的 Nietzsche」に共感する Bataille の「無神論的実存主義」が精神的な「物化」脱却に認める主体的「主権性」は、「脱我」の諸瞬間に於てのみ再獲得される「理性の他者」であって、「社会的な合理化の世界史的過程の動学」と「統体的物化が自由に転ぜられるという終末論的期待」との両者に答えようとする彼は、「合理化の諸基礎」（学及び技術の有論的諸前提）を攻撃せずに、近代の社会及び経済を可能にする「倫理的合理化」の諸基礎へ専念し、Marx の史的唯物論から離れ M. Weber 的「資本主義の宗教倫理的説明」に拠って、諸〻の「主権的浪費」と「同質的」社会的存在の自由喪失とを反省し、社会的平等と個別者の主権との宥和を企画するが、「超越的他者」と理性との相互作用の分析は、学的に要求され乍ら有意味的に為され得ず、「統体的な自己関連的な理性批判の逆説性」に於て理性的批判の「理論的」遂行努力が否認・放棄された。第二に、国家法的反省に即して日本の「法哲学」では、木村亀二は伝統的諸問題を伝統的・批判的に揚棄し、宮沢俊義の自由主義は懐疑的諦念に親近であったが、尾高朝雄は「経験主義」へ接近して構成的主体性の論理的自覚を欠き、ドイツでは Rommen の「スコラ的自然法」学は「自然法の永劫回帰」を説くが、Gysin によれば「法哲学」と「法律学」とは、「法的当為」・「法概念」という「形式的基礎」的統一により結合されてはいるが、「法内容」の問題が起る時「永久に分れ」、一方は「正義」の基準を発展させ、他方は「力」の基準を引受ける「信仰告白」なのであった。しかし第三に、「規範」を「社会的事実に対応」する「指令」となす Alf Ross の「分析的」理論は正に其故に理論の「逆説性」の問題を残しており、Engisch の「法律適用の論理」にとっては、裁判的諸論証の「客観的・合理的」に規定できる序列は存在せず、すなわち「解釈者次第」であり、和田小次郎等の伝統的な「実定法の原理」の「哲学的」反省は絶えぬけれども、J. Kraft は夙に、伝統的意味での諸「精神科学」は「統一科学」的に基礎付けられ得ぬとし、社会学の一部門としての「法社会学」の他に「法教義学」と「法哲学」との自立性をも強調し、「理論的な経験科学」としての「法社会学」と「先験的な実践的科学」としての「法哲学」とは、相「干渉」するや否や「誤謬諸源泉の体系」が作り出され、「当為の内容」は実定的諸法律から持って来られ得ぬのであった。

(ハ)成程第一に、C. W. Morris は「記号理論」に「意味論」を導入し、人間の「生き方」に即した「語用（行用）論」の具体化を試み、「論理実証主義」と「行用主義」とを媒介しようとする E. Nagel は、数学的論理により「法則」概念を精密化しようとして「一・二次学」を区別し、「一次学」を「二次学の諸法則から遡らされる諸法則の学」、「二次学」を「其の巨視的諸法則が微視的其等へ遡らされる学」としたが、Ryle によれば、「科学」は「真偽の世界」を、「哲学」は世界「論」を論じるのであり、哲学では「意味」に対し「無意味」（或いは「ひとが言えぬこと」）は不可欠な重要契機、「哲学的言表」は「諸〻の用語が或る範疇又は属するという主張」であり、哲学では「普遍化」は「不明晰化」であって、従って、「範疇誤謬」を除去する「分析哲学」と「行態主義」との総合により、「概念」を「概念語の使用」となして、「深層文法」の代りに「論理的行態」の「論理的文法」を樹立することが肝要なのであった。他方で第二に、精神分析学と現象学との「区別的統一」を計る Lagache は、言語活動、「間」主観性と「内」主観性、更に「内」体系的（すなわち、「其・我・超我の内部」の）諸相剋を把握することによって、精神分析を「行態理論」に統合しようとし、M. Farber は E. Husserl のアメリカ的継承に寄与したに留まるが、Schuetz 同様にアメリカに亡命した A. Gurwitsch は、Schuetz と異り諸科学（特に数学）の構成の諸問題をも採り上げた限り、

Husserlの根本設問に近く、「生世界」をも「諸学の意味基礎」と見、知覚諸所与の「形態心理学」的基盤から、人間存在的・社会的「場」及び「生世界」の考察に進み、「志向性」概念を「意識場」理論（「場」志向性）に具体化し、「意味」乃至「学」の「沈澱史」のHusserl的理念を更に史的・具体的に追及した（↓E. Stroeker）。第三に、この理念史的自覚を世界史的に具体化しようと試みた者が、之についての木村素衛・西谷啓治・田中美知太郎と金子武蔵との高坂正顕的統一の限定も揚棄され得るところのK. Schillingであり、「生」を民族乃至人格に即して具体化した法乃至国家哲学が其の基礎を成すと共に、其の内容の伝統的限定の偏りをも制約した。

(ii)　(イ)「進歩的活動への信仰」を漸次放棄するHorkheimerは彼の初期の「超越論的・哲学的Marx主義」に於ても寧ろSchopenhauer的・最悪観的で、成程三〇年代に既に成立する「批判的理論」は、「合理主義と非合理主義との争い」の激化する「独占資本主義期」に於ける具体的な「市民社会批判」として非理性的実在の実践的変化を志し、「批判的な社会理論」として唯一の展開した「存在判断」を自負し（「定言判断」（「……である」から、ひとは其を受容せねばならぬ！」が「前・市民社会」に典型的で、「仮言」乃至「選言判断」（「特定諸条件のもとでは然り、他の其等のもとでは然らず」！」が「市民的」時期に典型的であるのに対し）、今や「人間は有（有り）を変え得るし、そのための事情は現存している」のであって、奴隷化している諸関係からの「人間の解放」を目指す「批判的理論」によれば、「理性の病気」は「文明の始期」に遡り、「客観主義」に於ける「自然と理性との対立」の尖鋭化が喪失させる「より深い真理」は「理性の自己批判」のうちにのみ保存され、社会的実在と其の観念的諸原理との間の断裂を標示し・偽りの諸絶対者の瓦礫から相対的諸真理を救済する・ことが「哲学的否定の課題」なのであり、「理性と自然との間の劇の最高の尖鋭化」

が「啓蒙」とされて、アメリカ亡命前後から、「道具的理性の批判」と「啓蒙の弁証法」とへ移行されたが、後者の反省は「批判的」理論と「革命的」実践との終りでもあって、之は「社会心理学的」乃至「経験的」諸労作への移行と並行しており、「Faschismus の軍事的敗北」は未だ「より人間的な文明への道の始り」ではないと指摘され啓蒙と近代的科学的理性との批判が強化するところの「後期」では、「市民的伝承」の諸〻の理念及び範疇が固持され同時代の社会的研究及び哲学への結びつきが緩くなればなるほど、「批判的判断」の内容も普遍的になるが、同時代的文明（「近世的合理性」）批判の強化は、Schopenhauer 的諸動機への再帰、「全き他者への憧れ」、「否定的神学への接近」であって、「絶対的理念」に対する根本的懐疑は、「全般的悪を肝に銘じつつ」「可能なものの改良を求める」「非最良観的でない実践」が結合し得るであろうところの「理論的な最悪観」として、「史的・哲学的諸経験」を「偉大な神学の遺産と合一」することになった。

(ロ) H. Jonas は就中「神性覚知（Gnosis）」説に即して哲学史及び宗教史に寄与しているが、「理解」を「解釈」にまで進める Borkenau は、「手工業的な労働分割―『機械論的』世界像―近世哲学」の史的連関に即して、「物理学は当代の倫理学の相貌を帯びる」と主張し、H. O. Ziegler（1903〜44）は「理念論（Ideologie）」及び近代的「国民（国家民族）」の文化社会的解明を進めようとして、亡命後に英国空軍員として戦没し、「知識社会学」の「批判」の具体化を試みた E. Gruenwald（1912〜33）は夙に世を去った。近代的存在に即して F. L. Neumann は「法と政治」の社会科学を、L. Loewenthal は「文学」の其を発展させて、Fromm の、歴史的・社会的要因を重視する「精神分析」乃至心理学が、「真の自己」のための「経済的」よりも「人本主義的な共同体的社会主義」を志した（→ M. Jay）。然るに、「Heidegger-Marx 主義」

と呼ばれた初期 Marcuse は、「現象学を物質化」すると同時に、「物化している唯物論を有論化」し、現象学的手続を「史的に内容化」し、「実存論的・分析的な」現存在記述を「実存的な」政治的行動主義の諸範疇へ解釈し直したが、「自立的主観に於ける理性」を固持し、「理性」の概念が「革命的理性」へ拡張されるところのアメリカ移住後も、近代の「全体主義」体制の理念論（Ideologie）が Hegel の弁証法的哲学でなくて Comte 的な技術万能的実証主義であることを指摘しようとし、「市民的」と「Marx 主義的」との両「理性」概念の継続性を強調し、第二次大戦後の彼の、「不断に自己を再生産する非理性」の支配的現実に対して政治的乃至社会的な「現象」諸形式を体系的関連へ総括する「現在批判」も、「一次元的」表面性に対して革命的解放の平行的前提を「意識の変更」とし、「統制されている似而非幸福」に対し「自立的理性」により「自由な幸福」へ赴かせようとし、自由な諸個人が「社会的解放」の主体である故に「全人」の実存的・全意識的変化が必要であるとし、且つ、「自由」にする「寛容」は「右」からに対しては「否」であらねばならぬと説いた。——諸〻の史的な理念概念を「規制的」な「幸福理念」の下で破壊し相対化した・この・「批判的理論」は、「自己の革命的信頼性を最早歴史的力動性から汲み取り得ず」、其の自覚的な人間概念と「内世界的な終末論」とは「主観と革命との同一化」を不可能にし、依然として「啓蒙の連続」に立つ彼の根本的反省は、感性的狭隘化と共に、退隠まで続いた。

(ハ)之に対して Adorno の、Heidegger 的「有論」と Mannheim 的「知の社会学」とを揚棄しようとする「否定的弁証法」は、諸〻の「展望」を「試験」する「否定的批判」であるが、「比量的・論議的」思惟は単に軽視されるのではなく、「文化産業」により支配された意識のすべての諸形態に厳に距離を置きつつ、「対立」の反省に「宥和」の可能性を有らしめ、「差別への能力」により自己揚棄が為されるとし、Hegel 的・

Kant 的な普遍的主観性の「理性」も保存されているが、「進歩」が進めば進む程に「退歩」が深刻になるとする彼の「最悪観的」な歴史哲学は、「啓蒙の弁証法」と一体を成しており、初期の「否定的弁証法」でも既に「無制約者」・「永遠者」は「契機」とされ「統体」とはされていなかったが、後期では「契機と統体との弁証法」も「統体性」を取り去られて「契機」に「普遍的真理」要求の役割をさせ、「肉体的衝動」も Schelling 的に「精神の前形式」とされ、この、没落しつつある「市民的」主観の「進歩的変体」の「批判的主観性」の擁護にとっては、或いは、当時有力だった「分析哲学」及び「基礎的有論」に対し擁護される「批判と抵抗」の「否定的」法哲学にとっては、「虚無主義」は「希望の避難所」に近いのであった。

(iii)　(イ)然るに、Hegel と Heidegger とを併せて新たな哲学的諸傾向の「調和」を志す Gadamer の「解釈学」によれば、解釈学的反省は之が存在する所以の社会的諒解へ遡らされるが、「生起」の「歴史的な被制約性」を「生起としての理解」は決して十全に「客観化」し得ず、後者は「常に新たに」自己を越えて行くのであり、「方法的清潔」は学に不可欠であるが、もっと大事なのは「方法適用に先行している諸要因と新方法の発見と」であり、「解釈学」的反省により諸科学は「人間的実存の現存在関連への被拘束性」を自覚すべきであって、就中「精神科学」は、認識者自身が所属するところのものを対象とするから、後者は彼には決して究極まで「透明」にはならず、「解釈学的循環」は伝承と認識者自身との関係へ拡張され、「精神科学者」は単に伝承の「観察者」でなくて就中「伝承生起への参与者」なのであり、「真理」は之に参加されるべきものであり、慣れた諸方法の単なる適用へ縛られず・新たな諸方法をも不断に発見するべき・「精神科学」に於ける「進歩」は、必ずしも「客観的知の増加」と結合しておらず、屢〻「設問の高度な反省段階の到達」に存しており、「史家」は「ある経過の史的意義を彼の歴史的な自己意識の全体に於て規定」するべく、「史的な客観主義」の意味での「先入見の無い学」は真でなく、「有限な人間の歴史的・社会的な生関連」に於ては、媒介されていない「直接性」は存在せず、正に其故に、「解釈学的な自己省察」、「教養」、「道義的な知」が肝要なのであった。

(ロ)之に対してSartreは、「思弁的諸動機」が「道徳哲学的且つ社会批判的な衝力にまで合一」しているところの「実存主義」を発展させたが、この「実存」はKierkegaard的其とは懸け離れており、Heidegger的「被投性」の代りに「自由自身の事実性」が核心を成し、個人的生を規定する「有の諸投企」に即して「生哲学」的に理解された「否定的自由」の人間学が、「意識は非意識の意識である」とする「意識の有論」から発展して、Heideggerの実存論的平面で、E. Husserlの所謂「他化」を、謂わば「一種の否定的弁証法」により、「社会的有論」の中心主題とし、「現象学」という自己称呼を棄て「人類の解放」に即して超克しようとしたが、彼の「有論」構成は、「無」と「非有」乃至「他在〔他態〕」とを統一でなく混淆している『有と無』から『弁証法的理性の批判』へと・Marx主義的人間学への接近及び批判に至ることに於て・露呈されるところの、「歴史の進歩への信仰」に基づく「砂上の楼閣」であった。

(ハ)諸学の「方法」の批判と認識の「進歩」の問題とを究明しようとしたPopperの反「帰納主義」的な「正当化〔義認〕」論理によれば、経験的「証真」法は自然科学的認識をも破滅させ、「帰納」・「仮設蓋然性」等の概念も同様であって、「証偽（Falsifikation）」法こそ肝心、経験的理論の検証の演繹的方法こそ真であり、この「方法論的自然主義」は、その限りで社会科学と自然科学とを問わず妥当するべく、「歴史〔法則〕主義」批判は解釈学的・再構成的な精神科学としての「学史」への努力に進むが、類型化的な後者も、歴史研究は「選択的」であり「我々は我々に関心が有る歴史を書く」故に、「価値中立的」ではないのであった。

(2)(i)　(イ)「Spinoza的・Husserl的」なCavailleによれば「超越論的論理は絶対的でなく、絶対的論理は超越的でない」のであり、Konrad Lorenzの「行動性格論（Ethologie）」は生物学の立場から人間的「認識」の発生学的究明を試み、アメリカでのHusserl的現象学の継承に寄与したH. Spiegelbergの現象学史的考察に於ては、Husserl説そのものはPfaender（既出）派的に歪められていた。現象学及び実存哲学とHegelとの結合の傾向の促進に寄与したKojèveにとっては「Hegelは非弁証法的」なのであった。しかし、Heideggerの『有と時』をHusserl説の発展として正当とするLandgrebeは、Husserlの『ヨーロッパ的諸学の危機』こそ現象学の「中心問題」とし、歴史的関心に於て、世界構成的主観性の史的性格と構成された世界の其とが人間存在としての具体的主観の問題になるところの「史的理性の批判」を説いた。

(ロ) Carnap的「意味論」を媒介しようとするTarskiは「客観言語と高次言語との峻別」に拠って、「分析判断」の概念を普遍化し「真理」概念を精確化しようとしたが、Hempelの「論理的実証主義」は、生成的・歴史的説明の論理的構造をも明かにしようとし、「自然数」論の整合性を証明したGentzenが論理計算法で「高次定理」を証明したのは、「日常言語」での推論に近い形でであった。「物理学主義」に反対するGoodmanの多元論の科学哲学は、「法則」及び「帰納」の概念を精密化し、この「控え目な実在論」の「現象主義」的体系によれば、Carnapの意図したような「帰納的投射の純形式的規則は、未だ一度も諸〻の不整合を免れてあり得ず」、「帰納の最も原基的な構成部分すら、部分的に非形式的として実証される」のであった。Quineの「全体論的経験主義」は、「分析哲学」及び経験主義を「自然主義的・行動主義的」に揚棄して「科学哲学」と言語哲学とを総合し・「Platon主義と唯名論との対立」を「唯名論的傾向」に於て揚棄し・ようとするものであり、其の「分析性」概念の分析は「社会的・発生的・相対的」であり、其の

「判断の論理」は「三値的」（肯定・否定・包含）で、論理的根本概念から、「文脈定義」論に拠って、論理的及び数学的諸概念を「定義」するが、彼によれば、「先験的」とか「概念的」等の諸原理すら「要・修正」的なのであって、諸修正は無限界ではあり得ぬが、この諸限界は方式化され得ず、従って、「先験的」であれ「経験的」であれ「如何なる言表も修正に対して不死身でなく」、「あらゆる言表にとって、之を斥けることが合理的であるだろうところの事情が存在する」のであった。——この最後の指摘が「形式論理的」には「全く明白に誤謬である」（蓋し例えば、「あらゆる言表が真であるのではない」を斥けること、すなわち、「すべての言表は真である」を受け容れることは、「如何なる事情の下でも」「合理的でない」）ことは、Quine には看過されていたのに対して（→Putnam）、

(ハ) Husserl 現象学を具体化する E. Fink は、諸他の哲学的伝統と対決しつつ現象学的「有論」と「哲学的人間学」へ進み、Jaspers に親近な H. Arendt によれば、現代に於ける「精神に対する不信」と「故郷喪失状況」からして、「精神よりも根源的な実在」が求められ、諸〻のすべての「精神的証言」は解釈乃至破壊され、「哲学」が「有るものの有」（Heidegger）を或いは日常性から理解された「実存」の自己諒解（Jaspers）を問う時、「社会学」は逆に、この「有解釈」の基礎に在る「存在するもの」（「哲学」が自らにとっては重要でないと主張するところのもの）を問うており、「原子化された諸個人の孤立」という「大衆的基盤」に基づいている「全体主義」的支配が「人間の本質」を危殆ならしめるのであり、Heidegger 及び Jaspers に Dithey を併せて「実存哲学」を超克する「哲学的人間学」を志す Bollnow は、認識の「普遍妥当性」と「客観性」とを区別し、前者は認識する人間の諸特殊性に依存せず、「普遍妥当的諸命題」（例えば数学の）は「経験的に真である」ことを要しないのに対し、認識の「客観性」は「事物適合性（適正）」であり、勝義で

「人間の主観性及び特殊的諸能力」を、「偶然的主観性」と区別され・「事物との真正な接触」を有つ・主観性を前提し、此処では「本質適合的主観性を取り入れる事物適正」こそ肝要であるとし、「説明」よりも「理解」を根源的とし、「憂愁の」の底に「希望」を見出し、かくて就中「教育哲学」に寄与した。

(ii)　(イ)既にParsonsは「行動理論」を、「文化」により媒介され「規範」及び「価値」を容れ得る「体系、態（System）」理論に発展させていた。Weischedelは「責任」を「社会的」其、「宗教的」其、「自己責任」なの三に区別して、第三の「自己自身に対する責任」を根柢とするが、Erik Wolfは「プロテスタント的」「法神学」を就中「法思想史」的に、Welzelは「実証主義」克服の法「現象学」を、DulckeitはHegel主義の法哲学を、之に対して峯村光郎等は「人間学」的「法価値論」を、しかしLarenzはHegel的弁証法的から「解釈学」的に移る法哲学を具体化し、之に対して、E. Durkheim親近に「史的・実存主義的哲学」を揚棄する「批判」的・「客観的」社会学を発展させるKoenigの、「法学」の自立性を認める「法社会学」は、広汎に「理念論（Ideologie）批判」である批判的「現実学」を説いた。然るにGehlenの「行為主義」的・「現象学」的「人間学」にとっては、社会的諸形象は「合理的設立」により成立するのでなく、諸「理念体系」は其等の「安定性」を、超時間的・持続的な「妥当衝動」を、「生き残りの機会可能性」を、其等の加入している「諸制度」に負い、「個体化理念」は「幻想的な自己諒解」・「単なる仮象」であって、この、「最悪観の哲学」を要請し「民族的諸制度」の再評価と「法と秩序」道徳とを説く「新保守主義」によれば、「文化」が「結晶」し「諸理念史」が終結しているところの「現在」は「後史（Posthistorie）」期なのであった。

(ロ)然るにE. Fechnerの・「法の社会学且つ形而上学」である・「実存哲学」的法哲学によれば、実存にとっての法の「保障機能」性が主張されるのみならず、実存が「他者への配慮」を要請するのであり、「人間と法との直接的な実存的出会い」を根本として、「生成する自然法」を媒介する主体性に即して、「自然法」と「法実証主義」との両者も限定的・契機的意義が認められるべきであった。他方で、「新様の現象学」により「深層」を開示しようとするLévinasによれば、「西洋的な統一性思惟」が諸〻の（就中、政治的種類の）「全体主義」を促進したし、「人本主義及び観念主義的諸伝統」は役立たなかったのであり、従って「西洋哲学の基礎」としての「有」概念と対決する彼によれば、我々の知の及ばぬ或るものが我々の知乃至認識に跡を残しており、其の不在は明認され得、「知」（故に、「有の現在」）のうちへ取り入れられぬ不在な「他者」の跡を介して、世界に自らの諸〻の跡を残した「超越的」な神的なものの新たな諒解が志されねばならず、「有の（彼岸に在る）他者」こそ肝要で、「現象学」的「（意識）内在」措定は不可であって、成程、他者は特定の行い方で自己を示し後者は現象学的に「記述」されるが、この種の記述は何ら「有の認識」でなく、其故、「超越論的」次元を無視して・すべての思惟に其の意味を与える非対象的な地平を強調し・「他者」としての「超越的な無限者」を復活する・彼によれば、他者が私から分離されていることが他者の有を作り成し、この他者は「有の他者」として規定され、無意味な「存在する」ことと区別される「善」（「有」へ適応する「理と有との対応」ではない）なのであり、人間は「負荷」として経験された有に対して善を実現するべく、この目標が繰返し有の引受けを義認するのであり、だからこそ、すべての負荷が沈澱且つ保存されるところの「肉体」が重要で、後者は「被造物の受動性」の表現であって、この「肉体」及び「感性」が、人間の規定の有の共同体彼岸で生き得しめる故に「倫理的な中心位置」に入り、「主観性」は「感受性」であり、かかる受動性の故に「他の人々のための責任の引受け」が為され得るのであって、この「他の人の人本主義」によれば、「神」の「創造的な業」は「自己制限」であり、諸〻の他者の可能性が神にとっても結果するところの「統体性放棄」、神による・自立的諸本質の共同体の・解放であって、神は自己自身を謂わば「社会化」するのであり、「無限界他者の形而上学」は、「形而上学」に対して「優位」する「第一哲学」として超越的時間性と「非連続的統一」を成す倫理学になるべきなのであった。かかる神学的卑下に対して、Beauvoir は「両義性道徳」の「実存主義」を主張し、Beaufret は Heidegger 的「有」思惟を継続したが、「死」の問題を重視する Ed. Nicol の・「時間的」人間存在の・哲学は、哲学を歴史と社会学とに化した。

(ハ) H. Lefèbvre の人本主義的・Marcuse 的な「非・教義的」Marx 主義の「弁証法的唯物論」は、「疎外」の日常的経験から出発して「全人」の革命を目指し、「構造主義的な反・人本主義」への対立は時と共に益〻「現象学」的になって E. Husserl, Merleau-Ponty 及び Sartre へ接近し、Husserl の「時間」説を発展させ・「後悔」感情を要請する・R. Aron の社会的関心は、歴史哲学と分析哲学とを自己自身「歴史的存在」として「記述的・現象学的方法」により総合しようとする「歴史性の有論」であり、Marrou の「批判的」歴史哲学は「歴史認識の対話的基礎付け」と Husserl を想わす「史的な信頼行動の援用」とを前景に出した（→ Waldenfels）。しかし、

(iii) (イ)「現象学」としての自己発展の末に現象学を超出する Merleau-Ponty は、彼の初期から「我思惟す―我有り」に対して批判的で、伝統的な「意識」概念を「有論的」根本概念としては放棄し、「非哲学的」なものを「まやかし無し」に哲学へ引入れることを重視しており、第二次大戦後数年の彼の Marx 主義も「模様眺め」に留まり、「実存主義」にも否定的で、五五年には既に「全体主義」及び「政治的な救世主信仰」を清算し、六〇年頃には、意識の前に位置する「生統一及び世界統一」の「一如」象面を発見しようと

試み、肉体的・感覚的に組成されている「生」から更に「自然的且つ社会的な生世界」に於ける「二義的生」を、諸〻のすべての超越の超越論的根源とし、「能・受動」、「自立・依存」の矛盾せぬところの「第三次元」を求め、「構造主義」摂取の漸増と共に「意識哲学」から離反して「新・有論」へ移り、正にHeideggerに著しく接近し、今や認識総て（学も哲学も）が「現象学の名に於て」問題的となり、哲学は自己の揚棄により現実化するべく、後年の彼の「弁証法」に於ても、「有」は「絶対知に於て明るみに出る・知と対象との・同一」を許さず、「野性的な有が人間に於て作用し且つ語る」のであって、哲学は我々のうちで語る「有の力」の表現になった。之に対して、

(ロ) Hyppoliteは、Husserl的現象学と精神分析学とを揚棄するHeidegger的な「存在」分析に於てHegel的「絶対知」を具体化しようとした。逆にイタリアではSciaccaが「普遍的な有の理念」・「理念としての有」の「客観的内面性」の「統合的哲学」を説いていた（→Hoellhuber）。しかし日本では、「西田哲学」から出た高山岩男の「世界史の哲学」は、飯塚浩二の世界史学的に規定される「人文地理学」と大塚久雄の「近代化」史学とによって限定されるが、「進歩的文化人」清水幾太郎の「近代（科学）主義」は「進歩的」実践を限定・諦念するに至っており、スペインのEntralgoによれば、「有」は「行動」より大事であり「死の現在」の問題が肝要である故に、「希望」が「我・汝」問題に即して説かれるのであった（↓Hoellhuber）。この最後の三国の「後進性」の反省の産物に対して、

(ハ) Lévi-Straussの発展させる、「諸〻の相関の体系」としての「構造的」人間学によれば、経験と実在とは「不連続」であり、「構造」概念そのものは「経験的実在」そのものには関わらず、其の「形式的抽象」に関わり、かかる構造型式を実在自身も産出するのであって、「実存主義」は「少女達のための形而上学」

にすぎず、「主・客」等の対立に先立つ「無意識的思惟の統一」こそ肝心で、従って思惟は「社会学」化されるべく、而も最後には、「科学主義」的・「情報理論」的「宇宙論」に於て「人間」が解消されるところの「人間無き人間学」が説かれるに至った（→Waldenfels）。この、客観性に於て自己矛盾的に解消する主観性に対して、

(3)(i)　(イ)「論理的実証主義」（「哲学と分析との等置」）を固持（後には緩和）するAyerの「現象主義」は「非・認識主義的」倫理学を説き、「認識と評価との混合を禁じ」つつ同時に「教義的諸評価を企て」ているMonodの「偶然と必然」論（之を酷評・貶黜した後出Stegmuellerによれば、生命の発生・進化の宇宙論についてもEigen乃至H. Kuhnが優っている）が事大的「知識大衆」受けを享受し、C. L. Stevensonの「非・認識主義的」倫理学が、「情緒」・「説得」による・倫理的表明の・「態度喚起」性を指摘して、「自由」を「可避性」と規定した。

(ロ)「理論と実証」を統合しようとするR. K. Mertonの「動態的機能主義」の社会学は、就中「予言」の「自己成就」及び「自己破壊」性を批判的に分析した。Hartの「分析法学」によれば、法哲学的諸概念は「直近の類と種差」では定義され得ず、「必要且つ十分な諸条件の単純型式」は変えられねばならず、かくて彼は「一次的」及び「二次的」規則の区別を導入したが、「規範性」の問題には難点を残したままで、「主体的」全体性の法にも無理解であった。J. L. Austinの自称「言語学的現象学」にとっては、大事なのは「言葉を以て為され得る事実」であり、言語は不適合性・恣意をも示し、「日常言語」は「最初の発言権」を有っても「最後の決定権」を有たず、従って、彼の「発言」乃至「証言」行為「分類」が改良されねばならなかったのみならず、「表明〔外化〕次元」の理論が加えられ「真理」理念も緩められねばならなかった。

(ハ) Wittgenstein を継承する Stenius は、言語の「遂行的」な相を記号化しようと努力したが具体化し得ず、Lautmann は数学・論理から之を越えて「有的」と「有論的」とを現象学的に合一して「観念的な実在性」を捉えようとし、Polin の現象学的「価値倫理学」は、「価値」が「価値創造的意識への反省」でのみ認識され得ると主張したが、この「反省」が「創造的」なのではなかった。

(ii) (イ) Dufrenne の現象学的美学は、「先駆的」なものを「脱・主観化」して、「二元を内具する統一」の根源を「実践的空想」とし、J. Rousset の「文学」批判は構造と思想、型式と経験、成立と成長等の連繫性を指摘するが、Camus の「諸限界の哲学」は「不条理」乃至「根本的罪悪性」と正に其故に之に対する「反逆」としての「実践」とを具体化しようとした。

(ロ) 現象学の弘布に寄与した Thévenaz は、Heidegger にでなくフランスの実存哲学者達のうちに「Husserl の真の相続人」を見、Maldiney は、Freud をも「実存的人間学」化し、「精神分析」固有の「合理性」を「理解の理論」へ置換しようとして、Heidegger 的現象学で「実存的類型学」を試みたが、Waelhens の「哲学的人間学」は、Lacan 説に Hegel を加味するが後者の「絶対知」を斥け、「狂気」を人間の本質内に在るとして、「意識の優位」から「肉体的行態」及び「言語」の優位に進んだ。

(ハ) Desanti が現象学を「政治」的に揚棄し、謂わば「哲学断念の哲学」を説いたのは、自然の成行きであった（→ Waldenfels）。之に対して、

(iii) (イ) 日本では、久野収の「人民戦争」運動脱皮は、「科学」信仰的「近代主義」に批判的な竹内好の「国民主義」、石母田正の「国民的科学」主義と、遠山茂樹による・「国民主義」の「進歩的形態」の・主張と共に、丸山真男によって揚棄されて、近代的日本の政治思想史的反省として限定的に具体化された。しか

し、

(ロ)川島武宜の歴史的・社会学的法学は「科学」主義的「経験法学」化に於て非・法哲学的性格を鮮明にし、団藤重光は伝統的「人格主義」的法学に限定されたのに対し、Viehweg は「当用論拠学（Topik）」を提唱して「当用論拠要目」提供の「問題思考」を説き、体系性をも重視する Coing、価値論的反省を強調する Perelman も同種に属するが、彼等の共有する「評価法理学」的性格は、「裁判法学方法論」を説く Esser が漸次益〻「外・実定的」諸評価を強調していることとも対応し、「評価的」法学に属する U. Klug の「法論理」は、「類推」をも論理的に重視して、「目的論的」諸基準が決定的であることを承認した（→ Larenz）。従って他方で Villey は「Thomas 主義」的法哲学を固持し得ているが、野田良之の「法に於ける歴史と理念」の限定的具体化は、加藤新平の歴史批判的且つ自己批判的な解釈学的「法哲学」と共に、自覚的に体系化する法哲学の論理の欠如を共有した。Ryffel は「有と当為」をも「人間学的諸構造」に拠って統一し、「法政策」を重視して、法学を政治的・哲学的に拡大深化すると共に「規範的正当性」要求をも基礎付けようとしたが、此処でも「哲学の論理」は欠如した。

(ハ)しかし既に P. Lorenzen は、「言明」を「人間関係的行為」（就中、「証明」しようとする其）として理解し論理の「対話」論的基礎付けを計るが、言語が「必然的に二人に」所属することを寧ろ「欠陥の有る構成的に揚棄されるべき状態」と見、事実上揚棄され難くても其の規範的要請には応えられるべきであるとし、「超限的」に継続される言語層の体系として、「直観主義」にも近い・Kant の Copernicus 的転回を実施しようとする・「新・構成主義」の論理体系を拓き、哲学を論理・倫理・科学理論に三区分した。之に対して Ricoeur の、超越論的及び実存論的に並ぶ「解釈学」的・有論的な現象学は、「迂回を通じて事物自身へ」

と説き、英米的「言語哲学」への架橋を為すと共に、人間を「有限且つ無限」とする「逆説的有論」によって、人間の「媒介」的・「二項的」存在性を、従って「否定の否定として肯定的」な其を、説いた。そして中村元が、「人間は如何に生きるべきか」の人間存在的・根源的反省に基づき、「人類」の思想的発展の世界史的・時代的な普遍的共通性及び特殊性に即して「世界思想史」の具体化を試みたが、其の博学な指摘は法哲学的自覚の自己展開ではなかった。

II　現代後期（1970〜）

自覚的「真」が限定されているところの理念が「善」、(1)「善そのもの」は(i)限定されている「真」の理念であり、善そのものは真でなく、限定されている善が真であって、「真な善」は限定されていなければならず、(ii)真である善（「善の真」）は善に否定的、「悪」であり――「悪の根源性」（「根本悪」）、(iii)善は「揚棄される悪」であり、其自身としては存しない。(2)善としての限定の絶対的否定性、自己の限定によって自己を媒介する限定的善が「意志」、(i)媒介される限定的善が「目的」、媒介する其が「手段」であり、両者は互換的であらねばならず、(ii)目的である手段としての意志は、揚棄される限定的意志、(iii)揚棄される自己限定としての意志は「自己目的」であり、従って「自由な意志」は其自身の限定を媒介する。(3)意志と善との統一が「善い意志」であり、(i)意志として限定が揚棄されているところの善、「当為」と、(ii)当為としての限定が揚棄されているところの意志、「実践」との(iii)統一、「自律」は、揚棄される「他律」の絶対的否定性であり、正に其故に、之として自己が限定されるところの理念は、「法」的に「自覚」される「真」である。――

限定的な国際連合の抽象的諸形態のほぼ出揃う一九七〇年前後から、国際連合乃至其の諸限定は、米ソ両国の足掻きと共に、限定されている自己の諸矛盾を随所で露呈し始め、之が揚棄されているところの法哲学が、因襲的に「真」の限定に即して定立する原理は、「真の」原理ではなく、その法哲学に「真に」対応している論理的範疇は前者の「即自的」限定であって、この限定の揚棄によって、法哲学史を終結する法哲学史的法哲学が媒介される。

(1)(i)　(イ) D. Davidson によれば、「言語」は「叙述或いは表現の媒体」ではなく、「非合理性を説明し得ぬ理論は、我々の有益な・時には効果豊かな・諸労苦及び自己批判及び自己改善を説明し得ぬ理論であろう」し、Sibley は「美学」的諸概念・言表（「真・偽」の其等ではない）の論理につき「非形式的・論理的」分析を企て、G. H. v. Wright の、「出来事」の「理解」を求める「解釈学」的論理は、「様相論理」との類比で「義務論」的論理を説き、「実践的三段論法」を重視して、Aristoteles 及び「目的論」をも再認した。之に対して、

(ロ) Birault は Heidegger 的な「有」思惟の立場に留まり、M. Henry の・「生の内在」の有論の・現象学は、「主体的生の」其と称して Hegel, Marx 及び Husserl を採用するが、「個人的」生の其に留まり、Duméry の M. Blondel 親近な宗教哲学に対して、「Sartre 派」の Jeanson は Sartre 説の核心を「道徳」とし、Ladrière は学的な新たな「認識学」を求めて「有限性の形而上学」を説いた。

(ハ)「分析哲学」的であるが「記述的」形而上学を志向する Strawson にとっては、「真」は認識的「評価」概念であった。尤も彼の「(行為)遂行的」な「真」理論は間もなく弱められたが、Hare の（「日常言語の落し穴」を警戒した上での）「日常言語哲学」の「高次倫理学」は、「趣意詞（neustic）」及び「表事詞（phrastic）」を区別する「普遍的な命法主義」の論理を「記述的」其と区別して Kant 的な普遍的「当為」原理を展開しようと試みたが、その区別の発展も結局は「決断する生」に拠る「非・認識主義的」倫理に留まり、Tammelo の「法論理」や Weinberger の「法学への現代論理の応用」が相変らず試みられ得ているところ

の「実用法学」は、「自然的言語の記述的論理」から「弁論術〔修辞術〕的態位」の重視へ移行するToulminによって、「数学」の代りに「論証の基本型式」とされた。

(ii) (イ)勿論、「実定法」主義に対しては、Ernst Wolfの「プロテスタント的」自然法説や、Marcicの「カトリク的」其は依然として絶えず、Arthur Kaufmannの「カトリク的」其にとっては「法の理念は人格的な人間の理念」であったが、かかる伝統的限定に対して、

(ロ) Kl. Ritterは「自然法と法実証主義との間」を行こうとし、井上茂の「分析的法理学」は「対象」的に「法の根柢」に在るものを求めたが、Rawlsは「契約」理念による法理的義認を説き、「正義」とは何かについての合意の後に諸制度が論理的に帰結するべく、「社会契約」は先ず理念的な、後に制度的な課題である、と主張したが、「正義」概念の発見のために「公正（fairness）」の諸条件を持出す「循環」に無自覚であるのみならず、此処には正義論の現実化との的確な結合も存在せず、「主権」問題も殆ど視野に入らなかった。

(ハ)然るに、Reibsteinのヨーロッパ国際法思想史の具体化は「人民主権」乃至「人権」の問題に及び、Berberの国際法学は「国家理想の世界史」の具体化を試みたが、Bracherが政治思想史的に「諸〻の理念論（Ideologie）の時代」と呼ぶ第二十世紀の法思想に対して、Klennerは教義的「Marx主義」的な法哲学批判を展開し、松下輝雄は「Marx主義的」法理論の本来に遡る史的・批判的究明に努力したが、「Marx主義の哲学化」を志したAlthusserは、「科学的・歴史的」と「科学哲学」とを「構造主義」的に統合しようとし、「現象学」的・「実存」的主観主義に反対するが、彼の「理念論」批判は、「Marx主義」的「理念論」（「労働者階級」の）が「真」である（或いは「市民階級」の其より「真理」に近い）とは主張せず、諸「理

念論」は「義しい〔適正〕」か否ではあり得るが「真或いは偽」ではあり得ぬと主張し、「理論的実践の理論」から「理論に於ける政治」へ移行した。

(iii)　(イ)成程、反「形而上学」的な Topitsch の「思惟型式」批判は「空虚な法式文句」を排撃して、「理念論と科学との間」の社会哲学を標榜したし、Maihofer の、Marx 及び Bloch をも援用する「法の歴史性への実存哲学的反省」は、「個体的」でなく「社会的な世界」の「法的有論」として、「典型的」な諸〻の生状況及び実存様式に即して、「人間学的」・「実在論的」「法理論」を法の規範的及び社会的な「全般科学」の壮大な総合的・哲学的体系に拡大しようとしたが、科学も規範体系も新状況的決断を先取りし得ぬと主張する H. Albert は、M. Weber 同様、「学的合理性と実践参加と」が相互に結合されるところの可能性（「技術的判断」）を認めるが、「学自身の内部」では相互に結合されぬとし、Popper 説へ連結して、「科学」を「経験的に証偽できる客観言語的な言表域」へ制限し、「科学」の統一性及び共通な認識目標を説き、伝統的な様々な「十分な基礎付けの原理」の代りに「批判的検討の開かれた非教義的な型式」を求め、整合的に「真理」を求める者は「従来の諸確信」と訣別せねばならず・「真理」は「規制的理念」であり諸矛盾こそ求められるべく・「批判主義」は「可謬主義」であり・諸「先入見」は検証されるべき諸「仮説」であり・「理論的多元論」こそ真に「合理的」である・と主張したが、この自称「多元論」は「方法一元論」へ拘束されており、「精神科学」の学的特殊性についても、「理解」を「説明的」な行態理論に基づき「規範論的な研究技術」に発展させようとするだけであった。かかる「批判的合理主義」に H. Lenk が「合理的な批判主義」という呼称を採るに至るのは当然であった。

(ロ)しかし、「科学的諸認識」の「収斂」の如何なる表象をも斥け・科学は「道具」的にのみ「進歩」するにすぎぬと主張する・T. S. Kuhn にとっては、「学的進歩」は「蓄積」ではなく、「科学的諸革命の受容の外見上非合理的な諸〻の決定因子」を強調する彼の「範型（paradigm）」概念は決して一義的ではないが、異る諸「範型」を有つ学者達は「異なる諸世界に住む」のであり、或る「用語」は或る「世界」に於ける諸対象に関わるのみならず、「学者共同態」の側での「期待」が重要であって、後者が、「認識心理」的にであって「認識論理」的ではないにしても「自然科学社会学」的には（故に反 Popper 説的に）肝要なのであった。尤も彼自身は、「科学に於ては合理的義認は存在せず、単に形態変更と諸改宗とが存在するのみである」という自説解釈を斥け、「非・範型的な合理性」の概念を導入した〔→ Stegmüller〕。他方で Joachim Ritter は、「近代社会」の「無歴史的」状況に対して史的現実を認識する諸「精神科学」の勝れて史学的な（「行用的」でない「理論的」な）性格を擁護していた。之に対して、T. S. Kuhn の『「科学的諸革命」の構造』の通途の解釈・受容を前景に出す Feyerabend（初期には Popper 派であった）によれば、諸〻の「科学的合理性」観の決定諸因子は大部分「非合理的」であり、我々の科学の所謂「道具的優越」すら一種の「眩み」であろう。——法律的迷信に対する「新・実在論」的批判を "dadaïsme" 的に科学性自身へ及ぼしている自説を方法論的に「無政府主義」と称した彼は（J. D. Sneed によっても科学は其の「合理性」を「理論的」体系的に構成し直され得ている〔→ Stegmueller〕にしても）、少くとも、「科学主義」的迷信の法哲学的本質の隠れた一限定を暴露したのである。

(ハ)成程、揚棄される「非合理」に即して、S. Bachelard の現象学は「知の段階的組織説」へ進展し、Vergote の「人間学」は「無意識（者）」の衝動構造及び衝動動学（「人間は生きる前に生きられる」）に拠り、「自由・反省・理性」により補完されて倫理乃至宗教を具体化しようとし、Granger は、「意識」のでなく

「概念」の哲学を、抽象的形式と具体的内実との「様式的統一」を求めた。しかし、J.-P. Richard の現象学的な「文学」批判は、「前-」及び「外-」反省的な意識を追跡し「言語下」的な内実を問題として「主題の現象学」を説き、Starobinski の「眼差しの現象学」の「文学」批判によれば、現在的なものに於ける「隠れている」ものが求められるべく、「近く」と「遠く」との間に均衡を創り回復する「批判者の眼差し」が、言われていることの真実在に到り得るのであって、「情報美学」で有名な A. A. Moles の、「人間的空間」の現象学としての心理学は、「幾何学を人間化」し、「空間秩序」の拠る「肉体的な此処且つ今」と「遠近」とから「自由の場」を説いた（→Waldenfels)。然るに、Merleau-Ponty の『弁証法の冒険』から「社会及び歴史と其の学」に而も「実践」的・哲学的に進んだ Castoriadis にとっては、実践の決定的作因は「自律」であり、且つ同時にすべての人々のために欲せられる「解放」的な其、将来を目指す歴史的現在に於ける理解及び変化のための其であったが、彼には、個人と社会との間の媒介である「間主観的な実践」の場の概念が欠け、個々人の「革新的感覚」が核心となり、「言語」の「世界開示的な力」の機能は援用されるけれども、「物化」された社会の革命のための「実践」哲学は、結局、「生哲学」定「決意」、「我々が其を欲するから」という「実存主義的決心」に帰した。

(2) (i) 「意志」性に於ては、(イ)先ず、Merleau-Ponty を経、Marx 及び Freud を超えて J.-F. Lyotard が説く「想像的欲求」の哲学によれば、「崇高なものの他律」と「感情共同体」の「幼年期」とが肝要であり、之こそ「後・近代主義」(“Postmoderne”の語は、Nietzsche に触発された R. Pannwitz により既に一九一七年に形容詞形で用いられたが、現代では先ず D. C. Somervell の Toynbee：A study of history 抄〔1947〕乃至 Toynbee〔1945〕により弘布し、哲学界では Lyotard により一九七九年に「教義」的に統合された。→S. Meier）なのであって、Gorz は Sartre 流に体系化するが、新たな「欲求の哲学」に属する Deleuze は Nietzsche を再認した。之に対して、

(ロ) Thinès の「現象学」は心理学乃至実験心理学から「科学哲学」に亘り、Speck の人間学も教育学から「科学理論」反省に亘り、Putnam は学の「内容」への学的「方法の」の依存性を自覚し、「世界」を精神に依存せぬ対象総体から成るとする「外界主義（externalism）」に対して彼が採る「内界主義（internalism）」によれば、記述図式から独立に対象は存在せず、「真な」理論乃至記述は一つ以上存在し、「真理」は「合理的な可受容性」であっても後者と「同一化」はされず、後者の「理想化」なのであり、真理把握のこの「多元論」は単なる「相対主義」ではなく、「人間尺度に従っての客観性及び合理性」こそ肝要なのである。――「基準により証真できる諸言明のみが合理的に可受容的であり得る」という言明自身は「基準」により「証真」されず、故に「合理的に可受容的」ではあり得ず、従って、Kant 的「超越論的」な考え方に従われるべく、Carnap 流の「論理的経験主義」は、根本に於て（「行用主義」的）「道具主義」と「多数」（の公的検証に証真を認める）思想とへの文化的傾向の精巧な表現であり・「科学的合理性」を合理性と等置する流れに棹さしている・が、正にこの等置が疑われてよく、「科学主義」的理論等の形式的諸研究は哲学の辺縁領域にすぎず、「合理性」概念は「人間の最高の展開」の表象の・従って「善」理念の・構成部分なのであり、我々の諸方法は我々の世界像に、経験的世界は合理的可受容性の我々の諸基準に、すなわち、現実的世界は我々の諸価値に、依存し又その逆なのであって、「事実と価値」も「事実概念と合理性概念」も交互依存的・相互負荷的であり、「精神と世界が一緒に精神と世界を創り出し」、「真理」への答えは、我々の「価値諸拘束の体系全部」に基づき、我々の「善」理念により導かれる志向的な人間活動であって、精密諸科学

の可受容性は「認識の諸徳」に依存する。——概念図式のあらゆる選択は諸価値を前提し、人間的・社会的事実の記述のための選択は「道徳的諸価値」を含み、「真理」理論は「合理性」理論を前提し、後者は我々の「善」理論を前提し、これら諸理論は「無謬」でなく、本質的に「前進すべきもの」であって、成程、「倫理的」諸概念を表す言葉（「善」・「義」等）は、「物理学」の言語の平面へ「還元」できぬ言語平面の諸概念であるが、「理想的真理」が「限界概念」として定立されると同じく、「より良い合理性観」・「より善い道徳観」も形成され得、そのためには、「伝統」の内から出発して・「集合的」なものを個々人の「責任」と結合する・「真実に人間的な」対話に参加されるべく、道徳体系は「合理的批判」に抗し得るものであるべく、又自ら「生き」られ得べきなのであった。

(ハ) Heidegger 的哲学から出て言語の人間存在性の精神科学的・方法論的意義に拠るに至った K.-O. Apel の、Peirce を高く評価する「超越論的行用論（-pragmatik）によれば、Popper-Albert 的「批判的合理主義」は屢〻「批判のための無政府的な批判の、批判の諸規準の無い批判的理性の、誤解」であり、Lorenzen-Lorenz 的「新・構成主義」では「自律」と「恣意」とが区別され難く、妥当な批判の可能性の諸条件への反省が欠けており、自然科学及び精神科学の差別を廃棄せぬ方法的媒介の「弁証法的型式」は、「人間的社会」が学の客体且つ主体であるところの「理性の批判的自己分化」に基づくのであって、「科学の論理」の意味での「科学的合理性」は「人間的合理性一般」の全体を汲み尽くさず、「道具的な目的合理性」・「形式的論理的及び数学的」其・「倫理的な通信的」其・「哲学的な論議的」其への「理性の自己分化の哲学」が復権されるべく、従って、「自身の諸〻の言語遊技及び生形式の超越論的・解釈学的反省」が回復されるべく、「弁証法的・先験的」なものに基づいている「通信倫理」が、「対事実的」予料から生れる「理想的」根本原理が、「道徳的意識の最高段階」である「責任倫理」としての「通信倫理の・歴史へ関わっている・適用」が、理論と実践とを媒介する・Hegel を超克する・Kant 的「超越論的」立場で、「超・西洋的」・「将来的」な「自己発展」的視圏に於て具体化されねばならぬのであった。尤も、彼の論証法は「究極的根拠付けの意味批判的形式」であって、「論証の可能性の諸条件」に、「思惟する意識」の存在をのみならず主体的実践・言語的通信・通信共同態・世界の存在をも属せしめるにすぎなかった。

(ii)　(イ)現代の「意味[論]的な[環境]汚染」状況を指摘するが呪文的「弁証法」を排斥する Stegmueller によれば、哲学者は「批判と反駁」よりも「共-人間」に「宇宙的意識」が発展することに寄与すべく、伝統的諸命法の「救済約束」でなく、学的洞察と行用論的熟慮とにより現代的諸課題を克服する能力への寄与こそ肝要であって、自らは諸科学の「科学性」を「外から」規律せず其等の「合理的再構成」(「学的活動の論理的再構成」)で満足すべく、従って其自身は「論理的・分析的」、故に「形式的」であるべく、かかるものとして「規範的諸成分」を含むが、具体的内容的なものの合理的批判を含まぬのであった。然るに、「哲学の現在」を「人間の将来」に・「本来の基礎的有論」を「構造の有論」に・見出す Rombach によれば、「実体」(古代・中世の「有」解釈)・「体系」(近世)・「構造」(「構造主義」としての自己超越的「生」)という哲学的発展に於て、「近世」は Heidegger 哲学と共に終り、故に転じ、「現在」は「変革」の時代であって、「構造的根本哲学」(「深層諸構造」としての人間存在の絶対的否定的な主体性の「深層現象学」的生)、従って「人類の『大乗[仏教]』的哲学」こそ形成されるべく、究極的には内在的に「Hermes [Trismegistos]〔的な構造変質〕法」の「回心」的生が達成(悟入)されるべきであったが、Hegel 及び Heidegger を基盤としている Poeggeler は、「美学」に傾く「解釈学」に留まり、「Hegel 主義から解放された現象学」に拠り

「美学」から「形而上学」に進んで「有」自身を言表しようと志すPiguetによれば、「個別独特な」諸作品の考察に於て意味を見出す「美学」としての形而上学は完全なのであり、この「記述的現象学」では「言語」でなく「知覚」が優位した。之に対して、Sartreとは疎隔するがMerleau-Pontyを斥けぬLefortの「政治的解釈学」は、肉体的な思惟及び対話へ促す思惟は「行動」であるとして、就中、社会体制の「官僚制化」に反対し、Kl. Hartmannによる社会的及び政治的哲学の統一は、規範性に於ける「社会的現実」の「社会性」を単に「双数的〔我・汝的〕」でなくて「複数的」とし、「通信」共同態の空想を実りないものとして斥け「自由制的国家」の現実化を説き、Markovićの実践弁証法とFahrenbachの実存論的倫理とがRiedelの所謂「実践的哲学の復権」に連なった。

(ロ)「自然法思想と法実証主義との中間」を行こうとするGoyard-Fabreの「法現象学」は、「両義性の論理」に拠り、法に「生世界」的基盤と超越論的基礎とを保障すべく、法の具体的現象と根源的な法現象とを分析し、事実的な法実質と純粋な法形式とを交叉・融合させる具体的構造としての中間域の論理を説き、法及び法学を包括的目的論と精神の普遍的法則とへ究極的に赴かせようとした。Fikentscherの法律学的比較方法論は、法の「正義」及び「歴史」性により「人間学」的に「規範」一般の解明から史的・思想史的に裁判及び裁判規範と個別裁判の規範性とにまで具体化された。この傾向は日本でも認められるが、此処では、末木剛博が真の論理を「弁証法的」と指摘し得たけれども、小林直樹・碧海純一・阿南成一・矢崎光圀・松尾敬一・八木鉄男・大橋智之輔等の「法哲学」は、憾むらくは、哲学的・体系的に自覚の発展として具体化され得る自覚的論理に欠乏しており、この限定は、渡辺洋三等の「社会科学」的法律学の「検証」主義でも同様であり、水波朗や稲垣良典は「Thomas主義」を護持するに留まり、Hegelにも共感を寄せる中村雄二郎の思想批判も、同時に自己批判である自己の具体化ではなかった。

(ハ)かかる欠如態を揚棄しようとするFoucaultは、「自由主義家であろうと欲しない皮肉家」（→Rorty）に属し、「近世的理性」に対する懐疑乃至批判によって、「表現」理論を「史的に先験的」なものに携わる「認識学」すなわち「考古学」に進め、「人文諸科学の考古学」・「知の考古学」を経て、「狂気」をも包摂する視点で「思惟諸体系の歴史」へ、更に六〇年代末以後、「三・反科学」説に至った。すなわち、「経験的・超越論的」二重体としての人間の主且つ客体的な「逆説的」二重性は、如何なる「人間科学」をも蹉跌させるから、人間及び意識の外に地歩を占めて人間を解消する「精神分析」・「民族学」・「言語学」の三「反・科学」が打開策とされたのであるが、漸次に強化した「政治的」及び「Nietzsche的」調子と共に、「真理」は「知への意志」に下属させられ、「実定」及び「実証性」は「力〈実力〉」の任意となり、夙に「人本主義と恐怖政との内的親縁」と「解放〈自由化〉と奴隷化との重複運動」とを指摘した彼は今や、「力」を「理性批判的な歴史記述の超越論的・史的な謂わば根本概念」に高め、「力」が「純粋な構造主義的活動」を意味すると共に、「超越論的な産出力」且つ「経験的な自己主張力」となり、「近代的」な知の諸形式と「力」による規定との「依存」関係は不可解消的一体となり、「力」の「真理」依存性は「真理」の「力」依存性へ転回され、「超越論的総合」は「経験主義的有論」と一緒にされて、「当為」は自然主義的に「有」へ還元され、遂に、「主観主義」的な「範疇的貧困」は「生哲学の述語的新版」を予料させた（→Waldenfels)。

(iii)　(イ)既にしかしChomskyは言語の「深層構造」の「先天性」を発掘しようとし、「生得的諸理念」・「生得的構造」の存在を指摘し、「経験主義的思弁」にも「行動科学」的人間概念と旧「構造主義」とにも反対して、体系的な言語理論で就中「産出的文法」・「変形文法」論を発展させたが、「構文〈統辞〉論」的限局の・「意味論」への・拡大は未発展に留まり、「意味論」ではTarski説に近いMontagueは、「口語」も「形式言語」と同様に論理的構成が可能であるとして、「一般文法学」によって「構文論的」と「意味論的」との抽象的自律（向自有）を認め、原理の具体化と論理及び言語学（特に文法学）の論理的・数学的架橋とを志し（→Stegmüller）、Føllesdal は Husserl 現象学を介して分析哲学（「志向対象（noema）」に即して）と実存主義（「自我構成」に即して）とを連絡し現象学にQuine説の「克服」を課していた。

(ロ)現象学をも摂取して R. H. Turner が「象徴的相互行為主義」的な「照準群（reference-group）」社会学を説いたのに対し、Bourdieu の「文化社会学」の、「構造主義」を揚棄する「実践的論理」は、夙に「構造主義的解釈学」の「反論理主義」から遠ざかって、構造的「民族学」の諸構成を「実践的論理」に組入れようとして再び現象学に接近し、「文化的な諸規則及び諸構造」を「身体的な諸儀式、行為諸図式、諸慣習、及び諸素質」に定着しているものと観、「常識」に帰属する「生ける区別才能」と「頭」よりも「諸感覚」及び「四肢」に刻印される「社会的な力」とを重視し、「常識」の総括として査定される「意見」の批判的解明により「正当な意識」の闡明を志したが、Parsons の「構造的・機能的」に対して「機能的・構造的」な「体系態（System）理論」を主張する Luhmann の「謂わば手続過程化された弁証法」によれば、「有意味的諸契機の総括」にまで普遍化された「体系態」概念に於て、諸「行態可能性」に於ける人間こそ中心（或いは「絶対的」）であるが、「自己そのもの」は「自己照準（参照）」（之が「主観」概念に代る）を、之を自己の内へ採り上げるためには、超越し、自己についての諸理論を発展させる者は彼の自己についての諸理論を発展させるのであり、「体系態研究」は其自身体系態であり、研究は自らを其の対象から切離し得ず、従って「自己制作的な諸理論」は「自己照準的」且つ「自己制作的」諸理論として、自己自身及び自らの対立者をも入れる要求を有つ「超〔上位〕理論」にならねばならず、かくて「自己照準理論」は「超越論的理論」をも「弁証法」をも単純には排斥せぬ「機能主義的な体系態理論」になるのであり、諸〻の自己照準的体系態は「自己照準と異他照準との差別」の助けで、其自身に自己生産を可能ならしめる諸「情報」を獲得し、「社会」体系態が「成層的」から「機能的」差別化〔分化〕へ移行しているところの「近世的」社会に於ては、「非・位階制的」・「超〔高次〕位階制的」な「機能」定位の諸体系態の把握は、「同一」と「差別」との「差別」を扱い両者の「同一」をではなく、自己照準的な体系態完結性は「環境界〔周囲世界〕」に於てのみ可能なのであり、「体系態―環境界」の差別こそ「指導差別」であって、諸〻の体系態は其々「限界」を有ち、「心的」と区別される「社会的」諸体系態の「体系態―環境界の差別」を媒介しているのが「意味」諸限界、この「差別」の意味単一性が「世界」、あらゆる差別が「世界」・「世界中心」であり、従って「矛盾」も「逆理」も「意味」が有る。蓋し「矛盾」は意味の自己照準の契機であり、あらゆる意味は可能性としての固有の否定を含み、「矛盾」は「自己制作と観察とを並列し両種の操作の間を媒介し分離且つ結合する意味論的形式」であり、すべての単一性は自己照準と異他照準との其であって「逆理」的に構成され得るからである。かくて「論理」は正に、「諸矛盾の構成を条件付ける諸規則の体系態」であり、「社会的体系態」は「通信」的統一〔単一〕性の助けで正に「諸矛盾」を構成し、「衝突〔紛争〕解決」は「目標」ではなくて諸衝突再生産の「副産物」にすぎぬのであり、社会的諸「体系態」の構造は「期待構造」であり「法」は「規範的期待」に属するけれども、決して単に「社会的諸衝突解決の手段」ではなくて、「先ず且つ第一次的」に其等「衝突」の「産出手段」なのであり、「社会的環境界」を識らぬ包括的な社会的体系態としての「社会」が結局「世界」社会として自己自身に矛盾するのみならず、「法」も、可能な諸衝突を先取りして形成され諸衝突機会の莫大な増大に導くべきものであって、「経験」によれば「社会」は「道徳」によって統制され得もせず、「社会適合」が「教育」によって然され得もせぬのである。

(ハ)右の如く洞察するLuhmannと貶しあっているHabermasの用語法は、比喩的文飾に比して「概念的に明白」とは言えず、様々な種類の「生の外化〔表明〕」の「理解及び解釈」は、自身、「口語的に媒介されている諸〻の相互行為〔交互作用〕の普遍的な生実践」に属しており、「学生運動」への彼の懐疑増大の時期に成形された「通信的行為」理論の倫理によれば、現代のMarx主義者の説く「解放展望」は「生産範型」からでなく「意思疎通に定位している行為の範型」から現れ出るべきであるが、次出のRorty的な「脈絡主義」及び「展望主義」を「無責任な主観主義」と考える彼自身の「目標」は、「自由主義的」から「社会的」乃至「実質的民主政」への道に即応してはいるが判明ではなく、「社会と個体とが交互的に構成しあう」ことに拠り「行為理論を体系態理論の根本諸概念と」統合しようとする「全般的行用学（Universal-pragmatik）」は、「合理性」概念を学史的に「理性の自己分化」（科学的・技術的、道徳的・法的、解釈学的・自己認識的）として解明するにあたり、思想史的に「特殊近代的なもの」を「方法」によりも「思惟の諸動機」（「後・形而上学的思惟」、「言語学的転向」、理性の位置付け、実践に対する理論の優位の転回〔「論理中心主義」の克服〕）に在るとし、「多次元的な通信的合理性の生・親近な批判的整理」によれば、「哲学」は「根本的な理性批判」であらねばならぬが、「十全な自己認識の空想」を追跡することは「不遜な企て」であって、「口語の論理から理性的話しの原理をあらゆる現実的話しの必然的規制者として導出する」べき理論には、「理想的な話言状況の想定」と、「理想的な生形式の理念」が「真理・自由及び正義」の其等を併せ包括するであろうという「反事実的想定」とが必要であるが、この形式的基準を「内容的」に充たす「歴史的思惟」は、「理論と実践との統一」を「超越論的且つ弁証法的」に「循環」に於て「目標」とならしめ、「通信的理性」は「間主観的な意思疎通と交互的承認との拘束力」によって、「共通な生形式の範囲を限定」し、「通信的行為」と「生世界」とは「絶対的否定的に相互補完的」であって、両者の「差別」は「高次の純一」のうちへは取戻され得ぬのである。「普遍世界主義的な諸〻の価値定立」が根付き得る地盤を見出せぬ彼は、「東洋思想」にも殆ど無知であって、彼の「批判的理論」は、認識の「社会的・実践的」な根柢（抽象的には「連帯」）を意識させ・自己の生成の可能性を啓蒙し・自己の社会的諸作用を反省し・此等総てを「社会的行為」の歴史的理論に基づき「経験的に実証できる」仕方で遂行しようとし・はするが、自己揚棄的自覚の具体化の論理を欠く。

(3)(i)　(イ)「より良い了解」のための「深層論理学」を求めたHintikkaの「記述的」・「意味論」的「義務論」は、「意味論的に完全な世界との選択的（択一的）相関性」を指摘し、Dummettの反「実在論」的な「検証主義」的「意味論」は、「妥当」問題を「行用論」的に解釈し、「真理諸条件の知」をでなく「間接知」を肝心とするが、「発言行為」を「言語的通信の根本的最小単位」と考え「発言行為」理論に「志向主義」を保持するSearleによれば、「正しい理論」は「構成要素変様方法」によるが、抽象及び観念化（「型式化」）無しでは体系的叙述は不可能であり、当然に、「普遍的な世界状態の正常性についての背景的諸見解の一体系による暗黙的補完」、「前・反省的な背景諸確信」に基づき、「命題意味の分析」は「分割された背景知」に相関的にすぎず、言語共同態に於て正常的と想定されている世界状態が考慮されるべきなのであった。

(ロ) Hintikkaに対し「諸世界の位階秩序」を導入するHanssonの「二元法的（monadischに対しdyadisch）義務論」は、「民主的」決定手続の正当性条件の批判的深化をも試みており、言語〔分析〕哲学を超えて認識論的及び形而上学的諸洞察を示したKripkeの、「経験による決裁」の立場によれば、一定の知取得の問題と「可能的事物」状態に関する諸帰結とに関して、「先験（a priori）」は「必然」と、「後験（a posteriori）」は「偶然」と等しくはなく、「後験的・必然的」真理（「必然的・経験的真理」、すなわち、「経験的」に学ばれねばならぬ「形而上学的に必然的な諸真理」）が有り、彼の、必然的表象がすべての可能的諸世界でも真であるようにする普遍化の試みは、「様相論理」の「意味論」的基礎付けと「公理体系」の新解釈とに寄与し、「分析哲学」的基礎を摂取したBlauは、「肯定-」及び「否定-」の他に「中立-域」を定立し「二値論理」を一特殊として含む「三値論理」（「真・偽・不定」の）を発展させた（→Stegmüller）。然るに、

(ハ)第一に、「遂行的相」を示す諸記号を言語哲学に導入する一人、Kutscheraによれば、多くの「道徳哲学的諸措定」は単純な論理的誤謬の産物であるが、「学」の下に「非規範的学」のみを理解する制限も義認されず、多くの規範的諸命題も「主張」として把握されねばならぬのみならず、広義の「倫理学」は意味論的・方法論的及び認識理論的「高次（Meta-）倫理学」に遡らねばならぬけれども「規範的学としての倫理学」が放棄されてはならぬのであって、「高次倫理」的研究を「序論」に有つ倫理学は、第一次的には「規範的諸言明の方式化及び基礎付け」と「内容的に限定的な諸規範への実質的具体化」とを志すべく、「有用な」倫理学は「認識主義（非・自然主義）的」・「直覚主義的」・「目的論的」であらねばならず、「主観主義」的でも「客観主義」的でもなくて、「理論」として「経験による規範的諸言明の基礎付け」であると共に、倫理的原則の更に具体的な諸規定は、更に進んだ「諸直観」により、すべての道徳的諸原理の妥当要求は最後的には「価値経験」により、各自の諸経験で検証されねばならぬのであって、出発点は「普遍的な価値体験」、「道徳的諸判断が基づく価値感覚」であるが、「価値」は「其自身に於て」と「我々にとって」との

「二重相」を有ち、あらゆる倫理的理論には或る「人間像」が基礎に在り、従って、人間存在的な「人格的品位」は「最高の倫理的」且つ「道徳的」価値であるが、諸〻の倫理的原理乃至普遍的な法原則は「その時々の事情に定位している解釈」によらずに「適用」され得ぬのみならず・「義務論」的諸概念を「様相」諸概念へ遡らせてはならぬ・から、Kant の・国家乃至世界の・法哲学は高く評価されるべきではあるが彼の「定言命法」は「倫理的原理」としては用をなさぬのである。成程第二に、千葉正士や Lampe, Broekmann 等の「哲学的」「法人間学」は「法」を人間の定め〈規定〉から正統化し・其処に「法哲学の問題史」をも流入させ・ようと試み、Dworkin の・「法解釈学」を重視する・「法の一般理論」は、「政策論法」に対する「原理論法」を説き、其の実は「政策論法」に拠り、Kelsen に親近な Kriele の「理性法的論証法は、「立憲国家」での〈或る機関の〉国家権力遂行的「主権性」の必然性を否認して「諸顕現」の存在のみを認めた。しかし第三に、Amselek の・実存哲学及び分析哲学を加味した・「法の現象学」は、古典的「自然法」からも「法実証主義」からも離反し、「法経験」と「法研究」との内部に拠る認識論により「規範の事実性」に於ける「有と当為」の結合を説いた。この種の換骨奪胎の試みに対して、

(ii) (イ)自らが出発したところの Husserl 的「客観的理性」の立場に反対するに至る Derrida に於ては、言語を「文献」乃至「書字」と収斂させる「美的な文脈主義」が「修辞学〈弁論術〉に対する論理の優位」を逆倒し、「文」性の一限定が「論理性」とされ、基礎的「文法学」は「文字学」として「言語の本質」を「話」でなく「文字」の型式に従って概念せねばならぬのであり、「文字」は「文」に「生ける文脈に対する固い自律」を賦与し、諸〻の個別的主観及び限定的状況の具体的関連を消すけれども「絶対的な可能性」を遺し、「話」や「音韻」がでなく「文字」こそ「言語の第一次的な表現媒体」であり、言語の「習律」的契

機は文字にこそ在り、すべての表現媒体は「本質的に文字」であって、「話し」にも「書字」にも基礎に在る現実的な「言語理念」（「理念的文字」としての「原文字」）の「延別（différance）」（彼の新用語である）的時間性が、「区別作用に於ける遷延作用の過程」を可能にし、文字の「匿名な歴史設立的な生産性」を表す「根源力」的流動性なのであり、かくて、「文書・文法哲学」を超えて「反・解釈学」へ接近する彼は、「人間中心的な思惟」（人間の「人本主義的な自己諒解」）の「終焉」から（「転向」前後のHeideggerに即して）「有の思惟」に進み、「形而上学の自己克服」（而も、克服されるべきものを手段として不断に其を陥れる）を説くに至るが、自己の哲学的思惟を「私的」存在化し、「私的機智」が「反語法（皮肉論）と理論化との間の緊張」を解き、「私的と公的との合一」の試みを棄て、「私的自律」への努力を最早「普遍性への反作用及び効用の希望」と統合せず、「崇高なものを私的存在化」し、「Heideggerの背後」へ戻って、「哲学的な『有』神秘説」を説く（→Waldenfels）。之に対して、Fédidaは、精神分析と存在分析とを結合し、知覚と理解とを区別し、基礎的な「間主観性」の諸規定を求め、諸概念の「強力（権力）性」を指摘し、自己自身及び他の人々への「通信的な遠近」を概念化して、「不在性」を「空虚の経験」と解し、「死の根本的な不在性」こそ「現存在」を有らしめる根柢に在るとし、VerstraetenのSartre的・弁証法的道徳は、「道徳論的」理念逃避と「現実論的」適応とを媒介しようとし、「自然と文化」との媒介を「古い神学的伝統」から採り、「世俗化された恩寵概念」を「革命的飛躍」と結合して、「救済」へ凝集する「弁証法的・実存的」倫理の具体化を試みたが、Theunissenの・対話的直接性を弁証法的に媒介する・「間（Zwischen）の社会的有論」は、「他人の他人」としての「人」の具体化を計り、「世界疎遠」の「疎外」状況を克服するべく、世界の「内」に世界の「他者」を露す「領得」的主体性を説き、「事物は其自身に於て理性的」であり・理性は「其自体に於て」読みとられ得る・という「要請」が「主観化の危険を禦ぐ」と主張した。然るにRortyは、現代の「分析哲学」及び「現象学」をDescartes-Kantへの逆戻りとし、「言語的現実」に拠り、特殊な言語で・特殊な史的文脈に於て・「命題」化される「真〔理〕」を偶然的・実定的存在に依存させ、無時間的・学的な概念体系要請から解放し、人をも文化をも「体現されている語彙」とすると共に、言語、意識、共同態、要するに総てを、「時と偶然との産物」とし、「形而上学」に反対し「法則的」歴史を否定し、この「醒めている行用主義を暈している Nietzsche 流の生哲学」にとっては「進歩」とは「新しい言葉の使用の事」にすぎぬが、「残酷及び苦痛の阻碍」が「崇高」に優る故に、「自由」実現の「無限な過程」が信じられるべく、Dewey と Heidegger とを宥和させようという志向のもとで、「公と私」の絶対的否定性に於て肯認される私的現実性を擁護する「自由主義」と、「想像こそ善の最重要な道具」と信じて現実在の反省を揚棄する「詩的」な生の「仮装的主張〔皮肉〕」とが、実定的な「自由民主政」に於て可能な非政治的・私的「文化」を「私的完全化」のための「自律」の手段として謳歌した。之に対して、

(ロ)「Hegel 文献学」にも寄与した Kimmerle の「史的唯物論」は、「社会的労働」の生産性向上の可能化の関連へ「自然科学」及び「社会科学」と共に諸「精神科学」をも組入れて、後者の課題を「人間の批判的自己省察」にではなく「人間の物質的生産諸関係の改善」に置いたが、Sebag は、Marx 主義と構造主義とに即して Husserl と Merleau-Ponty 及び Sartre をも総合しようとし、人間の諸行為が為されているところの「有論的」平面と我々が諸構造の自律的機能を扱う「方法的」平面とを峻別して、象徴により媒介されている主観を「中心を外れている〔偏心的〕」存在としたが、彼の早逝はこの主観分析の具体化を断ち、Bodammer によれば、諸「精神科学」の目標定立は「実践的・哲学的」で、「事物的〔即物的〕に検証でき

る諸命題の真理」と「仁（人道）の促進のための普遍的及び人的有意義性の意味での・獲得された諸洞察の・真理」との（すなわち「事実的」及び「実践的」真理という）「二種の真理」を求めるべきなのであった。之に対して、

(ハ)「言語分析」をも採り入れるが「分析哲学」は今や克服されるべきであると説くD. Henrichは、「古典的ドイツ観念主義」を（特にKant及びHegelの合一に即して）承継し、「世界形成的」主体性の・世界に於ける且つ世界に対する・「自覚」的「生」の、「自然」認識が揚棄されているところの自覚的形而上学を説き、「世界宗教」（就中、仏教）思想にも関心を示して、「同一性」形成・保存乃至回復を「人間の理性的な生遂行の条件」とし、社会的或いは政治的乃至制度的な歴史性乃至歴史学に於ける自己限定的実現を重視し、Duxは、「認識的な根本構造に固着」している諸「世界像」の論理的・歴史的発展を、特種現代的な人間存在的自己諒解に至るまで、「絶対的な認識要求」を棄てている「構成的実在論」の立場で「社会学的」に提示しようと試みたが、Achamの、歴史的方法論による「社会科学の哲学」によれば、社会科学的分析と研究論理とを制約する哲学の反省学は、不断の世界像修正作業であり、人間は「欲するだけ自由なのではなく、能うだけ自由」なのであった。

(iii) (イ) P. Lorenzen説を承継するKuno Lorenzの、「分析哲学」に於ける「教義主義」及び「懐疑主義」の両主要方向を揚棄しようとする新たな「構成主義」の試みによれば、「理想言語の哲学」も「日常言語の哲学」も自己矛盾し、原則的にすべての言語は「裏切ら」れるもの、「真実に合理的と呼ばれるべき企ての諸目的のために裏切られるべきもの」であり、遂に理性を世界及び我々自身についての我々の話のうちへ齎すという目標のために要求されるのは、単なる抽象的な「言語能力」のみであって、従って、行為表現の

「指示的定義」から「日常」及び「諸科学」のための「複雑言語」の論理的具体化に進まれねばならぬのであったが、A. Ros によれば、「我々の努力する、諸概念を規定及び基礎付けすることの規定及び基礎付けは、この規定及び基礎付けを以て遂行される諸行為が同時に、その都度規定及び基礎付けされた概念のための諸実例を渡し得るような性質のものであるべく」、この「自己整合性」の原理を満足させる・規定及び基礎付けの・概念を獲得するという関心事に、「あらゆる根本概念乃至あらゆる概念場の産出」が定位させられるべきなのであり、Kuno Lorenz 的「〔Erlangen 派〕構成主義」に属する Mittelstrass は、「基礎付ける話し」の特殊的一形式としての学に、学的諸関心が「明晰・判明」に方式化されるところの「正格言語（Orthosprache）」の構成を要求すると共に、科学乃至方法論へ「目的論的」反省をも契機的に復権させ、「近代的」世界に於ける「実践的理性」を、既存の体系態にではなく、自らの世界との統一を回復すべき人間の主体性の現実化の批判的抵抗の形式に、在らしめた。

(ロ)然るに Jos. Simon によれば、「人間は本質から、或いは彼が始めから其であったところのものとして、言語的」であり、「哲学は必然的に言語的に自己を表現する」限り、「史的言語」は「真理を言う努力」へ効果を及ぼし、而も我々は何時も「客観言語的且つ高次言語的」に話すから、現実的話しに於ける両契機が「Tarski 的に区別されねばならぬが、「哲学者」は「真理の言語としての普遍的な哲学的言語」を「発明」するのに成功していないし、言語に即しては「絶対的相当性」は理念としても放棄され、「行用論的な要求に従い完全化される相当性の概念」に代られ、最早「直観」が最完全な認識ではなくて、「差出された表現の・その時々の・満足させる或いは十分な・完全化」が肝要なのであり、就中、「個〔体〕性」は「最も内容豊富な概念」によっても規定されず、結局、概念的にでなく「直示的」にのみ区別され、「思惟する個体」

は概念的意味では自己自身について何も知らず、「論理的判明性での努力の蹉跌」という「否定性」に於てのみ自己自身を見出し、其故に私は私自身を、私が成就〔履行〕し得ぬが成就するべき「義務」の意識として思惟する訳であり、だからこそ、言語の「実存論的」意義を重視したHegelの言語哲学は、「話す」ことに於ける我の内包及び外延の「否定的」統一を「実存する概念」として把握しており、英米流の「言語分析的」哲学と同様に仏流の「(後)構造主義」も、Hegel的「概念の運動」を避けようとする限り、所謂「形而上学の克服」の諸〻の「循環性」へ導くが、その都度自己の概念を超越する「主体的」概念の「弁証法」は、形而上学への何らの二者択一ではなく」、「普遍的な内容的な諸概念の原則的実在性」を説く「概念実在論」は、自らの「言語」と自らの「諸対象」とを先ず現出させる「物語的な言語使用」としての「言語哲学」として、哲学に「原則的な自己反省の課題」を課し、諸〻の特殊的哲学の概念的区分の「内部」で哲学的思惟を内在的諸限界へ導き、「不完全性、義務、自由、概念」等を言語哲学的に再構成し、かくて、「先-」或いは「原-」有論として「第一哲学」或いは「哲学的な根本部門」になるのである。正に其故に、かかる言語哲学は、揚棄される自己限定として具体化される。しかし、H. Krämerの『統合的倫理学』の「多次元的」展開（→平野・本書補章）は、「弁証法的」総合の「思弁的」統一の体系化を排斥しており、H. Ebelingは哲学の課題を、自由で平等で可死性に共通に抵抗する人々のもとでの「自己規定」の理念、従って、進行的な自己危殆化（人類全滅の危機）の諸条件の下で「有る」のでなく「有るべきである」ものの理念、と規定し、この法的原理の具体化を計っているが、日本では、井蛙の管見からすれば、「哲学」乃至「倫理学」界ではいざ知らず「法哲学」界では、揚棄されている「法思想」の史的反省の、原秀男（夙に亡い）・三島淑臣・長尾竜一等による拡大と田中成明・深田三徳・河上倫逸や竹下賢・今井弘道等による限定的深化とに於ても、自覚された原理からの法哲学具体化は願望され得るにすぎぬ。かかる非・哲学的限定は、W. Ch. Zimmerli（1945〜）〔→補章〕の所謂「哲学的な自己規定」によって揚棄されねばならぬ。

(ハ)勿論、「現代」は移行しつつあり、新たな法哲学の具体化は、少くとも萌芽的に、右記と同年輩以後の若干の人々のうちに看取され得ねばならぬであろう。H. Ineichen によっても、「諸〻の精神化科学及び社会科学の真理概念を研究且つ差別することは、哲学的解釈学の主要課題」に属する。しかし、之が揚棄されているべき・彼等の・法哲学的限定は、年来益〻浅学寡聞な私の論断し得る域を超え、其の一端を本書の補章は垣間見るにすぎぬ。この最後の自己限定の揚棄が私自身の現在の法哲学に他ならない。

III　結　語

論理的には「真」と「善」との自覚的統一の理念が「法」であり、(1)自己の「真理」がその存在としての絶対性を媒介する「当為」として自覚されている（「法」理念）ところの自覚的存在は、「実践的自覚」と「自覚的実践」との統一であり、(2)「自覚的法」の「法的自覚」は自覚的に法的な自己揚棄、従って、自己の抽象から自己限定を通じて自己の具体への法的自覚の発展であって、かかる発展として自覚する体系として終結するが、(3)この終結も、揚棄されている自己限定として自己を媒介する法哲学の「不断に死に臨んでいる不断の新生」であって、この「新生」はその都度の「始元」から「終局」への具体化の全過程に亘り、法哲学の・法哲学としての・発展である。

かくて、「法哲学そのもの」の発展的体系として抽象的である法哲学、其の「第一部」としての「論理」は、限定されている法哲学としての「第二部」すなわち「事理」へ移行し、之が揚棄されているところの「第三部」が「法哲学史」なのである。

(1)　法哲学史の終局、「平野・法哲学」は、右記三部の体系であり、かかるものとして、揚棄される其自身を媒介せねばならぬ〔→ T. Hirano, Vom Prinzip der Rechtsphilosophie, in: Nagoya Univ. Journ. of Law & Political Science, 165, 1996〕。

(2)　其は第二次大戦中及び戦後の諸年に萌芽し、不徳の曲りなりにも成熟し得たが、其の心身は今や老いた。

(3)　法哲学史的「概説」の「常識」的限定の揚棄が非「常識」的に揚棄し得た法哲学的諸存在が既に、上述まで限定されており、彼等に勝る法哲学者達の脱漏が危虞されねばならぬのみならず、其以後の偶然的且つ断片的にしか揚棄されていないし揚棄されないであろう法哲学的諸存在は、寧ろ「揚棄されている平野・法哲学」に属すべく、後者としての自己限定を揚棄すべき当為を揚棄し自己を法哲学として更に具体化することは、この法哲学には既に且つ益〻困難であり遂には不可能にならねばならぬ。私の知る限り、現在の私の年齢を越えて尚、「読むに堪える」法哲学的具体化を為し得た者は、Kant であるが、彼すら「痛ましい・思索の・衰え」を指摘され得たのであり、法哲学は、老化と共に弥増す遅鈍を覚悟し、如上を越える法哲学的具体化を「後生」に委ねて、退化を露呈しつつ老耄衰死に臨む。この諦念は、様々な米国的「覇権」に屈従している現在の世界に於ても正に其故に随時随所で虚構性を露呈している「人類の進歩」に対する其でもあり、正に其故に「後生」の限定的契機となり得べき具体的な法哲学の最後を媒介し得る。

補　生と時世

Ⅰ　序言――生

(1)　序言　生と死　前章結語所述の如く、私の法哲学は「現代」に於ける自らの「老い」を以て体系発展を終える。凡そ老いる者は間もなく「死ぬ」。「人間の平均寿命」の延びが云々されているが、抽象的に「生類史」と言わず「歴史的世界〔世界史〕」五千年を憶うだけでも、「何時如何なる事で」かは異るにせよ「間もなく」死ぬ者に、「死ぬことを憶え（Memento mori）」に類する格言が存する所以であり、其は「現代」初期（1958）に於ても晩年の田辺元により主題として採上げられた。「死を憶う」者は生きているのである。法哲学は「死ぬまで続け」られねばならぬが、この続行の老化は彌増す減縮、故に非・法哲学化であり、この衰死に於て具体化（Hegel的「具体的普遍」〔本書では一五一頁に注記されている〕の体系化と解されたい）が尚可能である法哲学は、衰死の限定に即しての其である。之に従い以下は、主として現代ドイツの若干の思想に即して私の法哲学の最後の部分（従って法哲学史の其）を追捕する。

成程、「科学」就中「生物学」及び「生物哲学」では、「生きている―否」乃至「生きている有機体」の論理的に精確な概念は、特に“virus”に関連して、依然未成就であり、諸説一致は先ず「一方で言語及び言語構成と他方で非言語的な実在及び之の記述との間の区別を強調するべき方法論的な基礎論議によってのみ可能」であるが、かの「一致」は非-或いは外-生物学的諸分野でも大事であり・「生命の日常了解と学的な生物学及び生物哲学との間の諸限界」を「均らす」ことは妨げられ得ぬ・にも拘らず、今日まで「生命」乃至「生きている」の概念に関して「何らの統一的な客観〔対象〕言語も存在しない」諸根拠は、「客観科学的でなく高次（meta-）科学的」本性のものである（← K. Sadegh-Zadeh）。この両者は自覚的主体性の法哲学の第一部「論理」に於て抽象的に統合されている。正に其故に其自身として限定されねばならぬ法哲学の「存在」性に於ける其が、其の第二部「事理」であり、之の第一区分「真理」の始めに、「自然」性に於ける「精神」が属する。この自然及び論理に対して事理の第二区分「倫理」〔人間存在の法哲学〕に定位〔方位規定〕するA. Leistは先年、『生と死をめぐって（Um Leben und Tod）』（1990）と題して「堕胎〔乃至、奇形新生児の処置〕・人工的受胎・安死及び自殺での道徳的諸問題」についての主として「アングロサクソン的道徳哲学者達」の諸説を編集・公刊した（彼の所謂「典型的にドイツ的」に議論しているD. Birnbacher以外は、G. E. M. Anscombe, D. J. Cousine, Ph. Foot, R. H. Hare, J. Harris, H. Kuhse, M. Lockwood, J. Lorber, D. Parfit, B. C. Reichenbach, J. J. Thomson, M. Tooley, M. Warnock)。それら諸問題は「近代的医学」の進展と共に周知の通り「益〻緊急」事とされており、其の背景を成す世界史的・具体的場面は次章の主題であって、本節は先ず、右の編著を斟酌しての、「生・死・老衰」に限定された抽象的な法哲学的規定である。

自覚的に法的に具体化する主体性の法哲学に於ては「生」は、先ず「論理」的概念（本書二四四頁）であり、次に「事理」的「存在」に属する。すなわち、具体的には「世界史」〔事理の第三区分〕であるべき「存在」の・「自然的精神」としての抽象的普遍性に於ける・個別的「生」そのものは、かかるものとして存在せねばならぬが、「死」に到らねばならぬ。[1]――勿論其の「始・終」は事理の特殊的諸限定に従い特殊的に限定される（「脳波」の有無も之に属する）が。死ぬ生はかかるものとして法哲学的には生に揚棄されており、法哲学的には生は、生そのものの否定〔「死」〕が揚棄されているところの生であらねばならぬ。この生は、生としての自然的過程に於て、「老化する〔老いる、すなわち、自然的に死に近づく〕」生であり、[2]早かれ遅かれ遂には「単に客体的・自然的な物」〔生体〕としてのみ生き得しめられるものになる。然るに勿論、個別的に「老化」には「遅速」が有るのみならず、「事故」も「疾病」も介在し得る。故に老化そのものは揚棄されねばならぬ。

(1) 本章の事柄は最古代オリエント以来絶えぬ論題であるが、次章初めでも述べられる如く、過去の時代の思想及び思想家の断片的[再]検討は本稿の限定の埒外である。しかし、最近の比較的に広汎に亘る H. Krämer: Integrative Ethik, 1992 の該当所説は注記しておかれるべきであろうから、其のうち援用され得る章句だけが本章の諸注で摘記される。彼の法哲学については次章第一節末で論及される。——先ず、「統体的な無関係性〔関係喪失態〕としての死んでいること」と、「限界的場合に於ては誕生から始まり生全体へ戻り関わる多かれ少かれ延長された過程に於ける、死んでいることの予料としての死ぬこと」とが区別されねばならぬ。

(2) 「時[間]倫理[学]は其の最初且つ原型的適用を年齢段階〔青少年—中年—老年〕に見出す。」——年齢三期の「特種な目標規定」を簡約すれば、「若年—中年—高年」に応じて、「同一性発見と自己規定への解放」—「同一性改善」—「縮減〔還元〕に於ける同一性保存」〔或いは「意味開示—意味拡張—意味維持」更に或いは「自己取得—自己上昇—自己維持」〕であり、「あらゆる生・状相は生・意味に直接に付されるべく、前段階或いは後戯として陪臣化されるべきではない」。かの「原基的な状態継列」は「時[間]倫理の爾余のすべての諸〻の類型論のための型機能を持ち、」「[状]相・正当性は時宜性の根本形式」であって、「時機遅れな挽回需要」をも叶える「哲学的倫理学」は、時間的発展の「かかる明化過程へ助言的に参入し」・「予防及び習熟のための干渉及び修正〔治癒〕のため相応な特種当用論〔-topik〕を準備している」・べきである。——就中「若年層」は他の何れよりも、「将来定位〔-方位規定〕の張出しに屈服し自己自身を陪臣化する危険に立つ」が、「現在が実体、将来は偶有」であらねばならぬ。之に対して「老年」者は成程「経験」

を持つが、事情によっては最早「諸〻の実在的な生可能性及び決断可能性」を持たず、「彼の諸洞察は最早利かない」。殊に、「最早進展的ではなくて移行〔移譲〕的且つ退縮的な老年危機は、圧倒的に、自己没収の徴候を、之と相関的に、世界剝奪と生諸可能性の泯びの過程に於ける増大的加速との徴候を、示現しており、此処で既に死の関係喪失態の現出として認識できる」。――「哲学的倫理はこの分野で一種の償いを果すべきである。」すなわち、諸〻の「慰めや宥めの試み」によって「進行的な自己-、世界-及び意味-喪失」を「前以て隠し」たり或いは「禁欲的な生・理想から正に理想化し」たりする代りに、「人口ピラミッドの老年層過大化に直面して他の生諸相でよりも緊急であり・「老人哲学（Gerontosophie）」（「老年の哲学的人間学」）により底礎され得るであろう」・「導老学〔老人教導学〕（Gerontagogik）」への、「時[世]及び将来に適う寄与」を果すよう求められる。就中、「老年相の世界-及び自己-没収を抑制して同一性、自己規定及び固有権限を保存する」諸方策の提供。しかし、「老年の予料は特殊な諸困難を準備する」（「自分自身を老ているとして示象〔表象〕することは経験上難しい」）し、「尚残存している或いは新たに開示された生諸可能性の計画的な汲み尽しによって老化過程の遅延は達成できる」が、「諦めが肝心」かどうかは一般的に断定できぬ。

(2)　殺しと自殺　　老化する生そのものが限定されているところの否定性は、之としての限定の直接性に於ては、この生そのものでない他の生であり、之は他の其の他の其、従って其自身としての其であり、他の其を生む〔産む〕其は他の其から生れた其として、自らの否定を限定的自己として揚棄している自らの生であって、この揚棄する生は、他の其に対し他の其である自己として、自己としての限定が媒介される所以の他の生（「胎児」が之であるかは諸多の事理的限定に依存する〔→Birnbacher〕が、「遺伝子」により媒介されている限り「胚芽（Embryo）」と「胎児（Fetus）」との形態的・段階的区別の援用は倫理的に無益〔精々、故意・過失の軽減の問題〕である）を、自ら「死なせ」乃至「殺し」得ねばならぬ。――「人間の生」そのものを並ぶものの無い「至高価値」とする態位は、「倫理学の枠内では殆ど根拠付けられぬであろう。倫理学にとっては道徳的諸規範は何ら自己目的ではなくて、最後的には人間的諸利益に底礎されており・それら諸規範により保護されている諸利益が誰にとっても追験できるという就中この事実に自らの普遍妥当性を負うている・共生諸規則である。この見地からは生は、生の質と・生の維持と結合した主観的諸費用と・に依存せずに至高価値なのではない。生を至高価値として把握する物は、普遍的承認を要求出来る何らの原理を代表せず、人[格]的理想を然する。彼は、この理想を他の人々に彼等の意志に反して無理強いする権能を有たぬ」(Birnbacher)。而も、「個体的な人間品位〔尊厳〕と類に関っている其と」は、「両概念の適用域が異る」故に、区別されねばならず、「堕胎〔妊娠中絶〕」乃至「胎児〔胚芽〕研究〔調査〕」問題で屢〻主張される「人間品位」概念は「類」的意味で理解されるべきであるのみならず、「個体的利益関心（「自分達の人間像の侵害を蒙らぬよう護られたままでいようとする」「多くの人々の其」）に基礎付けられて」いなければならぬ（→Birnbacher)。正に其故に「殺し」は具体的に、他の生を限定的自己として揚棄せねばならぬ向自的生にとっては、自己の殺しを媒介することとして限定されねばならぬ。「殺す」ことが「自己を殺す」こととして限定されているところの「自殺」は、限定的自己を揚棄する自己を・揚棄される限定的自己として・定立する限り、絶対的否定的生であり、単なる論理的「矛盾」としても・「個人倫理」或いは「社会倫理」からも・斥けられ得ず、「自殺の倫理学は、諸人格及び自律の一層深い了解と権限人士的諸決断のための標準と無しには、やって行き得ぬ」し、「〔胎児〕排去〔堕胎或いは中絶〕、試験管〔ガラス瓶〕受胎、自殺幇助、障害新生児致死」と異り「自殺」は「寛容」を獲易い訳であるが（→A. Leist)、自殺の絶対的否定性は、自己の限定を揚棄する生として存し得ぬ故に、揚棄される単に限定的な其として限定されねばならず、従って自殺は「防止」され得ねばならぬが、「熟慮の上での自殺決断は尊重され」ねばならず。自殺の「強制的」（況や「権力的」）排斥乃至阻止には多大な「根拠付け」が要求されねばならぬ訳である(3)（→Birnbacher)。

（3）「救済的な死（安死）と、人間学的には人間の離心性（Plessner）に根付いているけれども・一般的な生物学的原理を尖鋭化するにすぎぬ・自殺性との如き限界現象に於て、医学的な生延び限界の上部に在る一定の閾値から、人間は、自己保存衝動を停止することで、諸〻の生可能性の短縮へ反作用し得る。」「此処で判明になるのは、生と生[の]質とが交互的制約の関係に立つことである。すなわち、成功した生が存在一般を前提とするのみならず、生延び及び生存を選ぶ決断も或る程度の生質を前提とし、従って、「諸〻の自己保存行動は、其等が反射的に来るのではないか、或いは例外的に――自己自身に関して――道徳的諸羈束に随うのでない場合には、幸福の期待の地平に立つ」。「自己保存の相対化は不可避」であって、ひとは「一定の生質の達成のための死」の危険を引受け得るし、「自己保存の原理を、成程既に停止するのではないが、賭ける」。「自殺準備〔覚悟〕と其の類似諸物とが鋭くなるところの・生質の・危機的〔臨界〕閾値は、（肯定的）生質の最小限、或いは簡短に、幸福的最小限と呼ばれよう。」「其は、長期的に見れば生きるに値する生にとって必須である程度の生質として定義できる。」だからこそ「自己保存」は「還元主義」的に短縮され「基善」として孤立させられ得ず、「人間学的にも倫理的にも」「保存」の動機は「根本主義的にでなく類型論的に、それどころか見方的に解されるべく、諸他の動機と媒介されるべきである」。「自己保存」の「諸苦労は、内的或いは外的諸阻碍によって暫時或いは究極的に妨げられ空しくされる。――そしてこの形勢だけが倫理学にとって大事なのである」。成程「自死（自殺）は本来的には意味の保存或いは回復には仕え得ぬ」が、「無意味及び反意味〔馬鹿々しさ〕の排除には仕え得る」。「自死」は「忍容でき且つ要求できるものの限界と之の彼方とで、相対的に自由な限界行動により不自由を終らす、決断及び行為の型」なのであり、「自由及び品位は自己再帰的且つ自己参照〔照準〕的であり、優れた形式では正に次のことに、不可避な品位剝奪及び不自由が自由の最後の飛躍に於て自由自身と共に揚棄されるということに、顕示される」。「突然の運命打撃」に基づく「短絡的自殺」のような其を別とすれば、「清算自殺」（ひとが限界を夙に久しく越えてしまっており熟慮の末に正統諸帰結を引出すところの）場合のように、事前に「生[-]意味」の回復でなくとも「反意味」の除去のための予防・慰藉・忠告等は為されるべきではあっても、当人の決断に導いた諸関係が根本的に変更され得ぬならば、彼に生き続けを無理に要求し・或いは其どころか無理矢理に強制する・のは「正に不道徳的であろう」。

(3)　「安[楽]死」と「尊厳死」　自殺が揚棄されているところの、死と殺しとの統一が、広義での「安[楽]死」である。抑ゝ、法哲学的抽象的存在としての生に即しても、「苦」の無い生は「望ましい」生として願われるべきものではなく、「苦」を通じて自覚的・法的に生きることが「善」であり、「絶対」的「楽」は「極楽往生」(存在の「死」)であって、「安楽」願望は直ちには是認され得ず、単に自然的・身体的な苦は「精神」により「克服」されるべきものであるが、生の「最終段階」(「最後〔致死〕相」)に至っている生の[4]精神は、苦を揚棄・克服し得ぬに至っており、自然的直接性への人間存在的接近に於て安楽を願望せねばならぬ。従って「安[楽]死」が是認され得ねばならぬ。――古典古代ギリシャの「善き死(euthanasia)」から近代末までの其の語義変遷は、「助死」(← A. Jost〔1895〕)と「生きるに値せぬ生の殺滅」〔の解除〕(← K. Binding 及び A. Hoche〔1920〕乃至 Nazis)とを区別した H. Ehrhardt の提唱(1965)以来、「助死」としての限定的擁護法に傾いているが、伝統的其を包括しようとする A. Leist によれば、「助死」の概念への限定は「諸ゝの安死状況の伝統的問題性」を十全に把握し得ぬ。殊に、「安死の概念は、生が其の存在〔生きる=生きられる〕に値するか否かという評価に必然的に伴って来ねばならぬ」から尚更である。然るに周知の如く、生そのものに即しては、特に最近代以後、様々な「延命医療」により「生き〔てい〕させる」技術が進歩した。たとい生が「単に生体として生き得しめられている」にすぎぬとしても、其が、其を媒介している

「類」の「精神」的発展が限定されているところの倫理的（人間存在的・法的）存在〔社会・家族・公共体〕の一員として存在している限り、[5]後者は前者を生き得しめねばならぬから、その限りでは「尊厳死」（この種の「勿体ぶった」修飾に隠蔽された具体的存在は扨置き、「姥捨」〔棄老〕をも含むべき其の用語法には広狭の差が有るだけであろう）は容認され得ぬ。しかし人間存在は絶対的否定的であり限定的に存在せねばならぬから[6]、「単に生体としてのみ」生き得しめられねばならぬ〔故に「回復の見込みが無い」〕状態に入っている者が、かくなってしまう以前に、かかる生を拒否していた場合には少くとも、そうでない場合でも、当人との直接的共同態を持続している者の限定的意志を「尊重」して、社会的・家族的乃至公共体的他者は、自己の限定の具体的自覚に基づき、「尊厳死」を容認し得べきである。[7]勿論、「安死」乃至「尊厳死」については、「諸〻の死なせる行為の広汎な法的な自由化」に関して「懐疑」及び「慎重」が有力である。蓋し、かかる「可能」及び「必然」乃至「法的当為」の判断を具体的に媒介・規定するのは、「単に生体として」生き得しめられている当人ではなくて、其の「周囲」、倫理的・具体的に最後的には「公共体」であり、固有名詞的・個性的な事理的具体性に於ては「世界史」的「時世」の法哲学であらねばならぬが、具体的な「国家」乃至「時世」の「実際」では、「個人的な甚だ人的に刻印されている諸評価に似而非客観的な仮象的正統化を与える」（← N. Hoerster—A. Leist）「人間品位〔尊厳〕」概念や「人権」の擁護が「公益」・「国益」や「聖戦」・「義戦」の「美名」による流血の其と裏腹であるから。従って、単なる直接的「実在」ではない「現実」（↓Hegel）の法が具体的に自覚されねばならぬ訳である。

（4）「老年」〔状〕相と区別されるべき、「将来次元と行為余地とが全く費消されて最早何ら付加され得ぬ」ところの「最期」相では、「生清算は全・生意味についての本来の最終決算に尖鋭化する」。生きられた生の「善い総決算は生の訣別を容易にする」。従って「生全部の意味危機は最期相に於てはっきり発現し・且つ段階的に増大し・得る」。――「死の肯定へ転換され得る」・すなわち死が「否定性としてでなく救済として経験される」・ほどに。「死は無意味からの解放として現れ、故に、絶対的な無関係性は不幸な世界関係及び自己関係よりも「善く」現れる。」死が歓迎されるのは、「例外的に否定的な総決算」に基づいてのみならず、「現存する善い清算を悪くせぬため、すなわち、善い生終結を下降なしに確保するため」でもある。このことは「適時な〔時宜に叶う〕死、自殺及び助死〔安死〕」の問題圏に導く。之は「哲学的倫理学の純正な主題であったし、将来の倫理学に於て、中心的な体系的場所を要求し得る」。

（5）「最期状相」は「儕倫〔共・人間〕的な補助、連帯及び慰藉の諸行動に開かれている」限り、「干渉主義的に操作事案化できる（operationalisierbar）」ものでもあるから、「介護者及び助言者達の協力が無しでは済まされぬ」。

（6）「自殺」或いは「助死〔安死〕」への要求は「諸〻の社会的な義務賦課及び責任性によって道徳的に制限され得るが、但し其の際には、両方の・相互に対する・諸要求が比較考量されねばならぬ」。

（7）「努力倫理」〔後述〕的「含蓄」は「医学的倫理」の「諸〻の新たな問題域〔分野〕」で一層判明である。――患者は「本来の決断担持者」であらねばならず、彼が、「彼にとっての幸福的最小限が、すなわち、単なる生延びから区別される意味充実した生が、尚保証されているかどうかについて判定する」べく、個々の患者の「努力倫理的決断」が此処では「医学的道徳の適用のための最期的基準」である。「生及び苦の人工的延長」については「患者の死願望が、その願望が繰返し熟慮された後に表明されると前提されれば、医者側で尊敬されるべきであろう」。「代用〔代置〕医学」では「生延びと生の質と」のみならず「同一性」の問題も決断されるべきである。「医者の道徳だけでなく〔潜在的或いは現実的〕患者自身の倫理も存在する」ように、「再生産諸技術」の進歩に伴い新様の「生殖の決断担持者達の再生産倫理」も存在するのであり、此処では「道徳的制限」が大きいが「漸次的な自由化」が期待されよう――法哲学的発展が期待され得る限り。

II　時　世

⑴(i)　(イ)近代と現代　「時間」乃至「存在」の「論理」的概念は本書一九一頁でも注記されており、「事物」の存在」としての限定に於ける法哲学（「事理」）に於て、抽象的な「自然的精神」である「生物」性に於ける「生」が事理的・最後的に媒介されているところの具体的存在が、「倫理」が揚棄されているところの「世界史」、之は其の直接性に於て生にとって「時世」であって、之を其の統体性に於て法哲学は揚棄せねばならず、具体的な法哲学は「時世批判」により媒介されねばならぬ。この「批判」の概念はKant的其よりも広く、事態的限定の制約の法哲学にまで拡張されてよく、「時世」は歴史的乃至世界的に限定される時間性として、抽象的には、「その時々の」「現代」にほぼ等しい。この意味での「現代批判としての時世批判」一般は、その時々の「時機」に肝心であることの限定を制約する法の概念乃至理念であり、具体的には法哲学的・世界史的「現代」の其である。

この具体的な「現代」は広義で抽象的には「近代（Moderne）」とほぼ同義に用いられ得る（後者と世界史の三期区分の第三「近世」との異同についても同様である）が、狭義で「我々自身」に「現在」的な時世として世界史的・具体的には、「近代」とは明確に区別され得ねばならぬ。成程、日本の学界でも一時流行した「後・近代（近代後）（Postmoderne）」の語は、今は、「大衆」相手の「俗流」学者（或いは「文化人」）達の請売り「御題目」を出ぬようであるが、教義的「近代主義」に対して、「揚棄されている近代」として「現代」が自覚されることは用語法として至当であり、たとい「現代」が「近世」乃至「近代」の「最後期」として概念され得るし・一世紀は法哲学的世界史の僅か五十分の一弱にすぎぬ・としても、今日、単純に「現代」を「第二十世紀」や「第一次大戦後」と同視することは、自覚に乏しい「亜流」学者の因習でなければ、精々、抽象的・形式的諸学の単なる特殊的限定の便宜であろう。少年時代の私（一九二四年生れ）には、「第一次大戦」後から「第二次大戦」までが「現代」に属せしめられることは不思議ではなかったが、自省する私の法哲学が具体化し始めると共に、その時期を「第二次大戦」（私に法哲学としての自己限定を私的・個人的に抱懐させた時機が属するところの）後と共に単純に「現代」として一括することは法哲学的・世界史的に不当として自覚された。蓋し後者は、たとい僭称的・欺瞞的にでも揚棄されている諸〻の自己限定としての「国際連合」が形式的・実定的に存在しているもとで伝統的「近代」が本質的・内容的に問題視され得ているところの世界史であるのに対して、前者は世界史五千年の劃期としては寧ろ後者の直前の「近代後期」に属する「過去」的契機であって、法哲学的に具体的「現在」の世界史、「現代」ではなく、後者は一九四五年に、其の「後期」は一九七〇年前後に始まるからであり、この後者が、私の法哲学の最後が自己を媒介する世界史的・法哲学的契機である。

固より過去的諸契機も契機としては厳存するのであり、時には教義的に勢威を逞しくする。先年 H. L. Ollig は『時[世]診断としての哲学（Philosophie als Zeitdiagnose）』（1991）を編纂した。彼によれば「時世診断的な哲学的思惟は必定、近代の諸条件の下での実践的哲学の諸〻の可能性及び限界の問いへ到る」のであって、本書に収められた著者達は「現代後期」のドイツの「現役第一線」に属し、彼等に少し追加されれば、この人々の「診断」は現在の法哲学を世界史的・法哲学史的に媒介する当面の法哲学的諸限定を蔽える。此処でも「生と時世」に即して法哲学の第一部「論理」の三区分の第二（本書では「法哲学史・第二期」の各劃期の始めに注記されている）への「一応」の対応が見出され得るからである。この便宜は勿論、「安易」の譏を免れず、彼等よりも適切に当該の法哲学的地位に相応う者の不存在を意味し得ぬ（上掲書でも関連学者は可成り多数言及されている）が、私より若い人々（彼等のうち本書本論で既に論及されている者には＊印が附されている）へ限定されることは、私の法哲学史の末尾を媒介する限定的追補には寧ろ相応わしい。この限定に応じて又、結果的繁閑を顧みずに紹介乃至解説的記述は省略乃至簡約されてよかろう。

(ロ)具体的存在としての我々自身であらねばならぬ現代に対して、曽て Lessing, Kant 及び Hegel の実践（特に芸術及び宗教）哲学に即して『不満足な啓蒙（Die unbefriedigte Aufklärung）』(1969) としての「近代」理論を著した W. Oelmüller によれば、「科学的・技術的諸進歩」が「両価的」であることは「今日争われぬどころが在り来り」であり、我々は「人間的平面」で、「生起する諸進歩から帰結する願わしからぬ諸問題の回避を確実に我々が期待し得るところの如何なる行為主体（科学者、階級、民族、国家、人類、類）をも挙げ得ぬ」し、「外-及び超-人間的平面」で、「神秘的諸威力、（「自然」として定言される）自然、神、（「歴史」として定言される）歴史」からも其等諸問題の解決は「真面目に期待され得ぬ」が、「現代」すなわち「我々の状況に於て新しいこと」は、「自然及び人間についての技術的支配の両価性をめぐる知」そのものではなく、少くとも「二つの変化」である。——第一に、「自然は、旧ヨーロッパ的諸社会に於て（近世に入っても久しく）理論的見地では通例、統体的には脱・目的論化されなかった」し、「科学的・技術的諸進歩の両価性は根本に於ては「意識問題」、認識的及び道徳的な自己了承の問題であって、真面目には何ら生き延び問題ではなかった」が、今や正に後者になっており、第二に、「ヨーロッパ的近世の終り」まで、「自然を支配し人間的共生を規制する科学及び技術の発展のすべての正統化及びすべての実践の自明な諸条件に属した」のは、その科学及び技術が、「今日所謂人的及び社会的同一性のもっと良い成形及び確保に寄与する」ということであったが、今でも見られるこの種の願望は多くの人々にとっては、現実に存在・機能する科学的・技術的諸進歩の「魘れ夢」になっている。之に対して彼は、「流行」語に属する「社会的同一性」を、「社会的諸群が、諸〻の再構成され乃至物語られた歴史乃至縮約成句に於て、その諸群が諸他の就中他の社会的な諸群と区別される誰であるかという問へ答えるところのもの」(「呈示される自己了解」)と規定し、科学的・技術的諸進歩に伴っている「社会的同一性」の危殆に於て「社会的同一性の成形及び確保」のために、諸「経験科学」・「社会的諸群及び社会的諸制度の行用論的・政治的な諸〻の行為及び決断」・「間主観的な諸関係」・の「上方」の「相対的に抽象的な平面」で、「従来の近代に於けるよりも根柢的に、しかし根柢主義なしに」、「若干の論証」を試み、之によれば、「文化及び文明の発展の過程にとり絶対的起源も絶対的目標も挙げられ得ず、」「没・歴史的な形式的な規範基礎付け手続及び規範貫徹手続」よりも、「現在に関し重要な歴史及び伝統諸関連」の方が「事効豊か」であり、従って、「歴史及び伝統」への遡及に拠る「将来の人道的形成」が為されねばならぬのである。然るに

(ハ) H. Blumenbergは、「自らの歴史的正統性の問題」を意識する「近世」の「歴史哲学」の、「クリスト教的な歴史神学の救済図式」の「配置替え」について、第一六及び一七世紀の哲学者達に対し、Turgotから Marxに到る其を区別し、「伝統との訣別を遂行」しようとした「近世の正統性」の限定の揚棄と、『生涯時と世界時〔時世〕(Lebenszeit und Weltzeit)』(1986)に即しての事理の具体化とを試みたが、彼にとり

「時[世]」は「最も我々のものであり乍ら最も意の儘にならぬもの」なのであった。

(ii)　(イ)O. Marquard によれば「現代」は、「定位〔方位定め〕危機」を示す「世界疎遠の時代」、「諸〻の、空想[郷]」と黙示録との、此岸救済の狂信と破局確信との、一方では地上天国の接近期待と他方では地上地獄の其との、何れにせよ誇張的な進歩哲学と誇張的な頽落哲学との、輪作」の其であって、他の人々の経験に頼る「現代」人は「伝聞」依存的であり、増速的な「世界疎遠」と代償的「継続性」とから「伝統及び啓蒙」が要請されねばならぬのであって、この反「近代」的に限定されている「精神科学」の「新保守主義」には、主体的否定性も「棲態論」も問題ではなかった。しかし

(ロ)既に M. Theunissen＊は、「世界疎遠性」の経験と「疎外」状況を克服する・「世界」の「内」に世界の「他者」を露す・主体的「領得」とを基礎にしていた。

(ハ)かくて J. Mittelstrass＊によれば、「正に我々の合理的諸能力の実効性に我々が負うている世界が我々を脅しているという逆説」が「近代的文化の固有の」「不安にする本質」であり、「現代」に於て「近代的世界に於ける学の地位」が問題となっているが、「学」なしには「世界は住めなく」・「近代的人間は不可記述的に」・なっており、「学及び技術なしでは世界は其の合理的本質を喪い人間は其の合理的本質を喪うであろう」。「学」は「世界」にも「我々自身」にも「外部的」でない。其にも拘らず或いは正に其故に、「近代的世界に於ける科学及び技術の地位」が、「悟性的」でない「理性的」規準、「科学的及び技術的諸合理性」の「倫理的規準」が、問題になっている。然るに「科学的及び技術的進歩は自己自身の内に何ら規準〔節度・限度〕を有たず」、「あらゆる獲得された洞察は新たな問いを創り、あらゆる解決された問題は新たな問題を産み、新たな学的地平を開く」。本質的に「無規準」である「学及び技術の内的規準が存在するとすれば」、

「あらゆる規準」・「制限・限界付け」を「超出する」ことである。かかる「学の内的無規準性」が「世界の」其になるところの「近代的世界」に於て顕現していることは、一、科学乃至工学の「匿名的」過程化に於ける「主体的」研究者消失（可「代替」化）の虞れ（諸〻の「責任構造」は最早直接に諸〻の「行為構造」から「導出」できぬ）、二、「情報」と「知[る]」との分離、我々すべての・「情報巨人」と「知の侏儒」とへの・二質化、三、近代的な産業社会に於ける「諸〻の練達者[支配]制（Expertokratien）」の形式、四、「科学的・技術的諸合理性」が「人間」の諸問題を「説明」するかの如き誤解的仮象、五、「定位（方位定め）審級」としての「自然」の理念の知の喪失——「自然は逆説的に自身が人工物になり」、「棲態論」も「如何に自然が我々の諸目的と其等の現実化とに相対的であるかを言うにすぎず」、自然乃至環境との「正しい」関わり方の法的理論が存在しないこと、六、「人間自身の自然」の、人間の「遺伝[子]的同一性」の、技術的に処分可能な諸要素への解消、進歩の主体の客体化、七、自然的質源の欠乏化と諸「種」消滅、八、不可逆的諸構造の増加（特に核的汚染及び廃棄物）による危険増大、特に最近の諸大「事故」による「安全性」不信、である。従って、「少くとも自らの倫理的自然に於ては人間が世界の規準であり」・「進歩」は「政治的理性も属する」ところの「実践的理性」により支配されねばならぬ・という法的自覚からして、「科学の倫理的規準」の問は当然であるが、「科学の倫理」は問題が多く、寧ろ不当であって、かかる倫理は存在し得ぬ。——「科学者の特別倫理としての科学的倫理」と「社会の特別倫理」である「標準倫理」（「市民倫理」）としての非・科学的倫理とに倫理が社会的に可分ではなく、普遍的な「市民倫理」の状況即応的具体化が在るだけで、「科学者」は「原理に於ては」市民より多く「責任」を有つのではなく、「特殊な責任」の存在は当然ではあるが、之は「特別倫理」に沈澱しはせず、「特殊な徳性（心性）の要件」にである。「科学の自由」は、知性と徳性、悟性と理性との統一のようなものが存在し科学者徳性が腐敗していないことを条件に有つのであって、諸「精神科学」でも「固有の倫理」を有つのではない。我々は「倫理的事物に於ても最早閉鎖世界に於て生きるのではない」。「変化の動学」に於て「人間は彼の世界の像になっており」、「世界は人間に於て自らを映している」。「人間が自ら彼自身の作品にのみならず正にこの世界の作品になる」ところの発展に対して「抵抗」を為すことは大事であるが、「近代的世界」に抗することによってでなく、之を再び「我々の世界」にすることによってである。倫理の課題は、人間相互の関係を規制するのみならず、「人間の世界と彼の実存との一体性」（世界がでなく人間が其の主観面であるところの）の「取戻し」の媒体となることであり、正に其のために必要である「実践的理性」は、既存・既成の「体系態」ではなく「抵抗の形式」、再び「人間的世界」に生きる意志宣明・「批判」乃至「案」、「啓蒙」であり、かかる「取戻し」により人間は再び（外的のみならず彼自らの内的な）「世界の規準」になり得るであろう。要するに肝心なのは、「新しい世代が有るべく且つ有り得るかどうかの問が其の危惧を喪うところの世界、合理的世界を、築く」ことである。この課題に、

(iii)　H. Krämer＊は、近年では目立つ倫理学「体系化」を提示することによって応えようとした。やや詳説すれば、――一般に「哲学の伝来の区分」は今日「実践的哲学自身の諸分科」の間でも「流動的になっており」、ひとは「在来の諸制限を克服して新たな汎括的な諸展望を獲得しようと試み」ているが、「利益が損失を凌ぐ」べく「理解及び説明の潜勢力は進歩的である」べきであって、「神学的倫理の境界設定により喚起された・近世に於ける世俗倫理の・倫理化及び科学化は、体系的には、実践的哲学及び倫理学の概念一般の短縮及び変性として把握されるべく」、修正を要する。――「後・目的論的」且つ「後・形而上学的」

な「現代」に於ては、「近代」から「近代後」への移行の自覚の下に、倫理学も実践的哲学も「多次元的」であらねばならず、「歴史性」と「生諸形式の同等的多元性」とに拠り、Kant 以来伝統的な「当為〔義務〕倫理学」を補完すべき・古典古代どころか最古代以来普通の・「努力〔幸福〕倫理学」〔個別者の成功的生を最後目標とし、其処に在るのは、個別者自身の意欲及び努力が基礎付けられねばならぬ所以の「仮言命法」のみである〕の「今日的」要求に対し、両倫理が「体系」的に「統合」されねばならぬ。「体系的」の概念は「多義的且つ多階的」であるが、「状況に拘束されている偶因〔機会〕主義」は不可であり、「体系的統合」では、「交代的と思われている諸態位は総現象の諸相という意義を受けとり」、「倫理的体系学」〔在り来りに「史的」と区別されて「体系的」な倫理学のことではない〕は、「倫理的な理論形成と、間接には、哲学的倫理学の方位指示且つ実践指導的機能との、要件」であって、「体系的設問は統合的倫理学の綱領の〔論理的〕帰結に在り」、「可能な限り包括的且つ能率的に実践指導的である」ことは、「実践的哲学及び倫理学の概念の論理的整合的展開」に属する。しかし、上記二倫理〔学〕は、他方へ還元できぬ二つの「倫理型」として「統合的倫理学」に於て「第二次的」に統合され得るのみで、「統合的倫理学」〔故に又「実践的哲学」も〕は「非制限的且つ非還元主義的な倫理学概念」なのであり、「当為-」及び「努力-」倫理という「〔類〕型二元性」を「一方的に還元したり一元〔単一〕倫理の混合型に於て揚棄したり」するすべての試みは、「誤りが有り、無・分化〔差別化〕性によって方向を誤らせ」、「強引に統一」されている「実践的な一元〔単一〕哲学」は「実践及び理論にとって一元倫理学と同様に役に立たぬ」。「循環的な自己規定の理念」〔「内部〔内在〕主義的な道徳観」〕を斥ける「原理的な外部〔外在〕主義」は「原理理論への還元」を認めず、「諸〻の問題及び衝突の実践親近な諸解決を準備するのを助ける差別的把握」を要求し、「非還元主義的な審級多元論」を要請するのみならず、「倫理的な諸〻の根本概念の備蓄」（「善いもの、自由、態度、行為、等」）を「意味論的に一層細かく〔分化・差別して〕捉えて新たに整理する」ことを要し、「両・倫理型」が「体系的に等権的である時にのみ」、「時世に適う努力倫理学による・伝来の道徳哲学の・完全化は成功し得る」。そのためには、「道徳の本質的な単に行用的でない優位を支えるように見える隠秘神学的な或いは形而上学的な諸前提が全く揚棄されるか、倫理的論議に於て中性化されて括弧で括られるか」が前提される。

「歴史的に実現された諸道徳は何らの円滑な確定的な帰属を忍容し得ず」、「道徳学」は今日、「形而上学的な自然法或いは理性法からも、目的合理的或いは通信的効用からも解放」されねばならぬ。成程、道徳は道徳によってのみ批判できるから、全体として「上訴不能」、「没目的」で、「直接的統制」から引去られている（「道徳的なものの不可揚棄的自律」）が、正に其故に「道徳の自律及び異質性は範疇的順番の直線性と実践的善の統合とを担うには余りに大きすぎる」。——「道徳的当為の正当及び妥当性は、その都度もっと高い審級の基準に従っての・諸〻の疎遠な相互干渉する期待地平の・教権制的位階から生じる」し、「群道徳（「道義」）と普遍主義的道徳（「道徳性」）との諸理論の間の対立は、両・道徳成形が其等がその都度自らの必然的役割を演じるところの共通な機能関連へ入るから、広汎に揮発する」けれども、「道徳的要請」は一方で「権力及び強制」と他方で「自意欲」との間に「不可還元な中間位置〔態位〕を占める」のであり、「道徳」は「本質的に社会律であり被要請者によっては他律的」であって、この意味で「外在論的に作成されている」と観られるべく、「道徳的に大事な行為」は本質的に諸他存在への対他関係に関わり、「我々自身への我々の関係に」ではない。「諸〻の少数者に対して登場する道徳的強要を収容し得ぬ倫理学は不可用である。」「自然法的な或いは合意的な諸前提が想定されぬ時、個別者の良心からは如何なる道も、拘束的な道徳秩序及び法秩序に通じない。」かくて、「十全な統合された道徳哲学の課題」は、「特種な諸道徳を内在的に解明し分節表現し、場合によっては、諸衝突の裁断により或いは新たな問題諸分野の革新的な規格化により規制する」ことであって、「道徳性と道義」や「普遍的な道徳哲学と格別的な其」との「競争関係」は「体系的誤解」に基づいており、「倫理学内部の共同諸形式」により代られるべきである。蓋し両「部分倫理学」は「統一的な機能関連に於て補足的に指示しあい、現在及び将来の世界に於て恐らくもう其以上に一方或いは他方へ還元されぬ」からである。「統合的倫理学」特に「道徳哲学」は第一次的には諸〻の「敵対態、阻碍機構、及び衝突」を確定し、それから其等の「解決或いは調整」を求めるべく、「諸差別を始めから隠蔽」すべきではなく、従って「道徳哲学」は「純粋な原理理論」と其の「機会的適用」とに留まらず範囲及び問題に即して「特種的な諸規範」を準備せねばならぬが、「如何なる自然法的基礎へも」最早頼り得ず、「道徳哲学」の提供する諸提案は「道開き的役割」をせねばならぬが「仮り且つ試し」的であらねばならぬ。

かくて「統合的倫理学」は「自己内で可分化的且つ之により有能」で、「倫理的なものと外倫理的なものとの間に従来存した諸問題を、倫理学内部的諸問題として主題化できるものにする」し（例えば、「他の人々との交際の諸相」は近世的「道[徳]学（Moralistik）」の中心的主題であったが現代的哲学からは殆ど全く消失しているけれども、「生の現実」での僅少ならぬ役割の故に、「特種な努力倫理学の素晴らしい場」である）、「特種倫理学」と之により倫理学の「応用次元」再獲得のための「体系的基礎」とをも仕上げる。――かかる倫理学の構築は、「実践的哲学の全分科」に中ることであるが倫理学で「原型的」・「型式的」であって、其の段階順序は「益〻実践に接近する・倫理学理論の・三段階の順番」として理解され、A―「倫理学的高次（Meta-）理論」、B―「規程的倫理学」（「原理〔普遍的〕倫理学」と「特種的倫理学」）、C―「応用の方法論」

(「執行、助言、訓練）という「垂直的」組成に、「当為」倫理学及び「努力」(「自己-、幸福-、才智-、諸財〔善いもの〕-」) 倫理学という「水平的」其が交叉する。――A・Bの統合が「統合倫理学」の「立場規定」を可能にするが、K.-O. Apel–W. Kuhlmann 流の「論議倫理学」の根本的一欠陥はAとBとの間の限界の抹消である。諸〻の「記述的な社会科学」と異り、対応する「実践的哲学の規程的諸分科」には「其等の事物分野の原理的に無制限な規制」が属することは、倫理学に於けると同様であるが、「後・目的論的な近代」では「規程的多元論」への発展が体系的に要請され、「個々のあらゆる道徳的規範は、合意的な効力確認を要し、之に応じて、生活のあらゆる規則は経験及び脈絡分析による推薦を要し」、「特種的倫理学」への発展が必須である。「統合的な倫理学綱領」は「第一次的には史的にでなく理論的に動機付けられており、其の際何処でも、現前の諸傾向へ結びつき」、「実践的分野の多元性」への考慮が疎かにされてはならず、「制限的諸定義によって、特定の作用諸分野を続選せずに放逐する選択的な諸〻の規格化を遂行し且つ確定文言化する」ことは、「実践的哲学及び倫理学の概念」に矛盾する。而も、「社会的及び政治的哲学が諸財努力及び諸財保存の諸範疇で思惟せざるを得ぬなら、其に類似な倫理学成形に、対応的などころか基本的な位階が拒まれ得ぬであろう」。「徳性〔気風〕(Ethos)」に関わる倫理学が法・社会・経済及び政治の「評価審級」であるのみならず、「倫理的なものの多次元性が、哲学の実践的諸分科の総てに於ける実践的なものの・対応する・多次元性によって原型的である」から、「道徳哲学と自己倫理学とを結合する統合的倫理学」は「実践的哲学の基本分科」なのであり、かくて「実践的・哲学的諸分科の結合体に於ける倫理学の自律、之に接続して、社会的倫理学と政治的倫理学とへの個人的倫理学の関係、終りに、統合的倫理学の構想から全体としての実践的哲学の構築及び体系的了解にとって生じる諸帰結の圏」が解かれねばならぬ。「充分に統合された「大」倫理学」は、「主題複合体を総て纏め、先ず概念的に統合し、其の後に個々に仕上げる」べく、之が「現在及び将来の倫理学の緊急な責務」である。其の中心は「現在時」である。

「人間」は「此処且つ今（hic et nunc）から自己を解放し想起及び予料ができ之によって又現在を初めて現在として経験し得る、他のもの・可能な及び将来のもの・への乗越えである存在」として規定されるが、「不連続性の経験は原理的な連続性を前提し」、「連続性は比較する主観の同一性により制約され」、「より先」及び「より後」に従っての「継起」は三「時間次元」〔過去・現在・未来〕の其よりも一般的であり、「特に努力倫理学の諸〻の大抵の根本概念は時態性（Temporalität）の問題平面へ関るべく」、「努力概念から目標定立及び計画を経て行為経過と遂には、努力倫理の終結範疇である生清算に於ける・善い或いは悪い生自身の・総括に至る」其へ関る。かかる「時態的・人間学的な諸構造を広範囲に倫理学のために評価活用することは、これまで着手されていないが、特にHeideggerに随う死学（Thanatologie）及び事態分析に或る萌芽は存在している」〔勿論Krämerは「和辻・倫理学」については何も知らぬ〕。――「未来的」或いは「過去的」に対して要請されるべき「現在時的倫理学」は、「不均衡に大きくされた過去定位或いは将来定位により生活を刺戟・阻碍・脱離されしめず」、「現在を可能な限り自己目的的に形態化し」、「将来のための道具」化せぬことを説く。この「実体的現在の復権」こそ「未来派或いは終末論主義」や「伝統主義、しかし又逐一的な決定主義及び偶因〔機会〕主義」や「疎外」に対する「対錘」であり、「位階秩序と時間秩序との間の諸背馳にあっては時機成就が留意されるべく」、「絶対的な一元論的な諸・位階秩序は背後に退かねばならず」、「後・目的論的な多元論と整合的に、諸〻の分枝した目標秩序と多軌道的諸戦略が要請され」ねばならぬ。「現在の第一次成就は完く未来的な最良化の犠牲にされてはならず」、「最小限以下への生-質の将来的沈下が迫っている時にのみ、現在放棄の進行は義認される」。「隠れた神学的或いは道徳的な」古ぼけた現在放棄要請は遠ざけられねばならず、「哲学的倫理」は「あらゆる種類の終末論的な延期文化」を斥けねばならず、「より後の生諸相のための予防的或いは準備的諸措置」は「第二次的に初めて導入」されることが薦められる。「終末論的考え方が最後には遡るところの伝統的な目的論的諸構造の崩壊後には、将来は曽てより大きい諸危険の下に立ち、実践哲学は其処から諸帰結を引出す義務が有る」のである。

既述の「生と死」乃至「老化」の解明でも肝要なのは、「有限性と不可繰返し性とを生行程自身の内部で仔細に探し出して其等を其等の十全な実践的及び倫理的射程に於てかかる内在化と具体化とにより解明する」ことであり、「諸〻の生可能性の泯び」に対抗する「最善の戦略」は「生経過に於ける諸〻の正しい時点に注意して、開いている諸可能性を時宜的に、遅すぎぬ以前に、利用する」こと、すなわち「時宜」乃至「不時」性の範疇、故に「特種なその時々(都度)性」、かくて「諸〻の時宜性及びその時々性の体系」、要するに「時機性」が考慮されねばならぬ。「有限性」は「生全体に初めて」帰属せしめられるべきでなく、「その時々に既に生の個別的相及び齣に」然するべく、「一般的な有限性経験と正しく選ばれた優先秩序の表象との間」は「時宜性」の観点により連結されねばならぬ。「生のあらゆる齣は一定の優先秩序に従い構造付けられており、逆に諸〻の殆どすべての優先秩序は特定の諸齣へ制限されており、このことが生行路に於て、複数の諸〻の優先秩序に導く。」「諸〻の優先秩序と諸〻の時宜性との間の関連」は「時機性の意味で体系的論及を要する」が(既述の「年齢期段階」も其である)、「現在」に拠る「時間倫理の規則」として薦められるのは、「終結展望を予め仮構して、非可逆性の仮象により決断意識及び訂正用意を鋭くする」ことであり、従って「現在時的倫理」には「行為が不行為及び遷延よりも原理的に善いという根本規則が所属する」

(「可能な諸機会の試験を始めから塞いでしまう諸〻の不作意は、間違っている諸行為よりも悪い」し、「早過ぎた」行為は「遅過ぎる」行為よりも善い。——前者は直せるが、後者は往々無効果に留まるからである)。——すなわちKrämerに於ては、「不行為」乃至「不作為」の意味限定に由るにせよ、「行為」乃至「不行為」自身の法的な具体的内実は無視されており、「反省」される「直接性」を纏めるに留まる彼の倫理学的「統合」の「体系」は、「当為」と「努力」とを統合している法哲学的自覚の具体化ではないのである。然るに、

(2)(i) (イ) Krämerの斥けた立場に属するK.-O. Apel的哲学はD. Böhlerに承継されている。——「理性」は単に反省的・理論的ではなく、本来、主体的、故に実践的であり、論証(論議)することが「不可避的」に諸〻の「倫理的義務付け」を「無条件な規制的諸原理」として包含し、「現在状況の実践的克服」は其の「責任倫理的な適用反省」(「人類のための将来責任」の)なのであり、「我々は類の生を危くする何事をも為してはいけないし、又、実践的な(正当化-)諸論議を危くする何事をも然り」。「実践」には「非合理的決断有るのみ」とする「短絡」は「狭隘化された理性概念」(「方法的独在論の認識擬制」と「批判的通信の原理の合理的基礎付けの可能性の拒否」と)に由来しており、「通信の事実」から「合理的な倫理的基礎付け」は発展させられ得、「論証の行用的・通信的成分」(歴史的共同態に関る交互的承認の法的意義)の自覚、「単に論理的でない行用的な整合性」の有つ「理性的な論証の権威」は、「理想的な論証共同態」を導来する義務に拠り、実践的及び理論的諸論議の「妥当論理的な相互依存的噛合い」を求める(Apel的)「超越論的行用論」は、「論証する人々の・出来るだけ良い・公共性」乃至「全世界的公共性」の「規制的原理」の「超越論的・解釈学的」な「基礎付け」により「補完」されるべきである。蓋し我々の理解の主観的な及び実在共同態的な有限性は、自覚的に自己批判的且つ社会批判的に将来に亘り「克服」されるべきであるから。この行

用論的理性に対して、

(ロ) E. Tugendhat は六〇〜七〇年代の交に Heidegger 的「有[り]」から離れ「言語」へ限定され、「理論的哲学」に関心を喪い実践的哲学へ傾き、「具体化」をも断念する「開かれている」法哲学に至った。――今や Kant よりも Hume を採り・Apel-Habermas 流の「先験的・分析的」な「行用論」的立場に反対する・彼によれば、「道徳の基礎付け」は「分析的」でも「経験[知]」でもあり得ず「意志表現の支柱で支えられて」おらねばならず、「あらゆる道徳的規範は内容的であり、内容的（実体的）な何ものも当為的として分析的に基礎付けられぬ」。諸〻の「道徳的な基本命令」（「殺すな」、「偽るな」等々）も「初貌での（当面一応）（prima facie-）命令」にすぎず、いつも「道徳的な規範衝突」が存在するが、「道徳性への要求」を起し得るのは、「すべての人々に向け妥当する基礎付けられた原理を代表すると私念される」場合のみである。然るに、現代世界で喧しい「平和主義」について言えば、「単なる核平和主義と根柢的な平和主義との間に存在する諸可能性の帯域幅の内部」で採るべき立脚点の問題は、「最後的には各人が自分自身で答えねばならぬ」其であり、一定の立場が「否応無しだとして証され」得ぬと思えるが、「盲目的な良心決定」の問題だということにはならず、「熟考された決定」が為されねばならず、「平和主義」については「基礎付け」まで問題とされねばならぬ。この「基礎付け」には「道徳的」と「合理的」と（尤も両者は「本来的な反対概念」ではない）が有り、「軍備増強論議」に対する「平和主義の基礎付け」には、「心術倫理」的（乃至「宗教的」）と「責任倫理」的（「戦争」の必然的な内容過度化を問題とし、攻撃・抑圧に対する防禦・抵抗を正当化し、「経験知的経験」に基づく）とが（其々に「強弱」二種）有るが、「責任倫理」型では「道徳的」論証は貫徹され得ず、「集合[体]的な自益関心」が前景へ出、又、「核平和主義」に関しては「道徳」と「自益関心」との区別は（「死の危惧」の規模が極度化するから）役立たぬ如く、「戦争及び核戦争」に反対する「道徳的諸論証」は「決着をつけ」得ぬ。要するに、「平和運動」は「道徳的」論証を援用する要は無い。——「合理的」論証に「開かれている」限り、「何ら高尚なことをでなく」ただ「正しく理解された自益関心」を援用できるだけだと悟ればよいのである。この醒めた悟性に対して、

(ハ)「批判的」な「研究倫理」を求めたO. Höffeによれば、「批判」は実定的に限定される。彼によれば、「近代的研究の特性は、変化した実践的性格に在り」、「利害関心の無い観照」という「古代的理想」を捨て、「思惟としての行為」から「世界に於て且つ即しての行為」になった。かくて彼は「研究」倫理につき、「Frankfurt学派」の如き「否定的（乃至解放的）批判」（「近代の危機的諸徴候」を指摘して「根本的変更」を要求する）と「肯定的批判」（かかる根本的変更こそ阻まれるべきものと見て現状耐性を身につけるべきであるとする新版「左・右Hegel派」）とを区別し、前者の倫理が従来「原理面」にのみ掛り合い・後者が「研究」に「倫理」の負荷を免じるのに汲々としている・のに対し、両者の「一面性」を克服し状況に応じて否定的或いは肯定的であり得る「批判」こそ大事であり・この「司法的批判」が「研究倫理」に有益にならしめられるべきである・と説く。——司法的・裁判的「批判」として解される「研究倫理」概念は、「批判」概念の根源に遡る意味で解されるべく、「客観的な妥当諸要求」・「非党派性」が要請されるべく、争の解決は「法的」性格を有つべきであるが、「実定法」定位の「研究倫理」に対し「法倫理的」其は「法道徳」に拠り、前者への自己制限が不可であることは諸〻の「法原則」の内実も道徳的重みも研究倫理に関しては明白でないことから明らかである。従って、「純自然科学的」にも「実定法的諸考慮」との協力でも解かれぬ課題に「哲学的次元」が存するが、「研究倫理は僅少部分でのみ単数形に於ける道徳哲学であるにすぎず」、「大部分、

複数形での道徳哲学」として形成される。すなわち、「事物に適正な研究倫理」は「偉大な倫理」の身振りを放棄し、一連の（研究実践の正統化とか制限とか時には禁止とかの）区々な諸判断に導き得る「個別事件研究」の「集合名詞」であるべく、この「複数形に於ける研究倫理」の他に「単数形に於ける」其も存するが、「司法的批判としての研究倫理」は「新たな倫理（より良くは道徳）」を以て始まるのではなく、本質的には「承認住みの法諸原理、すなわち諸〻の人権を以て操作する」のであって、成程「内部哲学的論議に於ては諸〻の人権は其等の基礎付けに関して論争されていても、外部論議にとっては其等は議論の余地なしとして妥当し得る」。「法倫理としての研究倫理」は、「複数化できる諸〻の規範及び価値の彼岸に、（可能な限り）普遍的な合意を探究する」という「目標」を追求し、発展・訂正に開かれてはいるけれども、「単数形に於ける研究倫理」も「道徳化的」でも「脱・道徳化」的でもなく「局所当用論的（topisch）」なのである。かくて、「特種現代的な」様々な（特に「生命」）問題で、「人間の新たな自己意識」と其の結果当然に生じる負荷（「非人間的なものへの概念的隔りが一層大きくなる」という）とに即して、人間を単に「物」と見るのでない研究倫理が求められねばならぬ訳であるが、彼の研究倫理は多数学者達の実践しているものを代弁してはいるけれども、其処には自覚の具体化としての法哲学は全く未存である。之とは逆に、

(ii)　(イ) K. M. Meyer-Abich の、「実践的な自然哲学」に拠る「新しい棲態論的倫理」によれば、「人間中心的」な人間像及び世界像こそ現在の「環境危機」の核心問題であり、「反・人間中心的」・「自然中心的」世界像によれば、自然総体こそ第一次的実在であり、人間は「言葉を有つ生物」として「特殊な自然存在」にすぎず、「自然との平和」、「人間と自然との新たな相共に」こそ倫理的要請である。——「自然的環境」でなく「自然的な共世界」に於て自然も（「四大」すら）「権利」を有つのであり、「自然的な共世界」のため

の感知能力が肝要、従って感性的〔美的〕教育が大事、「経済でも「政治」でも「新様式」が必要で、「普遍化能力」の要請が「特殊化能力」要請を補完されるべきなのである。かかる、現代の「先進諸国民」共通の教義的一類型に対して、

(ロ)「当為」を原則的に「自らの意欲」に即して解釈し・「当為」の「厳格な定言性」を放棄し・「当為」の「確証〔論証必然〕性」も「個人的な生選択」も強く制限されると考える・U. Wolf によれば、「原子的脅威」と並ぶ「現在の環境危機」の克服には非「人間中心的」倫理は正に疑問であり、「生物中心的」な・生物乃至自然全体に「固有権」を認める・「新たな棲態論的倫理」は、「非合理主義及び神秘主義への逆戻り」を意味すると疑われ得る。——「倫理」は「道徳」と区別されるべきであるが切離され得ず、「近代的道徳」への移行が「合理主義的な啓蒙道徳」であるが、「理性」こそ「至上価値」とするのは「道徳の狭隘化」に帰結する。「倫理」は元来、「正しい行態の教説」であり、ひとは如何に生きるべきか、或いは、如何に生きるのが善い或いは得策かという、「善い或いは幸福な個人的生」の其、Kant の所謂「才智〔利巧〕の命法」〔今日所謂「知慮的規則」〕の其であるが、「同等的な根本原理」は「諸〻のすべての社会に於て同じ」であり、「恣意支配」を有つのでない限り妥当する原理は、「何びとにも無根拠に苦が加えられてはいけない」・「苦を加える」ことは「義認を必要とする」・ということであって、この「内容的に限定された道徳概念」が、「諸〻の大抵の道徳が分別特定主義的且つ不平等主義的であるという事実」〔群内で「然々の性質を有つ構成員の僅少顧慮を正統化している」という〕に適正であり得るが、我々が諸評価の基礎とする「人格存在の中心的な構成諸部分」は複数的であり、「愛及び共感への能力」を至高価値に高める道徳概念が「すべての人間の共通な自己了解」になり得る見込みは無い。かくて「実践的哲学の論証法」には三〔(一)「狭義の道徳法」の援用、

Kantの所謂「才智」命法の援用、「自益関心」への訴え）が有り、「我々の自益関心」に関して「合理的論証」が「動機付け」的にも適用するかが問題になる。——当面の「棲態論」的「環境問題」には三（資源欠乏、環境汚染、自然の破壊乃至退縮。この内の第一は「世界中に亘る経済的諸構造の不正義の帰結である経済的問題」であり得るが、「外見的に棲態論的な」問題にすぎぬ）有るが、「棲態論と倫理」は最早問題ではなくなる。個人的及び集合体的「自益関心」に即しての「健全な環境への権利」の観念は局限的にしか「説得的」であり得ず、就中「環境汚染」（資源保護も）に即しての「将来世代」を顧慮する道徳の動機付けも、「遠い」将来の「不限定的諸存在」には減少するし、将来到来する宇宙的「熱死」に備える如き「新たな道徳」よりも「現存する人類の普通の道徳」こそ肝要であり、「人類の存在という要請」は「棲態論的諸問題の解決を促進する」「道徳的」のみならず「倫理的」着想でもあり得まい。「価値諸確信」も様々であり、結局は、道徳的に「論証」できぬ宗教的・独断的基礎（木石も「神の被造物」である等という如き）に拠り、我々自身の自然的契機の故に外的其の軽視は我々自身を駄目にするという主張は最も説得的ではあり得るが、依然問題は残り、就中、自然的なものとの意味的付合いは「良い生の一相（見方）」（「原基的」ではあるが）であるにすぎず、「最小限度」の斟酌を求め得るのみである。況や現存の「政治的」諸構造の問題も考慮されれば！「将来世代のための」考慮についても、「幸と満足とは何らの生延び利益を呈示せず」、特に、総ての満足感を植えつけられる将来的諸存在は「我々が彼等に残す錯雑した世界と殆ど折合って行けぬであろう」。「遺伝[子]的」諸変化の「部分的」及び「原理的」可許容性の問いは、「諸可能性についての我々の知がもっと具体的であろう」時には、「有意味的論議の対象であり得る」「開かれている問い」ではあるが、「遺伝子工学」の早晩ぶつかる原理的問題（諸変化の望ましさの諸標準）は、我々の体質構成を有つ諸存在の諸標準であり、或

る度の変化以降は其等諸標準自身が変化し得るであろう。之に対して、

(ハ)現代の「棲態論的な危機局面」を強調するL. Schäferによれば、七〇年代の初め、「石油危機」の後、「第一次的自然」に対する「近代的」態度の「方向転回」、諸〻の「将来考量」の関心の増大が著しく、「経済」でも「人口」でも「成長の諸限界」が意識され、「エネルギー交換の諸効果を以ての我々の環境の負荷能力」によっても、「有限性への復帰」の経験が強化された。「地球条件」に依存する諸「有機体」としての我々の具体的生活圏は臆断的私念よりは遥かに狭い。事は「科学的・技術的・産業的体系」と有機的存在としての「我々の第一次的な諸必要の体系」との裂開という、現在的「文化」の根本問題に関って来るのであり、人類史的に今や現代には「第一次的自然の最小限の毀損」が肝要である。——文化的発展という「第二の自然を第一の自然と取違える・人間史の・形式が、現在の本来的危険を開示する。蓋し其は、自ら産んだ諸過程へ修正的に介入し得る諸可能性を塞ぐから。自然の主人としての人間の空疎な論は、人間が自らを彼自身の諸〻の被造物及び諸創造の奴隷に為したことを蔽い隠す」(「人間の・自ら産んだ諸構造への・降伏」)。今や個人は「彼の自己規定及び自己展開の自由を取去られるのみならず、彼の物理的(自然的)・有機的存在に於て原基的に毀損される」。「我々は我々の諸〻の将来像を我々の身体的存在の前でも弁明し得ねばならぬ。」すなわち、「肉体的な息災健康」が飽くまで「世界に於ける人間的生の必然的条件である」から、「身体的健康の維持のための配慮」が肝要であり、そのためには「自然」関係の変遷を要し、単純に曽ての「自然との付合いの諸形式」に帰ること(「自然へ帰れ」)では済まず、人間は「自己責任の権能を与えられている・自らの歴史の・主人」として自らを理解すべきであり、かくて、時間的・空間的「政治の変化」が必要であり、政治は「地球的且つ長期的」関心を有つべく、「歴史の主体」にとっての「責任」が果されるべき

である。かかる要請を自己限定として揚棄し得べき

(iii) 理性の批判的関心を具体化しようとしたH. Ebeling＊の、死に対する活動としての抵抗する普遍的理性の「実存論的行用学」(Heidegger 及び K.-O. Apel を揚棄する) は、人類抹殺の危機に対し、如何に「全殺 (Holozid)」が阻まれるかに至る実践哲学的「死学 (Thanatologie)」(Apel 及び Habermas 的其にも伴っている「化石的」限定を揚棄する) を説き、「原理」に於ては「法則」から「調達態〔Heidegger の所謂 Gestell〕」を経て「備え〔構え〕(Gerüst)」にまで発展している「近代」の最後期に於ける哲学の優先的課題は、現代的「備え」の「道具的理性」及び「養痴院」を組織的な犯罪として制圧するに在るのであった。之に対して、

(3)(i) W. Ch. Zimmerli＊によれば、諸「科学技術〔工学〕」の進歩により「人間と世界の技術的改造と労働との規定」が変らねばならぬ。――「技術的時代」から「工学的時代」へ移行している現代〔↑H. Lenk〕の世界に於て、之の「少くとも」五要素〔「技術」でなく「科学-、社会-、政治-、人間-、自然-工学」〕に関して、「今日、技術は論理的に、論理は技術的に、媒介されており」、就中、情報加工機械〔「電算機」〕による「人間的労働」機能の引受けは人間的「自己了解」へも影響し、特に、人間は今日、「思惟する存在者として、彼の産物〔電算機〕の類比で」概念され、彼は「原理に於ては」、「〔突然〕変異及び淘汰の進化的過程に影響を加える能力を身につけた」が、「諸〻の工学に比して彼の無知を認めて」もいるのであり、「工作人(homo faber)は彼自身の進化諸条件の・全権限を有つが同時に無知な・作製者になって」おり、「技術批判は諸問題の工学的解決ということになり得るにすぎず」、「人間は彼等自身の工学的行為の光で自らを理解している」。従って、現存の「労働概念」の分化及び評価変え〔価値顛倒〕が必要で、「身体的・物質的労働」

は人間の本質徴表ではなくなり、「失業」(「構造的な工学的に誘導された無労働性」)の問題は、技術乃至工学を使用する社会の「内属的な構造性質」、「社会心理学的」種類の問題であり、歴史の経過に於ける「労働」の価値変遷を背景として「工学及び労働の適当理論」を発展させることが意味多大である。——「物質的労働」とは区別される「社会化された活動態」(M. Weber の指摘した「プロテスタント的な労働道徳」!)が「個体的人間の自己現実化」を成し、今や、「社会化された活動態」が人間から奪われることが「失業者」の問題であって、「経済的価値」を産むのは「物質的労働」であるが、「道徳的価値」と言える価値を提示するのは「社会化された活動態」だけであり、かくて、「合理化」や「革新」を回避するのでなく「社会化された活動態の新たな諸域を創出」することこそ、「労働問題政策」の「目標」とされるべきである。「失業」は「不幸」ではなく、「必然の強制の不在の状態」として、「すべての人々によって得ようと努力されている状態、幸」の新たな「可能性」を開く。——「賃労働の原理」に代る「義しい分配機構」を成就するという「条件」の下で。その「可能性」の現実化は、その「幸」の使用の仕方に左右され、最早「労働」は存在せぬが、「我々のするべきことは沢山有る」のである。つまり彼の法哲学は、「近代」が限定的契機として揚棄され得るところの社会性の「余裕派」的要請を出ない。然るに、

(ii) P. Koslowski によれば、「(冒される)危険(Risiko)とは、行為者自身が彼の行為により産む危険或いは危殆化」であり、「人間の実存が冒険的である」ということは何ら新しい状況或いは経験を提示せぬが、その「危険」は「近代的諸社会では新性格を採った」。——U. Beck の所謂「危険社会」観は、「自らの実力と近代の実力増加とを最早支配し得ぬという感情」から成立して来、技術及び経済に於ける「膨張主義」は、「近代」では「無限界的」と確信されていた(「成長圧力」!)が、今日では、見渡しきれぬ「諸限界」が

意識されており（「近代」の「限界経験」！）、かくて「現在」は、「近代」に属するよりも「近代後」（後・近代）への移行」なのである。――第一に、「エネルギーは環境への諸副作用なしには他のエネルギー諸形式へ変換されない」から、「近代」の「無限な万有」に「近代後」の「有限で汲尽くされる」其が対立し、「成長」（単に物質的資源のでなく其を処分する諸〻の構造及び秩序の）の限界に面して、「経済成長」の新観念が必要であり、「膨脹と収縮」が調整し合うところの「成長」は「対外的」にのみならず「対内的」にも存在するべく、「自由な収縮」は「自発的犠牲の契機を含む」故に、「膨脹」よりも「自身への諸要求」が大であって、「実存的な政治的緊急状態」の状況は未存在ではあるが、将来世代に大規模な「環境汚染」が残されてはならぬ。特に第二に、「人間自身は自然的な秩序構造の部分」であり、「自然」は人間の「環境」より以上、「人間の生空間（生活圏）」、其自身「価値」であり、「固有価値」を有つから、無思慮な「自然支配」の「近代的」観念も限界に在り、「有機的な自然関係の諸〻の新形式」に於て、自然に於て「人間に等しいもの」を認識する「智慧」が要求される。――自然に対しては量的及び質的「向上及び高尚化」が、「自然の諸〻の構造及び秩序」（「自然の有機的なもの」）に即してのみ為されてよく、「技術的客体」ではない人間について遺伝子操作や人工産出も為され得るが、「人間の自然を変える諸介入」は容認され得ず、「人間の品位」に背き、従って人間の人工産出等は法的に禁止されるべきである。「生運命の偶然は自然支配により十全に解消され得ぬ」のであり、「技術的にあらゆる苦を除く社会は、不可揚棄的学習と苦から来る経験とを奪われる」。之に対して第三に、「成功する社会の原理」は「分化と自由な一体（単一）性とによる諸個人の合一」であるから、「近代的な自然支配の原理に対立している」。――「社会理論の「科学化」」であり・現在の分化的な自己了解である・「社会の機能主義的な体系態理論」は、「近代」の「科学文化及び有論の所産」であるが、「生ける文化に破滅的」であり、「潜在的な機能的意味」よりも「顕在（顕現）的な文化的意味」こそ、「機能主義的理論の虚無主義の有論」に対し「後・近代的な本質主義」（＝理念及び形態の有論的優位）の固持こそ、或いは「顕現しているものの本来性」（＝現実）の固持こそ、肝要である。かくて第四に、「近代」の「自律」観念も社会的及び文化的脈絡を尊重せねばならず、「右翼」の硬直的な・「左翼」の流動揮発的な・「同一性」観念は共に、得させるものが無く、「自形成の文化」により「近代性」は克服されるべきである。――「自形成」は単なる「自律」ではなく「統合所業」として「弁証法的」であり、個人的且つ社会的な「後・近代的な社会」は、「補助性原理」を介して両極を宥和する・「近代主義的」でない・「自形成の文化」を有つべく、「個人的且つ社会的な生の実体的なものを規定する」べき課題（＝選択理想から形態理想へ！）に対して、「統体的多元論の綱領は、強制的な単一文化の・同様に誤っている・観念への悪い対を成すにすぎぬ」。要するに第五に、「倫理化」と「文化」化に即して、新たな責任倫理に拠る文化的自覚が、社会及び経済の諸〻の「理念論的（ideologisch）見方」の批判として（＝諸〻の理念論の終焉！）「後・近代的な状況」を規定せねばならず、「理念論と現実の没道徳化とは近代の倫理的欠損の完成表現であって」、「後・近代的な文化社会」は「精神及び伝統」による媒介を重視すべきである。しかし、彼の提唱する「自形成的文化」自身が絶対的否定的であらねばならぬことになるということは、彼の自覚には属していない。

(iii) (イ)夙に「近代論議」に寄与していたJ. Habermas＊の「新・批判的理論」によれば、「古代」及び「クリスト教的中世」に対する特種「近代」乃至「現代」的諸問題に対し諸「解答」の示す困惑は、「西洋的文化の自己信頼」に関り、「近代的な時世意識の変化」を示すが、「過去に於て労働社会の潜勢力をめぐって結晶した一定の空想」が終焉したにすぎず、特に七〇年代以後の著しい情勢変化に即しては、「後・近代主義」と「新・保守主義」其の他の有力な現代的諸「主義」は、其々、明瞭な内在的諸困難を指摘され得、「近代」の楽観的な「欺瞞的な共生」の幻想に対して求められる「無傷な間主観性」（もっと良い生の具体的可能性を各自発的に現実化させる普遍的諸条件）は、「金・〔行政的〕力・連帯」が「連帯」の下へ統合されることにより成就されるべきなのである。しかし、「連帯」の有つべき限定の具体化は、彼の法哲学の「批判」的限定の及ばぬところである。

(ロ)かかる限定に対して、現在の内外の学界〔学者世界〕の中・若年層に於て、生が揚棄されているところの時世の絶対的否定性の法哲学が、「門徒」的限定に於ける「御題目」以上に具体化（特殊な主題に限定された形態化ではない――念の為）されているかどうかは、寡聞な井蛙にとっては臆測に属する。既述の「現代的」論議に寄与しようとしたA. Leistによれば、「哲学、殊に倫理学が、何らの綱領或いは福音をも告知せぬとはいえ、あらゆる任意な言語遊技やあらゆる任意な生活設計よりも拘束的である」ことは、批判的「分析」により媒介され、「道徳的諸論争を調停する実用的な戦略は、道徳と倫理は諸他の生類の諸利益を護ることに優先的に掛り合うから、この道徳内在的な視点に同意し其に相応に決断することであり」、この道徳観は既に、「自分の道徳的確信を諸〻の理由を以て固持し」つつ・同様に他の人々が其を諸〻の理由を以て分有せぬ」ことを容認する・という、「相対主義的に拡大された寛容原理」を含み、「一定の主観的な根拠付け型式を前提する。すなわち、道徳は個人的な心柄に繋錨されており、超主観的な形而上学的或いは宗教的諸命令にではなく」、単純に「客観的に妥当的」と看做されてはいけないのみならず、「寛容」其自身が、争う当事者達を超えた「上位原理」ではなく、この意味で「寛容」にするのは「経験の繰返し」だけであって、「客観的或いは絶対的倫理はかかる経験を困難にする」が、其は繰返され故に「可能」なのである。之に対して範疇批判的論理を倫理学的批判へ発展させるD. Birnbacherによれば、「哲学的倫理学の意味での諸〻の道徳的な命令及び禁止は普遍妥当性及び普遍的同意を要求」し、其等は従って「すべての人間に共通であるところのものを、理性を、而も、誰にとっても原理に於て追試できる仕方で、援用せねばならず」、クリスト教的伝統にも囚われてはならぬのであり、「類」としての「人間の品位の概念」にあたっても、「法政策家と異り倫理学者は諸〻の法規と其等の諸解釈との妥当を、並びに、諸〻の特定の支配的な社会的な価値尊重態を、優差として彼の諸案へ入らせ得ず」、「寧ろ、一歩戻って・これら価値優差自身の義認及び底礎を問おうと・試みる」けれども、「懐疑」的な彼の批判的努力は未だ世界史的批判の具体化に及ばない。彼自身も倫理学的に統合しようとする「棲態論」は、「先進国民」的倫理的諸思想に於ては多かれ少かれ共感される「有力」思潮に属するが、其等の共感の殆どに通有な・世界史的乃至具体的は批判的自覚の・欠如に対して、近代後期から現代へ移行する欧米諸思想を鋭利に批判するH. Brunkhorstによれば、「精神史的及び政治的諸帰結」に於ける・Heidegger又はAdorno的「Frankfurt学派」と「近代」後期以後の若干の有力思想との・「展望」（遂には「総括的な理性批判」）親近性にも拘らず、少くともAdornoの「合理的同一性の（遠近法的）消尽点」説は、「基礎的な且つ規範的に内実たっぷりな諸区別（「世界市場帝国主義及び平等的自由、分立主義及び多元論、閉じられた及び開かれた社会、原子論及び個体主義」）を少くとも明認させる」・「Kant的意味での規制的理念」の・具体化を提示していると評価されるが、Heideggerに反対して「日常」も「本来的」であるとし・「受動的聴取」の哲学を斥けると共に・「言表真理の理（Logos）は胡麻かされえぬ」と主張する・Brunkhorst自身の批判的理論の具体化は限定的に留まっている。

(ハ)事理の具体化　自己そのものは其自身としては存在せず、他者によって媒介されて初めて自己として存在するが、自己として存在する自己は、限定されている自己であって、之が限定的契機として揚棄されているる否定的主体性が「真な」自己であらねばならぬ。かかるものとして、媒介されている自己の揚棄を媒介せねばならぬ法的自覚を具体化しようとして成長し得た平野秩夫の法哲学の第二部「事理」は、「自然的精神」から「世界史」的現在に至る・「存在」の「絶対的否定性」の・具体化の試みであって、生としての法的自覚が世界史の其にまで自覚的・法的に発展せねばならぬのであり、この具体化は、『法哲学原理』に於ける粗末な総括から現在に至るまで、修正されながら大綱的に維持されているが、其の終局は、すなわち、「最古代」から「現代」に至る其の「時世診断」を媒介する「世界史的理念」は、揚棄されるに相応しい故に揚棄される現代の発展として、正に其故に、揚棄される其自身としての発展であり、従って、「今後の」世界史の法理念が限定されているところの・揚棄されている具体的事理を媒介する・否定は、抽象的に「論理」である法哲学として具体的に「法哲学史」なのである。――浅深広狭は有れ、揚棄される自己自身を自覚的・法的に具体化する絶対的否定性の法哲学は、かかるものとして単に対象のでなく、対象の認識の、更には「高次（meta-）認識」の其の、自覚的統一であって、論理・事理・法哲学史の三部の発展連関に於て、I・II所述のすべての事柄を「批判的且つ自己批判的」に揚棄する体系化であるが、揚棄されている時世（具体的には世界史的現代）として自己自身をその都度揚棄するに至らねばならぬ。

III　結語——法哲学的生

其自身「生ける発展」として体系を形成する法哲学は、その都度に生れ・その都度に死ぬ・存在として不断に「死に至る生」である。其は其自身としての限定の直接性に於ては「存在」であり、之として具体的には「世界史」としての「時世」、其の抽象的直接性に於ては、「自然的精神」であって、其故に「生」として「死」なねばならぬが、法哲学的に揚棄されている「死ぬ」こととしては生であり、従って、「死に至る生」である法哲学として「老い」ねばならぬ。——時世に於て他の生により媒介されて生れた生は、たとい疾病乃至事故による「若死」を免れても、「自殺」せぬ限り、早かれ晩かれ「成長」の果に先細りに衰えて死なねばならぬ。すなわち、揚棄される以外に「能」が無くなり、他の主体に揚棄される限定的客体（「物」）として存在するに至らねばならぬ。成程この生も、他の生との合一によって新たな其を「再生産」し得るし、人間存在的に他者乃至時世によって媒介されているものとして揚棄され限定的に存続し得るが、限定されている絶対的否定性は、限定的に揚棄する抽象的其であり得るにすぎぬ。老いた法哲学はかかる限定に於てのみ自己を定立し得、限定的に揚棄されたものを益〻限定的に揚棄し得るのみ（「老衰」）であって、遂には揚棄は其の否定に、揚棄される単なる限定になり（「老耄」）、かかる揚棄する限定的生（事理的に益〻抽象的になる「生き甲斐」）の終り、「単なる死ぬ生」になった法哲学の終りが其の死である。かかる生は正に其故に、揚棄されて生き得るが、「死後に生きる」ことは、後の時世に生きている者に揚棄されて存すること、「後世」乃至「後生」に依存する単に抽象的乃至限定的な「史的生」である。

法哲学の第三部「法哲学史」も法哲学体系自身の揚棄として終結し、この揚棄も揚棄されねばならぬという法哲学的自己限定の終局は、この自己限定も益〻限定され・故に自己限定でなくなる・ことなのである。勿論、かかる「終局」は「謙虚」な学者には自明な「事実」であろうが、単なる「事実問題（quid facti）」ではなくて法哲学的（而も致命的）であらねばならぬ。具体的法哲学としての自己の発展は、存在としての自己限定の其であり、従って、法哲学として老衰死に至らねばならぬ生であり、正に其故に、揚棄するのでなく揚棄される限定になる法哲学として具体的でなくなり抽象的・直接的になる其の極は、最も抽象的・直接的な体系始元（論理的「ある」）であるべき自己が具体的自己であらねばならぬところの（単に「ある」だけに留まる）法哲学的存在として、法哲学的最後であって、この終局が自己の生の始元及び其の発展として自覚的に定立され得ぬ故に定立されぬところの法哲学は、抽象的乃至限定的であり、具体的とは呼ばれ得ぬ。

人名索引

・所掲頁は，法哲学史的に限定される各人本来の箇所（故に原則として1）に限定される。
・当人について参照されたい研究者の名は省かれる。
・ラテン文字表記は本文所出の形に従う。（ドイツ語の ß は ss へ，Umlaut 記号は e へ〔e. c.: ä → ae〕置換えられている。）
・漢字人名は，シナ音でなく日本の伝統的読み（2様有る場合には其々）の五十音順で，別に後置される。

B―

G—

L—

ア—

イ—

ウ—

エ—

オ—

〈著者紹介〉

平野秩夫（ひらの・つねお）

〈著者略歴〉

1924年5月上海市に生まれる。1947年9月東京帝国大学法学部法律学科卒業後，同年10月より東京大学法学部大学院特別研究生となる。1949年11月名古屋大学法経学部助手に着任後，1950年5月名古屋大学法学部助教授をへて，1957年10月より同大学教授となり，1988年3月定年退官。その間，1961年から1984年まで日本法哲学会理事。現在，名古屋大学名誉教授。

〈主要著作〉

著書：法哲学原理（勁草書房，1964年）。論文：「法実証主義」の意義──その擁護のために（法哲学年報1962年），Vom Prinzip der Rechtsphilosophie（名古屋大学法政論集165号，1996-7年）。翻訳：ヘーゲル・自然法学（勁草書房，1963年）。その他，法哲学と法哲学史に関する論文多数。

法哲学史綱要

二〇〇五(平成一七)年七月二〇日　初版第一刷発行

著作者　平野秩夫

発行者　今井貴

発行者　渡辺左近

発行所　信山社出版株式会社

〒113 東京都文京区本郷六―二―九
モンテベルデ第二東大前一〇二号
電話　〇三(三八一八)一〇一九
FAX　〇三(三八一八)〇三四四

印刷・製本／星野精版印刷・大三製本

ISBN4-7972-2431-2 C3332